本专著受2023年成都工业学院人才项目
"美国经济政策不确定性对短期跨境资本流动的影响研究"（项目号：2023RC032）资助

MEIGUO
JINGJI
ZHENGCE

陈 丹/著

美国经济政策

不确定性对跨境资本流动的影响

BUQUEDINGXING DUI

KUAJING ZIBEN LIUDONG DE

YINGXIANG

西南财经大学出版社

中国·成都

图书在版编目(CIP)数据

美国经济政策不确定性对跨境资本流动的影响/陈丹著.—成都:西南财经大学出版社,2024.6

ISBN 978-7-5504-6195-6

Ⅰ.①美… Ⅱ.①陈… Ⅲ.①经济政策—影响—资本流动—研究—美国 Ⅳ.①F171.20②F837.125

中国国家版本馆 CIP 数据核字(2024)第 099986 号

美国经济政策不确定性对跨境资本流动的影响

陈丹 著

责任编辑:刘佳庆
责任校对:植　苗
封面设计:墨创文化
责任印制:朱曼丽

出版发行	西南财经大学出版社(四川省成都市光华村街 55 号)
网　　址	http://cbs.swufe.edu.cn
电子邮件	bookcj@swufe.edu.cn
邮政编码	610074
电　　话	028-87353785
照　　排	四川胜翔数码印务设计有限公司
印　　刷	四川五洲彩印有限责任公司
成品尺寸	170 mm×240 mm
印　　张	16.5
字　　数	419 千字
版　　次	2024 年 6 月第 1 版
印　　次	2024 年 6 月第 1 次印刷
书　　号	ISBN 978-7-5504-6195-6
定　　价	88.00 元

序　言

　　2008 年世界金融危机之后，世界经济复苏缓慢，跨境资本投资增长低迷。随后欧洲债务危机、英国脱欧、中美贸易战、新冠病毒感染疫情和俄乌冲突等不确定性事件频发，世界处在百年变局与世纪疫情交织之中，全球经济不确定性骤增。各国政府连续出台一系列财政、货币及贸易政策以应对经济不确定性的冲击，此举进一步增加了国际政策协调难度，加大了全球经济政策不确定性。美国作为世界经济金融的核心国家，是全球经济政策不确定性的最大输出者，其经济政策的调整会直接影响国际投资者预期，对跨境资本流动的规模、方向和结构有着"牵一发而动全身"的作用。

　　2008 年世界金融危机的爆发，跨境资本流动持续走低，2009 年的跨境资本流动规模为 3 万亿美元，仅占世界 GDP 的 5% 左右。随着各国经济的复苏，跨境资本流动逐步恢复到金融危机之前的水平，跨境资本流动进入了稳定增长期，但其大进大出更为频繁，波动性也明显增强，尤其是跨境资本流动的突然逆转，不断冲击着世界各国金融市场的稳定性，进一步加剧了各国金融系统的脆弱性，极易引发系统性金融风险。中国正处在加速金融双向开放的关键期，国内宏观经济基本面较为稳定，但外部不确定性风险较大，更应警惕核心国家经济政策不确定性造成的跨境资本流动的风险。"十四五"期间，中国要加快构建以国内大循环为主体、国内国际双循环相互促进的新发展格局，一方面需要通过跨境资本流出深度执行"走出去"战略，实现外向集成，合理利用国外市场与资源，另一方面也需要加大对高质量跨境资本的利用，优化"引进来"资本，实现内向集成，充分调动国内市场与资源。

跨境资本流动对中国畅通国内国际双循环有着重要的作用，为了更好地利用跨境资本，必须要进一步厘清美国经济政策不确定性与跨境资本流动的关系，深入探讨美国经济政策不确定性对跨境资本流动的传导机制及影响程度，为我国防范核心国家经济政策不确定性、加强跨境资本流动监管提供重要的理论与事实依据。

陈丹

2024 年 1 月

目　录

1 绪论

1.1 研究背景与意义

1.1.1 研究背景

不确定性正逐步演变成全球面临的"新常态"。随着世界多极化、经济全球化、社会信息化、文化多样化的深入发展，全球经济经历了一个前所未有的繁荣增长期，世界各国的相互联系和依存日益紧密。习近平总书记在十九大报告中指出，"世界正处在大发展大变革大调整时期，和平与发展仍然是时代主题。世界多极化、经济全球化、社会信息化、文化多样化深入发展，全球治理体系和国际秩序变革加速推进，各国相互联系和依存日益加深，国际力量对比更趋平衡，和平发展大势不可逆转。"同时，世界面临的不稳定性不确定性突出。在全球休戚与共、命运共联的背景下，世界各国共享着全球经济繁荣发展的成果，也共担着与日俱增的不确定性。2008年世界金融危机后，欧洲债务危机、英国脱欧、中美贸易战、新冠病毒感染疫情以及俄乌冲突等不确定事件接连爆发，世界经济发展蒙上阴影。百年变局叠加世纪疫情，世界进入新的动荡变革期，不确定性持续增加，并迅速演变为全球性难题。不断攀升的不确定性正逐步演变成全球面临的"新常态"，成为制约世界经济稳步增长重要因素。为应对重大不确定性事件的冲击，各国政府连续出台了一系列常规和非常规的货币、财政、贸易及监管政策，试图增强国内经济发展活力。但频繁地调整经济政策增加了经济调控的波动性和随机性，导致投资者无法准确预期政策当局的调控力度、调控时间和调控效果，又在无形中加剧了经济政策不确定性。

美国作为世界经济金融的核心国家，是全球经济政策不确定性的最大输出者，并呈现最大的净输出效应（张喜艳和陈乐一，2019①；王伟强，2021②），其经济政策调整和变化具有极强的外部性。根据 Baker et al. (2016)③ 的测算数据，近年来美国经济政策不确定性指数（简称"美国 EPU 指数"）不断攀升，特别是其前总统特朗普时期频繁给美联储施压，极大地影响了美联储货币政策的独立性，增加了其货币政策的不确定性，美国 EPU 指数一路飙升至170。同时，美国前总统特朗普推行美国优先的贸易保护主义政策，频繁退出或废止各项贸易协定，挑起贸易战，极大地抬升了贸易政策不确定性，美国 EPU 指数再次推高至201。2020 年突发新冠病毒感染疫情以及 2022 年的俄乌战争等一系列外部重大事件，拜登政府为拯救疫情冲击下的经济颁布了一系列财政和货币政策，再次增加了美国经济政策不确定性，美国 EPU 指数飙升至350。美国频繁调整和变更经济政策对全球经济金融发展都产生了极大冲击，尤其是对全球跨境资本流动有着"牵一发而动全身"的作用。一方面，美联储执行或退出量化宽松政策直接地影响着国际金融市场的跨境资本流动；另一方面，频繁修订或废止贸易协定也损害了与其它国家的贸易关系，间接地对跨境资本流动产生影响。更为重要的是，作为世界的核心大国，美国不断飙升的经济政策不确定性指数不仅直接冲击着全球投资者的信心，还通过利率、汇率、资产价格以及风险传染渠道，影响全球跨境资本流动的规模性、结构性和波动性，诱发了跨境资本的无序流动。主要表现为：第一，当美国经济政策不确定性增加，出于谨慎动机和规避风险的考虑，跨境投资者一方面压缩跨境投资规模，另一方面则重新配置金融资产，改变跨境资本投资规模和方向，导致跨境资本流动大进大出更加频繁；第二，受到新冠病毒感染疫情和国内高通胀夹击，保经济还是保民生的问题使美国政府的经济政策陷入胶着状态，频繁调整经济政策进一步增加了美国经济政策不确定性，诱发了跨境投资者不安情绪，促使跨境资本投资出现结构性调整，更倾向于短期化、投机化；第三，受美国经济政策不确定性影响，长期跨境资本投资

---

　　① 张喜艳，陈乐一. 经济政策不确定性的溢出效应及形成机理研究 [J]. 统计研究，2019 (1)：115-128.

　　② 王伟强. 经济政策不确定性的跨国溢出效应研究 [J]. 郑州大学学报（哲学社会科学版），2021, 54 (5)：56-63, 127.

　　③ BAKER S. R., BLOOM N., ADN DAVIS S. J. Measuring Economic Policy Uncertainty [J]. Quarterly Journal of Economics. 2016, 131 (4)：1593-1636.

趋于谨慎，跨境银行信贷规模下降，跨境证券投资占比有所提升，尤其是投资于新兴市场国家的国际股权基金和国际债券基金都大幅增加，使得跨境资本流动的波动性不断增强。可见，高企的美国经济政策不确定性不断冲击着全球跨境资本流动的规模、结构和波动情况，也进一步增强了世界各国的金融脆弱性，为跨境资本流动的监管带来了更为严峻的考验。因此，有必要深入探讨和评估美国经济政策不确定性对全球跨境资本流动所带来的影响，做好相关风险防范，减小美国经济政策不确定性对各国金融市场带来的负面冲击。

世界金融危机之后，全球跨境资本流动呈现大进大出、趋短期化且波动性强的特点，极大地冲击着世界宏观经济金融的稳定性。跨境资本流动表现出危机前急剧增长、危机后陡然缩量、随后反复波动的特点，大进大出的双向波动格局日益显现。IMF（国际货币基金组织）统计数据显示，2005年跨境资本流动总额较之于1995年增长了两倍，在2007年达到24.4万亿美元，约占全球GDP的42%，达到了历史顶峰。2008年世界金融危机的爆发，跨境资本流动持续走低，2009年的跨境资本流动规模仅为3万亿美元，仅占世界GDP的5%左右。随着各国经济的复苏，跨境资本流动逐步恢复到世界金融危机之前的水平，跨境资本流动进入了稳定增长但持续波动期。2020年突发新冠病毒感染疫情，全球经济不确定性骤升，跨境资本从新兴市场国家大量撤出，直到2020年下半年美国进入新一轮量化宽松期，新兴市场的跨境资本流入规模才缓慢增大，主要表现为流入新兴市场国家的跨境证券资本比重大幅增加，跨境资本流动呈现明显的短期化和投机化特征。在全球不确定性普遍增大的背景下，大进大出的跨境资本流动极大地冲击着各国金融市场，尤其是新兴市场国家的金融市场脆弱性更加凸显。

中国正处在加速金融双向开放的关键期，国内宏观经济基本面较为稳定，但外部不确定性风险较大，更应警惕核心国家经济政策不确定性造成的跨境资本流动的风险。"十四五"期间，中国要加快构建以国内大循环为主体、国内国际双循环相互促进的新发展格局。一方面需要通过跨境资本流出深度执行"走出去"战略，实现外向集成，合理利用国外市场与资源；另一方面也需要加大对高质量跨境资本的利用，优化"引进来"资本，实现内向集成，充分调动国内市场与资源。可见，跨境资本在国际流动可以使中国更好地配置国内、国外资源，发挥其对构建新发展格局的优势作用。但是，中国也应认识到，跨境资本流动可能带来极大的风险隐患及大量新兴市场国家的金融危机。例如，1994年墨西哥金融危机、1997年的亚洲金融危机，都有着跨境资本的推波助澜。中国作为最大的新兴市场国家和世界第二大经济体，自2008年以来，跨境资本流动呈现较大的波动性，尤其是2010—2012年、2020—2021年出现大规模资本流入，2014—2015年期间出现大规模的资本流出。目前我国国内经济基本面较为稳定，伴随着金融市场的双向开放，中国跨境资本双向流动将更加明显，风险性也将逐步增大。例如，2020年下半年我国率先控制住新冠病毒感染疫情蔓延，伴随着美国量化宽松的货币政策大量跨境资本流入，2022年美国加息缩表带来新一轮跨境资本流出。中国必须高度重视和警惕因外部不确定性引发的跨境资本大进大出，有必要从不同层面分析跨境资本流动的新特征，探讨新时代核心国家经济政策不确定性对跨境资本流动的影响，为防范和化解跨境资本流动风险，进一步推动经济高质量增长和构建新发展格局奠定坚实的保障。

1.1.2 研究意义

1.1.2.1 理论意义

（1）进一步丰富了跨境资本流动驱动因素的"推—拉"框架。当前对于跨境资本流动的驱动因素研究极为丰富，主要集中在推动因素和拉动因素。2008年金融危机之后，跨境资本流动的复杂性和波动性更强，需要积极引入新的解释变量。当前研究美国经济政策尤其是货币政策对跨境资本流动的影响的文献众多，但少有关注美国经济政策不确定性本身的影响。事实上，经济政策本身的影响与经济政策不确定性的影响存在区别，冲击性可能存在较大差异，甚至传导机制也可能不同。同时，经济政策不确定性本身是一个复杂的综合性变量，将美国经济政策不确定性纳入有关跨境资本流动驱动因素的研究，探讨核心国家经济政策不确定性对跨境资本流动的影响，可以进一步丰富"推—拉"框架下的驱动因素。

（2）探索核心国家经济政策不确定性对跨境资本流动的传导机制。当前已有较多学者开始关注全球经济政策不确定性对跨境资本流动的影响及理论机制，但对核心国家，美国的经济政策不确定性如何影响全球跨境资本流动的研究相对较少。本书将传统的三重动机（套利、套汇和套价）扩展为利差、汇率、资产价格以及风险传染四个渠道，从理论上论证了美国经济政策不确定性影响跨境资本流动的渠道,将美国经济政策不确定性引入泰勒模型、三重动机模型、均值-方差模型论证了其对传导机制变量的影响,并利用均值-方差模型论证了国内外利差、汇率、资产价格以及风险传染因素对跨境资本流动的影响,完成了"美国经济政策不确定性—传导机制变量—跨境资本流动"的理论框架搭建。

(3)丰富了经济政策不确定性与跨境资本流动的研究内容。不仅细分不同类型和不同水平的美国经济政策不确定性,还进一步区分规模性、结构性和波动性跨境资本流动。规模性指标从净资本流动到总资本流动,使美国经济政策不确定性对跨境资本流动的影响更能反映金融系统的风险积累;结构性跨境资本流动中着重分析对高投机性短期跨境资本流动的影响,是对总资本流动风险积累的进一步聚焦;探讨对波动性指标跨境资本异常流动的影响,反映出跨境资本流动在规模和方向上的异常变动,凸显跨境资本流动风险的国际传染性,是总资本流动风险积累的进一步延伸。

(4)增加了有关美国经济政策不确定性正向影响短期跨境资本流动的理论依据和事实依据。从"投资组合再平衡效应"和"安全资产转移效应"两个层面分析了美国经济政策不确定性影响短期跨境资本流动的理论依据,并通过实证检验发现美国经济政策不确定性对短期跨境资本流动呈显著正向影响,这意味着美国经济政策不确定性产生的投资组合再平衡效应更明显。

1.1.1.2 现实意义

(1)本书为防范跨境资本流动风险提供了重要的理论与事实参考。厘清当代跨境资本流动的驱动因素,不仅为完善跨境资本流动管理措施提供依据,还能根据核心国家经济政策不确定性对不同类型跨境资本流动的影响,探讨削弱美国经济政策不确定性的因素,可以在一定程度上减少核心发达国家经济政策不确定性对跨境资本流动的影响。

(2)重视和防范核心大国美国的经济政策不确定性对全球跨境资本流动的影响。近年来世界面临的不稳定性、不确定性突出,不确定性已经演变为全球性难题。美国作为全球经济政策不确定性的最大输出者,其经济政策不确定性不仅影响着它自身宏观经济金融的稳定发展,还会影响全球跨境资本流动的规模与结构,冲击各国金融市场的稳定性。明确美国经济政策不确定性对跨境资本流动影响,可以通过增强各国经济政策与区域、全球经济政策的协调性,缓解因核心国家经济政策不确定性引发的跨境资本流动风险。

1.2 概念界定

1.2.1 经济政策不确定性

1.2.1.1 不确定性的起源

一直以来风险与不确定性都是经济学研究中两个密切相关的概念，但传统的古典经济学理论是建立在确定性和完全信息的假设上，导致很长一段时间不确定性都与风险的概念混为一谈，不确定性问题也被直接纳入风险范畴[①]。奈特（1921）在《风险、不确定性与利润》中首次明确地区分了两种不同的不确定性——风险与不确定性，他认为两者的主要区别在于是否存在客观的概率分布，能否通过概率计算出来[②]。其中，风险是结果未知，但在结果概率已知的情况，因而可以通过概率统计的方法进行计算，风险是可以被度量的；不确定性则是一种不论是先验概率还是结果都完全未知的情况，无法通过现有理论或概率统计进行计算，只能根据人们的主观意识对其概率进行判断，是不可被客观准确度量的。奈特的不确定性理论将风险与不确定性分离开来，与传统古典经济学认为的"不确定性就意味着风险的认知"有一定差别。因此，奈特对于不确定性的明确区分可看作狭义的不确定性，而将风险包含在内的不确定性是一种广义的不确定性。

基于奈特提出的不确定性理论，凯恩斯（1936）将不确定性引入经济决策分析，并从动物精神与预期角度揭示了不确定性的非理性和不可预知性[③]。他指出不确定性是广泛存在且不可被量化的，个人的决策是基于对未来发展的主观预期。但由于人类知识的有限性且投资决策也并不能完全理性，预期不仅受到未来不确定性的影响，还会受到动物精神的影响。因此，企业家对不确定性的预期会影响其投资决策，为经济发展带来不确定性。学者王浩瀚（2006）继承了凯恩斯对不确定性的定义，认为不确定性

---

① 屈文洲，崔峻培. 宏观不确定性研究新进展 [J]. 经济学动态，2018（3）：126-138.

② 弗兰克. 奈特译. 风险、不确定性和利润 [M]. 北京：华夏出版社，2013.

③ 约翰·梅纳德·凯恩斯. 就业利息和货币通论 [M]. 徐毓枬，译. 北京：商务印书馆，1996.

本身就是有限理性的另一种表述①。Shackle（1949）提出了一个新的概念——无法使用概率来赋值的真实不确定性，并搭建潜在惊奇理论试图将不确定性进行量化②。Davidson（1991）也进一步指出识别和量化真实不确定性可以有助于政府实现对市场的有效调节③。世界经济局势日益错综复杂，全球经济充满了变数，学术界对不确定性的探讨更加深入。

从不确定性起源的文献梳理可知，不确定性本身是一个极为宽泛的概念，它的内涵丰富、外延宽广。概括来说，不确定性是决策者根据现有的知识与经验无法准确地判断事物未来发展的情况，也无法准确判断未来可能出现哪种情况。它主要是由于信息的不完全（或知识的不完备性）和超出了决策者认知范围的意外冲击。目前根据学者张礼卿和蔡思颖（2020）的研究，可将不确定性划分为四种④：①来自宏观经济层面的冲击造成的不确定性，这类不确定性主要是通过在经济金融领域寻找一些具有波动性的代理变量来衡量，比如市场波动率、经济波动率和通过多个宏观经济金融指标合成的条件波动率；②来自政府及政策层面的变动造成的不确定性，这类不确定性主要是由于政府换届选举、重大政治事件、政府改革以及其他一些可能改变或影响政府行为而引发的担忧，这类不确定性主要分为政治不确定性和经济政策不确定性；③来自重大突发事件造成的不确定性，这类不确定性主要是战争、自然灾害、恐怖袭击等突发事件造成的，具有不连续性和离散性特征；④来自微观变量波动带来的不确定性，这类不确定性主要是指区域、行业或企业等微观层面的环境不确定性或市场不确定性。

1.2.1.2 经济政策不确定性的内涵

关于经济政策不确定性的具体内涵，学术界目前大体从狭义和广义两个角度对其进行了定义。其中，狭义的经济政策不确定性主要是指公众无法预测政府可能出台的货币政策、财政政策、贸易政策等情形（张礼卿和蔡思颖，2020①）；广义的经济政策不确定性则包括了经济政策的内容不确

---

① 汪浩瀚. 微观基础、不确定性与中国居民跨期消费研究［M］. 北京：经济科研出版社，2006.

② SHACKLE G. Probability and Uncertainty［J］. Metroeconomica, 1949, 1：161-173.

③ DAVIDSON P. Is Probability Theory Relevant for Uncertainty? A Post Keynesian Perspective［J］. The Journal of Eonomic Perspectives, 1991, 5：129-143.

④ 张礼卿，蔡思颖. 经济政策不确定性的影响及其跨国传导机制：文献综述［J］. 金融评论 2020, 12（3）：105-123, 126.

定（Feng，2001[①]）、引起经济政策变动的原因不确定以及经济政策的后果不确定（Le & Zak，2016[②]）三个方面，并将其进一步定义为经济主体难以准确预测和判断政府何时调整政策、采取什么政策以及政策效果如何而出现的一系列不可预测的状态（Gulen & Ion，2016[③]）。随后 Baker et al.（2016）从经济政策的制定者、制定政策的内容、制定政策的时间以及政策产生的效果四个方面搭建了更加综合的经济政策不确定性指数（Economic Policy Uncertainty Index，简称"EPU 指数"）[④]。

本书的经济政策不确定性与 Baker et al.（2016）的定义类似，是一种广义的经济不确定性，是指与财政、货币、贸易和汇率等相关经济政策所蕴含的无法预期成分，即包含未来经济政策变动的可能性、经济政策变动频率、政策变动内容以及政策执行方式甚至执行效果等一系列不确定性因素。经济政策不确定性不是一个可以直观测量或收集的变量，只能从众多的宏观经济政策中寻找合适的代理变量（陈乐一和张喜艳，2018[⑤]）。代理变量是否有理论支撑、是否可获得，直接关系到经济政策不确定性及其研究结论的准确性，甚至关系到有关防范经济政策不确定性的建议是否合理。本书将采用 Baker et al.（2016）构建的 EPU 指数作为经济政策不确定性的代理变量。

1.2.1.3 与经济政策不确定性相关的概念区分

当前学术界关于经济政策不确定性的内涵与外延存在着较大的分歧，集中体现在经济不确定性、政治不确定性与经济政策不确定性上。

经济不确定性与经济政策不确定性的差异。经济不确定性与经济政策不确定性都是不确定性的表现形式，但两者存在一定的差异。经济不确定性更侧重于宏观经济运行中的不确定性，主要体现在经济增长、经济波动

---

① FENG, Y. Political Freedom, Political Instability, and Policy Uncertainty：A Study of Political Institutions and Pri-vate Investment in Developing Countries ［J］. International Studies Quarterly, 2001, 45：271-294.

② LE, Q., ZAK, P. Political Risk and Capital Flight. Journal of International Money and Finance, 2006, 25：308-329.

③ GULEN, H., M. ION. Policy Uncertainty and Corporate Investment ［J］. The Review of Financial Studies, 2016, 29（3）：523-564.

④ BAKER S. R. BLOOM N. DAVIS S. J. Measuring Economic Policy Uncertainty ［J］. Quarterly Journal of Economics. 2016, 131（4）：1593-1636.

⑤ 陈乐一，张喜艳. 经济不确定性与经济波动研究进展 ［J］. 经济学动态, 2018（8）：134-146.

或经济风险等方面，一般采用反映经济金融发展的指标的波动率或离散程度来代理，比如实际工业增加值、GDP 增长率、通胀率、实际汇率指数、股价指数、股票收益率等的波动率或离散程度。其中最具代表性的则是VIX 指数（芝加哥期权交易所市场波动率），被广泛用于经济金融不确定性的代理指标。还有的学者也用一些非经济变量来表示经济不确定性，一是专家学者之间预测的分歧程度，一般来说专家对未来经济发展的意见和分歧越大，未来经济运行的不确定性越大；二是专家主观预测的不确定性，主要反映了专家对自身预测的不确定性，有研究表明主观预测不确定性在金融危机期间通常高于正常水平（Bloom，2009[1]，2014[2]），表明经济不确定性增加。而经济政策不确定性是指政策当局调整经济政策所带来的不可预知性，大都采用财政、货币、贸易等经济政策工具的条件波动率来度量，比如税率波动、财政收入波动、利率波动以及货币供应量波动等。

政治不确定性与经济政策不确定性的差异。政治不确定性是指政治层面的不确定因素，主要是政治选举和政治环境带来的不可预知性。目前政治不确定性通常采用主要官员的选举、政府官员变迁等指标来衡量。一般来说，政治不确定性增加会或多或少地影响经济政策不确定性，尤其是执政党更迭有可能会一改前任政府的政策主张，执行完全不同的经济政策。因此，政治不确定性是诱发经济政策不确定性的原因之一，所有的政治不确定性都会通过其执行的经济政策对宏观经济的影响来体现。当前学术界在研究经济政策不确定性时偶尔也会直接采用政治不确定性作为其代理变量。

综上可知，不确定性、经济不确定性、政治不确定性与经济政策不确定性的内涵与外延不同，经济不确定性、政治不确定性与经济政策不确定性都是不确定性的表现形式，其中经济不确定性与经济政策不确定性的侧重点不同，前者强调宏观经济运行状态，后者强调政策变动的不可预知性；政治不确定性可能诱发经济政策不确定性，两者外延有所重叠。本书讨论的经济政策不确定性以政策调整与变动所带来的未知性为主，也会综合考虑引起政策变动的经济与政治层面原因，故不再对政治不确定性与经济政策不确定性的外延做进一步区分。

---

① Bloom, N. The Impact of Uncertainty Shocks [J]. Econometrica, 2009, 77: 623-685.

② Bloom, N. Fluctuations in Uncertainty [J]. Journal of Economic Perspectives, 2014, 28 (2): 153-176.

1.2.2　跨境资本流动

1.2.2.1　跨境资本流动的外延

跨境资本流动的内涵极为丰富，从本质上讲，国内资本与跨境资本（或国际资本①）没有差别，只是当一国或地区的资本跨越"国界"就成为了跨境资本。跨境资本流动实际上是资本在世界各国之间的单向、双向或多向转移（陈创练 等，2017②）。

从现有的文献研究来看，学术界对跨境资本流动的定义仍未有定论。《新帕尔格雷夫经济学大辞典》从国际收支角度对跨境资本流动进行了定义，认为作为资本输出方的居民向作为资本输入方的居民提供贷款或购买资产所有权时，就发生了跨境资本流动③。美国的公司金融研究院则认为跨境资本流动主要是反映不同国家的经济参与主体有关银行存款、银行贷款、证券、债券等金融资产的交易往来活动。国际货币基金组织（IMF）根据跨境资本的流动方向将其将进一步区分为资本流入和资本流出，前者意味着本国对外国负债的增加以及本国在国外资产的减少；后者意味着本国对外国负债的减少以及本国在外国资产的增加，并通过国际收支平衡表的资本与金融账户中的分类账户来体现。同时，IMF 还从总流量和净流量角度区分了跨境资本流动。总流量包括跨境资本总流入与总流出；净流量则指跨境资本总流出与总流入的差额。一般来说，跨境资本总流动体现跨境资本在世界经济中的参与程度，有助于探讨其对金融市场稳定性以及国际风险的传染性，而净流量则体现了一国对跨境资本的净利用程度，有助于分析其对宏观经济增长的影响。

1.2.2.2　跨境资本流动的定义

本书中跨境资本流动的概念主要参考 IMF 给定的概念，从流入和流出角度定义跨境资本流动，认为流入是指本国对外国负债的增加以及本国在国外资产的减少；流出是指本国对外国负债的减少以及本国在国外资产的

---

① 本书认为跨境资本是指跨越国境流动的资本，而跨境资本在一些文献中也被称为国际资本，本书对国际资本与跨境资本不再特别区分。

② 陈创练，姚树洁，郑挺国，等.利率市场化、汇率改制与国际资本流动的关系研究［J］.经济研究，2017，52（4）：64-77.

③ 约翰·伊特维尔，皮特·纽曼，默里·米尔盖特 等.新帕尔格雷夫经济学辞典［M］.北京：经济科学出版社，1996.

增加，并从规模性、结构性和波动性三个方面考虑跨境资本流动①。其中，规模性指标主要是反映跨境资本流动量的规模，包括总流动与净流动。结构性指标反映跨境资本流动结构分布，一方面是时间结构，区分长短期的跨境资本流动；另一方面是内容结构，按照IMF《国际收支手册》金融账户的划分将跨境资本流动分为国际直接投资（FDI）、跨境证券投资和跨境银行信贷；波动性指标反映跨境资本流动的波动程度，采用跨境资本异常流动表示，主要从总资本流入和总资本流出两大层面、四个细分角度（即激增、突停、撤回和外逃）考察跨境资本流动在规模上和方向上的异常变动。

1.2.2.3 跨境资本流动的类别

学者们从跨境资本流动的总量与净流量、时间范畴和国际收支平衡表中金融账户的划分标准对跨境资本进行了分类。随着研究的进一步深入，界定了短期跨境资本流动、跨境资本异常流动、跨境资本波动性等不同类型的跨境资本流动。早期有关跨境资本流动的研究大都集中在净资本流动，随后一些学者（张明和肖立晟，2014②）区分跨境资本总流动与净流动，指出总资本流动主要是跨境资本的总流入和总流出，分别是资本与金融账户中分类账户的资产端与负债端的加总，与一国的金融市场风险敞口密切相关，且波动性一般都明显高于净资本流动；净资本流动则是跨境资本总流出与跨境资本总流入的差额，主要反映一国的国际收支失衡情况以及面临的本币升值或贬值压力，但可能掩盖了一国跨境资本流动的风险。

按照时间期限的不同，将跨境资本流动划分为长期跨境资本流动和短期跨境资本流动。其中前者主要是指期限在一年以上的跨境资本，典型代表是一年以上的国际直接投资和证券投资等；后者主要是指期限在一年以下的跨境资本，典型代表是投机性资本流动、短期贷款、短期债券或短期贸易融资等。但有的文献（Chuhan et al，1998③；宋文兵，1999④）也利用投资目的来区分长期和短期跨境资本，认为以投机为目的的国际资本一

① 这里的规模性、结构性和波动性将在2.2.2.1有关跨境资本流动的分类及内在逻辑部分进行具体介绍。

② 张明，肖立晟. 国际资本流动的驱动因素：新兴市场与发达经济体的比较 [J]. 世界经济，2014，37（8）：151-172.

③ Chuhan, P., Claessens, S, Mamingi, N. Equity and Bond Flows to Latin America and Asia: the Role of Global and Country Factors [J]. Journal of Development Economics，1998（55）：439-463.

④ 宋文兵. 中国的资本外逃问题研究：1987—1997 [J]. 经济研究，1999（5）：41-50.

般时间较短，故将其称为短期跨境资本，有时也把它称为"热钱"；以投资为目的的资本一般期限都较长，故称为长期跨境资本。鉴于难以区分跨境资本的投机性与投资性，故不再细致讨论投机性短期跨境资本与投资性长期跨境资本。

根据国际货币基金组织（IMF）在《国际收支手册》的划分标准，将金融账户下的跨境资本流动分为国际直接投资（FDI）、证券组合投资、金融衍生工具和雇员认股权、其他投资与国际储备资产。其中，国际直接投资是指一国企业或个人为在国外取得长期收益并掌握企业或公司的控制权和经营权[①]而在国外采取的投资行为（綦建红，2021[②]）；证券组合投资主要是指一国居民或企业以寻求资本收益为目的对另一国家的企业进行股权性或债务性证券的投资活动，它并不是以取得企业的经营控制权或长期收益为目的；其他投资的种类复杂，其以长短期商业信用、存款和贷款等项目为主，基本都是银行系统中的资本流动，故参照张广婷（2016）[③] 的做法，将其统称为跨境银行信贷；国际储备资产用于统计各国官方持有的储备资产与国际债务，主要起到平衡国际收支和维护汇率稳定的作用；金融衍生工具和雇员认股权金额的数据缺失严重，故本书不将国际储备资产与金融衍生工具和雇员认股权金额纳入分析。

随着对跨境资本流动的深入研究，不少学者从 20 世纪 80 年代开始集中研究跨境资本异常流动，且集中在跨境资本外逃（capital flight）（Harberger，1985[④]；Dornbusch，1985[⑤]）和跨境资本流入突停（sudden stop）方面，这与 1997 年亚洲金融危机后新兴市场国家突然遭受国际资本流入急剧下降甚至逆转密切相关。Calvo（1998）进一步将"突停"定义为国际资本净流入不可预料大规模减少的现象[⑥]。随后大量学者开始将 Calvo

---

① 按照 OECD 的规定以及 IMF 的概念界定，当一国企业或居民拥有股份有限公司或等同股份有限公司 10%以上的普通股或表决权时，将其视为直接投资.

② 綦建红. 国际投资者教程 [M]. 5 版. 北京：清华大学出版社，2021.

③ 张广婷. 新兴市场国家跨境资本流动的驱动因素研究：基于因子分析法的实证分析 [J]. 世界经济研究，2016（10）：42-61，135-136.

④ Harberger, A. C. Observations on the Chilean Economy, 1973-1983 [J]. Economic Development and Cultural Change, 1985, 33（3）：451-462.

⑤ Dornbusch, R. W. External Debt, Budget Deficits and Disequilibrium Exchange Rates [J]. NBER Working Paper, 1984.

⑥ CALVO, G. A. Capital Flows, Capital-Market Crises：The Simple Economics of Sudden Stops [J]. Journal of Applied Economics , 1998, 1（1）：35-54.

（1998）定义的"突停"作为变量引入自己的研究（Calvo et al.，2004[1]；Frankel & Cavallo，2008[2]）。同一时期，有关跨境资本流入激增的研究也不断涌出，其中 Reinhart（2008）分析了国际资本净流入突然快速增加的经济现象，并将其定义为"富矿"[3]；Ghosh et al.（2014）则将这种跨境资本净流入异常巨大的现象定义为"激增"（surges），还指出这是一种与正常资本流入有本质差异的现象[4]。随着学术界对跨境资本异常流入研究的深入，学者们对跨境资本异常流动的关注从净流动转向了总资本流动，并从跨境资本总流出和总流入两个层面来分析。Obstfeld（2012）[5] 以及 Bruno 和 Shin（2012）[6] 的研究指出即使净资本流动稳定，总资本流动发生逆转也会冲击一个国家的金融体系稳定性，影响宏观经济的发展，这一论断打破了跨境资本流动中集中于研究净流动的行为。Rothenberg 和 Warnock（2011）认为净资本流动减少可能是跨境资本流入减少带来的，也可能是国内对外投资增加造成的，笼统地研究净资本流动无法准确判断净资本流动突停的原因，故将其进一步区分为国内投资者突发外逃造成的突停和真实的资本流入突停[7]。Forbes 和 Warnock（2012）利用总资本流动的急剧变化来识别和界定跨境资本异常流动，首次将其细分为激增、突停、外逃和撤回四种异常流动，其中激增和突停是从总资本流入角度表示外国资本流入突然大幅增加和减少，外逃和撤回则从总资本流出角度表示本国资本流出突然大幅增加和减少[8]。随后 Forbes 和 Warnock（2021）在之前研究的

　① CALVO, G. A., IZQUIERDO A., MEJÍA, L. F. On the Empirics of Sudden Stops: The Relevance of Balance-Sheet Effects [J]. Research Department Publications, 2004, 69 (1): 231-254.

　② FRANKEL, J., CAVALLO, E. Does openness to trade make countries more vulnerable to sudden stops, or less? Using gravity to establish causality [J]. Journal of International Money & Finance, 2008, 27 (8): 1430-1452.

　③ REINHART, C. M., REINHART, V. R. Capital Flow Bonanzas: An Encompassing View of the Past and Present [J]. NBER Working Papers, 2008.

　④ GHOSH, A. R., QURESHI, M. S., KIM, J. I., et al. Surges [J]. Journal of International Economics, 2014, 92 (2): 266-285.

　⑤ OBSTFELD, M. Does the Current Account Still Matter? [J]. American Economic Review, 2012, 102 (3): 1-23.

　⑥ BRUNO, V., SHIN, H. S. Cross-Border Banking and Global Liquidity [J]. Review of Economic Studies, 2015, 82 (2): 535-564.

　⑦ ROTHENBERG, A. D., AND WARNOCK, F. E. Sudden Flight and True Sudden Stops [J]. Review of International Economics, 2011, 19 (3): 509-524.

　⑧ FORBES, K. J. AND WARNOCK, F. E. Capital Flow Waves: Surges, Stops, Flight and Retrenchment [J]. Journal of International Economics, 2012, 88 (2): 235-251.

基础上进一步界定了资本账户中 FDI、债权投资、股权投资与其他投资四个子账户的异常流动①。Hwang et al.（2017）也将跨境资本异常流动区分为四种类型，且与 Forbes 和 Warnock（2012）的命名一致，但却是针对净资本流动进行划分，并认为总资本流入和总资本流出是重要的驱动因素②。

可见，当前有关跨境资本流动的范畴宽广，涉及内容众多，不同类别的跨境资本流动属性各异，忽略不同类别跨境资本流动的差异可能会掩盖美国经济政策不确定性对跨境资本流动的异质性影响，进而忽视其风险程度。2016 年 IMF 对成员国的调查显示，成员国对跨境资本流动的关注度依次为跨境资本流动的波动、跨境资本流动的规模以及跨境资本流动的结构，因此，有必要从规模性指标、结构性指标、波动性指标等不同层面刻画美国经济政策不确定性对跨境资本流动的影响，区分并判断美国经济政策不确定性在规模性指标、结构性指标以及波动性指标的真实影响，以期更好地防范经济政策不确定性对跨境资本流动所带来的风险。具体来看，本书选用的规模性、结构性和波动性跨境资本流动指标如下所示：

规模性指标方面，主要是跨境资本净流动和总流动，从总量方面反映跨境资本流动的水平指标。前者主要反映跨境资本流入与流出的差额，进而掌握一国的国际收支失衡情况以及面临的本币升值或贬值压力，但却无法捕捉和反映跨境资本流入与流出各自的变动趋势，可能掩盖跨境资本流动的真实风险；后者则与一国的金融市场风险敞口密切相关，且波动性一般都明显高于净资本流动，是一国国际风险敞口的表现。在金融危机之前，大部分研究文献都以跨境资本净流动为主要研究对象，因为这一时期跨境资本流动来自发达国家主导的跨境资本流出，新兴国家的跨境资本流出规模小，测算净资本流入基本可以大致反映一国的总资本流入情况。但是金融危机后，跨境资本流动的规模进一步扩大，双向性和复杂性进一步增强，净资本流动无法很好地反映跨境资本流动的规模和方向性，无法解释跨境资本流动带来的风险积累。因此，金融危机后的文献主张测算跨境

---

① FORBES, K. J. AND WARNOCK, F. E. Capital flow waves—or ripples? Extreme capital flow movements since the crisis [J]. Journal of International Money and Finance, 2021: 116.

② HWANG, I., DEOKJONG, J., HYUNGSOON, P., et al. Which Net Capital Flows Matter? [J]. Emerging Markets Finance and Trade, 2016, 23 (4): 413-426.

资本总流动规模（Forbes & Warnock，2012①；Cerutti et al.，2017②），并区分总流入和总流出以考察跨境资本流动的方向性，对跨境资本双向流动分别进行研究。

结构性指标方面，主要是时间结构和内容结构。时间结构方面，相较于长期跨境资本，短期跨境资本流动性更强、波动性更大，对金融系统和宏观经带来的冲击性也更强，甚至一些学者（Kaminsky and Reinhart，1998③；Calvo，1998④；Chari and Kehoe，2003⑤）指出短期跨境资本流动是导致一国金融危机的重要推手。为抵御外部经济政策不确定性，短期跨境资本可能随时改变流动方向和规模，引发跨境资本剧烈波动，引发一系列的货币及金融危机。可见，短期跨境资本流动投机性和易变性更强，相较于规模性指标，更能反映跨境资本流动的风险性，受经济政策不确定性影响更大。内容结构方面，不同类别的跨境资本流动属性差异较大，对经济政策不确定性的反应程度也存在较大差异。跨境证券投资和跨境银行信贷的投机性强，当美国等核心国家的经济政策不确定性增强时，会对美国经济政策不确定性引发的冲击做出剧烈反应，迅速调整投资方向和投资规模，在全球范围内寻求投资机会提升资本配置效率。这类资本流动的双向性及扩张性会产生较强的羊群效应，带来的影响远大于国际直接投资（王金明和王心培，2021⑥），可见内容结构性指标中尤其值得关注的是跨境证券投资。

波动性指标主要衡量跨境资本流动的波动情况，回顾以往典型的全球金融危机，不难发现危机前后大都伴随着巨额的跨境资本流入和流出，甚至出现逆转现象。而且，与一般的水平指标相比，波动性指标更直观地反

① FORBES, K. J, AND WARNOCK, F. E. Capital Flow Waves：Surges, Stops, Flight and Retrenchment ［J］. Journal of International Economics，2012，88（2）：235-251.

② CERUTTI, E., CLAESSENS, S., PUYET, D. Push Factors And Capital Flows To Emerging Markets：Why Knowing Your Lender Matters More Than Fundamentals ［J］. Social Science Electronic Publishing，2017，15（127）：1.

③ KAMINSKY, G. L, REINHART, C. M. Financial Crises in Asia and Latin America：Then and Now ［J］. American Economic Review，1998，88（2）：444-448.

④ CALVO, G. Capital Flows and Capital-Market Crisis：The Simple Economics of Sudden Stops ［J］. Journal of Applied Economics，1998，（1）：35-54.

⑤ CHARI, V. V., KEHOE, P. J. Hot Money ［J］. Journal of Political Economy，2003，111（6）：1262-1292.

⑥ 王金明，王心培. 跨境资本双向流动影响外汇市场稳定吗 ［J］. 国际贸易问题，2021（10）：157-174.

映跨境资本流动的波动大小，也更能反映跨境资本流动的国际风险传染情况，对于各国防范跨境风险传染具有更强的指导价值（陈雷 等，2021[①]）。

综上可知，跨境资本流动的规模性指标、结构性指标和波定性指标从不同层面反映了跨境资本流动可能存在的风险性和危害性。探讨美国经济政策不确定性对规模性指标的影响，重在分析其对跨境资本流动的规模及方向变动的影响，尤其是总资本流动注重跨境资本流动的风险积累，也是近年来关于跨境资本流动规模研究中最常见的研究指标。探讨美国经济政策不确定性对结构性指标的影响，一方面，短期跨境资本的投机性和易变性使得其风险性更强，关注美国经济政策不确定性对短期跨境资本流动实际上是对总资本流动反映的风险积累的聚焦；另一方面，不同项目下跨境资本流动的规模及方向，重在探讨美国经济政策不确定性对不同项目跨境资本流动的异质性，进而有针对性地对不同类别跨境资本流动执行不同的防范策略。探讨美国经济政策不确定性对波动性指标的影响，则是将跨境资本流动的风险进一步剥离，如果跨境资本流动规模大、波动小，那么对整个金融系统来说冲击也较小。只有当跨境资本异常流动才更容易触发全球金融系统失衡，导致系统性金融风险，加剧各国金融系统的脆弱性，即跨境资本的波动性才是跨境资本破坏性和冲击性更强的原因。

1.3 研究思路与研究框架

1.3.1 研究思路

本书遵循"提出问题→搭建理论→分析事实→实证检验→政策建议"的研究思路，对美国经济政策不确定性影响全球跨境资本流动展开分析与论证，具体的研究思路如下所示：

提出问题：围绕三大主要问题：①美国经济政策不确定性对全球跨境资本流动的影响如何？②美国经济政策不确定性通过何种渠道影响全球跨境资本流动？③如何应对美国经济政策不确定性对跨境资本流动带来的影响？

---

① 陈雷，张哲，陈平. 三元悖论还是二元悖论：基于跨境资本流动波动视角的分析 [J]. 国际金融研究，2021（6）：34-44.

搭建理论：借鉴跨境资本流动的驱动理论和美国经济政策不确定性的传导理论，围绕美国经济政策不确定性与传导机制变量、传导机制变量与跨境资本流动搭建起本书的理论框架，即"美国经济政策不确定性—传导机制变量—跨境资本流动"，将其作为本书的逻辑起点和理论框架。

分析事实：抓住两大核心主题——美国经济政策不确定性和跨境资本流动，分析其测算方法、基本特征以及典型事实，并通过相关性、格兰杰因果关系等初步检验了两者的关联性，为后文的实证检验奠定事实基础。

实证检验：在分析经验事实的基础上，从机制和影响两个层面对美国经济政策不确定性影响全球跨境资本流动进行了实证验证。机制的实证检验方面，一是利用PVAR模型初步检验了美国经济政策不确定性、传导机制变量以及跨境资本流动之间的格兰杰因果关系；二是利用跨国面板数据，采用面板固定效应模型、面板Logit模型和TVP-VAR模型实证检验了传导机制的有效性。影响的实证检验方面，主要是美国经济政策不确定性对跨境资本总流动和净流动的影响、美国经济政策不确定性对短期跨境资本流动的影响、美国经济政策不确定性对跨境资本异常流动的影响、美国经济政策不确定性对中国跨境资本流动的影响。

政策建议：根据本书理论和实证检验结果，提出防范美国经济政策不确定性冲击跨境资本流动的政策建议。

1.3.2 研究框架

从内容框架来看，本书符合"总—分"结构，其中第1~3章总体概述了研究的背景、意义、典型事实及理论基础，第4~7章属于分论部分，分别从规模性指标、结构性指标、波动性指标和中国特例探讨美国经济政策不确定性对不同类型跨境资本流动的影响。同时，分论部分又按照跨境资本流动的风险性层层递进，其中对规模性跨境资本流动的影响反映了金融市场风险敞口，重视跨境资本总流动的风险积累性；对结构性跨境资本流动的影响是对总流动风险积累的聚焦；对波动性跨境资本流动的影响凸显了跨境资本流动风险的传染性，是总资本流动风险积累的延伸；对中国跨境资本流动的影响研究重视中美两个大国之间的时变影响。本书内容框架结构如图1-1所示：

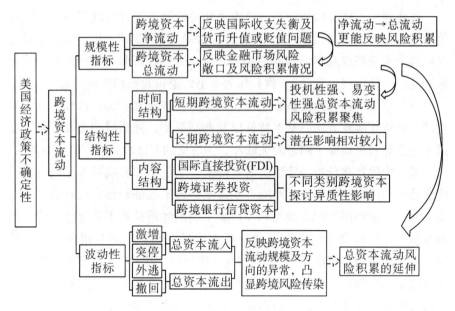

图 1-1　本书内容框架

从逻辑框架来看，本书遵循"提出问题→搭建框架→事实分析→实证检验→提出建议"的逻辑思路，层层推进，研究的逻辑框架大致如图 1-2所示：

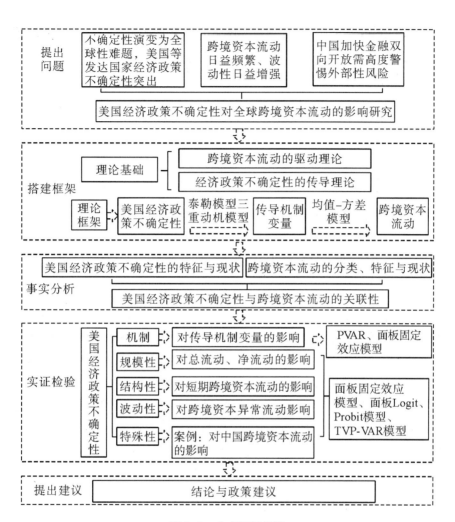

图 1-2　本书逻辑框架

2 美国经济政策不确定性与全球跨境资本流动的典型事实

2.1 美国经济政策不确定性测算及事实分析

经济政策不确定性是指国家或政府相关部门过于频繁地出台一系列经济政策，导致经济主体无法预知政府何时会突然出台新的经济政策，所引发的无法提前测评的风险（Gulen & Ion，2016[①]），是财政、货币、贸易和汇率等相关经济政策所蕴含的无法预期成分。经济政策不确定性无法直观测量或搜集，只能从众多的宏观经济政策中寻找合适的代理变量（陈乐一和张喜艳，2018[②]）。因此，准确地识别和测算经济政策不确定性是开展该研究的前提，接下来将对美国经济政策不确定性的测算、基本特征、对现实事件的刻画准确程度进行详细分析与介绍。

2.1.1 美国经济政策不确定性的测算

经济政策不确定性无法直接观测，大多数学者在测算这一指标时，都选择从宏观经济运行、政府管理体制或者预测偏差等维度尽可能地挑选合理的、综合性的代理变量。Baker et al. （2016）[③] 提出了一种全新的基于各国主流报纸报道频率的经济政策不确定性测量方法，即 EPU 指数法，并以

---

① GULEN H., ION M. Policy Uncertainty and Corporate Investment ［J］, Review of Financial Studies，2016，29（3）：523-564.

② 陈乐一，张喜艳. 经济不确定性与经济波动研究进展 ［J］. 经济学动态，2018（8）：134-146.

③ BAKER S. R., BLOOM N., DAVIS S. J. Measuring Economic Policy Uncertainty ［J］. Quarterly Journal of Economics. 2016，131（4）：1593-1636.

美国为例,通过 VAR 模型验证政策敏感领域的投资、就业与 EPU 指数之间的负相关关系。Baker et al.(2016)的研究拉开了基于网络信息检索的文本分析法测量经济政策不确定性的大幕,具有综合性高、连续性强且频率可调等特点。本书主要用美国 EPU 指数来综合反映和度量美国经济政策不确定性。

2.1.1.1 美国 EPU 指数的构成

美国 EPU 指数是一个由三种潜在不确定性组成的综合性指数,主要包括新闻报道指数、税法变动不确定性指数以及经济预测者意见分歧指数。

第一个部分,新闻报道指数(EPUnews)。主要是通过挑选美国境内具有影响力的报纸,对其进行政策不确定性关键词统计,并计算出月度 EPU 指数。具体步骤如下:第一,挑选了 10 大具有影响力的报刊,包括《今日美国》《迈阿密先驱报》《芝加哥论坛报》《华盛顿邮报》《洛杉矶时报》《波士顿环球报》《旧金山纪事报》《达拉斯晨报》《休斯敦纪事报》和《华尔街日报》;第二,搜索统计 10 大报刊中与经济和政策不确定性相关词汇有关的文章数量,其中,相关词汇包含"不确定性"或"不确定""经济""国会""立法""白宫""监管""联邦储备"或"赤字";第三,将包含经济和政策不确定性相关词汇的文章数量除以该报纸当月的文章总数,得到美国经济政策不确定性文章占比数据,再对该数据进行归一化处理;第四,加总每月每份报纸的数据,获得月度新闻报道指数[①]。

第二个部分,税法变动不确定性指数(EPUtax)。通过梳理国会预算办公室报告编制的临时联邦税法条款清单,统计每年即将失效的税法条款数量,将其作为美国税法变动可能性的代理变量,即税法变动的不确定性(Baker et al.,2016[②])。这是由于临时税收措施给企业和家庭带来不确定性,而国会则经常选择在其到期前才延长其有效期限,在一定程度上破坏了美国税法的稳定性。

第三个部分,经济预测者意见分歧指数(EPUex)。借鉴费城联邦储备银行的专业预测者调查,测量不同预测机构对 CPI、地方(州)政府购买

---

① 值得注意的是,EPU 新闻指数在 1985 年 1 月到 2009 年 12 月的平均值为 101.8,主要是因为之前的版本将该系列归一化,在这一时期的值为 100,但随着每个月的更新,前两个月的数据可能略有修正,使得 EPU 新闻指数的新数据有轻微调整。

② BAKER S. R., BLOOM N., DAVIS S. J. Measuring Economic Policy Uncertainty [J]. Quarterly Journal of Economics. 2016, 131 (4): 1593-1636.

性支出和联邦（中央）政府购买性支出三个重要指标的预测差异，即 EPU_{cpi} 和 EPU_{expend}。一般来说，预测者意见分歧和差异越大，则不确定性越大。

为了构建与经济政策不确定性相关的 EPU 指数，笔者将三个部分分别利用其标准差进行归一化处理，再计算三个部分的平均值，最后对三个部分进行如公式 2.1 所示的权重赋值：

$$EPU\ 指数 = \frac{1}{2}EPU_{news} + \frac{1}{6}EPU_{tax} + \frac{1}{6}EPU_{cpi} + \frac{1}{6}EPU_{expend} \quad (2.1)$$

2.1.1.2 其他 EPU 指数的发展

随后，EPU 指数研究小组继续采用文本分析法，基于一系列的新闻报道计算统计了每日 EPU 指数和分类 EPU 数据。其中每日 EPU 指数的源文本来自拥有 2 000 多份美国报纸的世界新闻数据库，通过检索至少包含"经济""不确定性""立法"或"赤字"或"监管"或"美联储"或"白宫"几组关键词中其中一个的文章数量，测算七日均值作为每日 EPU 指数；分类 EPU 指数①则是基于新闻数据的一系列子索引，包括货币政策不确定性指数、税收不确定性指数、政府支出不确定性指数、医疗不确定性指数、国家安全不确定性指数、法律法规不确定性指数、金融法规不确定性指数、贸易政策不确定性指数和主权货币不确定性指数。目前在文献中比较多的是货币政策不确定性指数、财政政策不确定性指数以及贸易政策不确定性指数，这三个不确定性指数也将是本书分析不同类型美国经济政策不确定性的异质性影响时所采用的指标。

2.1.1.3 美国 EPU 指数的优势

综上可知，美国 EPU 指数包含了与经济政策不确定性有关的综合信息，相较于其它的测算方法，具有明显的优势。第一，方法易于推广，当前众多学者根据 Baker et al.（2016）的测算方法，计算了全球 21 个国家的 EPU 指数；第二，数据持续性强且频率可调，所有国家的 EPU 指数均具有可追溯性，持续期长，并且可根据需要计算所需的日度、月度、季度和年度数据；第三，可以构建特定类别的不确定性指数，目前已经根据文本统计关键词的方法延伸出多种类别 EPU 指数，可用于研究特定对象的不确定性及其影响。

———————————

① 详细的 EPU 分类指数见经济政策不确定性网站：http://www.policyuncertainty.com/categorical_terms.html.

2.1.2 美国经济政策不确定性的特征及事实分析

根据 Baker et al.（2016）测算的美国 EPU 指数，美国 EPU 指数（USEPU）与全球 EPU 指数（GEPU）变动如图2-1所示。从图2-1来看，美国 EPU 指数与全球 EPU 指数的走势几乎一致，尤其在一些重大的全球事件中两者高度重叠，仅在2017年美国前总统特朗普上任开始两者出现小幅度分化，可见美国 EPU 指数对全球 EPU 指数的替代性极高。从1985年1月以来，美国 EPU 指数呈现了缓慢上升的趋势，EPU 指数从1985年1月的125上升到2020年12月的246，涨幅接近100%，其间还在1990年、2001年、2008年、2012年、2016—2017年、2019年、2020年形成了7次典型的波峰期，具体可分为以下4个阶段。

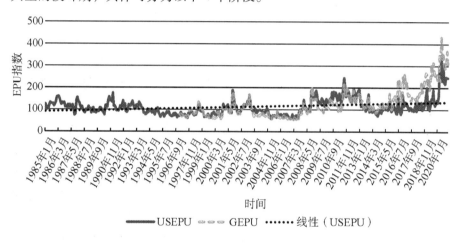

图2-1 美国 EPU 指数、全球 EPU 指数与重大事件比对

数据来源：经济政策不确定性网站（www.policyuncertainty.com）。

小幅波动期：1985—2000年。这期间美国 EPU 指数波动幅度较小，大都在80~120，尤其是1993—1997年，EPU 指数进一步回落，出现了长达六年的经济政策稳定期。但期间 EPU 指数也出现了几次小高峰，主要是受1987年黑色星期一、1991年第一次海湾战争、1997年亚洲金融危机和1998年的长期资本管理危机（LTCM 危机）的影响，这三个时期指数分别达到了132、157、123。

大幅震荡期：2001—2007年。这期间受恐怖袭击和政府军事行动的影响，美国 EPU 指数经历了一次波谷到波峰的大幅波动期。2001年9月11日美国本土发生"9·11"恐怖袭击事件,该事件发生后,美国军队进入了最高戒备状态,发动了"反恐战争",并通过了爱国者法案,激发了民众及新闻媒体的超级民主主义情感。此时的布什政府也从"弱势"状态转向了"准战时政府",导致这一年美国 EPU 指数飞涨,达到了空前未有的188,形成了第一个波峰;随后受"9·11"事件的恐慌性影响,在2003年3月美国以伊拉克私藏大规模杀伤性武器为由,对伊拉克实行了军事打击,发动了第二次海湾战争,美国 EPU 指数在当月达到163,形成该时期的第二个波峰。

快速增长期:2008—2014年。这段时期美国 EPU 指数呈现大幅上升趋势,且波动性较大,峰值高达245,波谷低至71。这段时期美国 EPU 指数高涨主要是受2008年的世界金融危机以及2012年欧洲债务危机影响。2008年世界金融危机,美国政府从最初的降息策略到最后使用非常规化的量化宽松政策,不断地调整经济政策以帮助美国摆脱金融危机,稳定国内经济。美国 EPU 指数也逐步攀升到190。随后欧洲债务危机爆发,从最初向 IMF 求救到欧洲央行出手救市,一系列政策的颁布实施引起经济政策不确定性不断攀升,导致这一时期的美国 EPU 指数再次上升到245。

震荡增长期:2015—2020年。这期间美国 EPU 指数呈现更强的波动性,波动频率更高,增长速度更快。2016年期间英国脱欧、特朗普选举成功以及美国退出跨太平洋伙伴关系协定(TPP),几项重大事件叠加导致2016—2017年的美国 EPU 指数一直维持在160以上。2018—2019年特朗普政府在全球范围内掀起了贸易战,尤其是中美之间紧张的贸易关系使得贸易关税不断上升,频繁颁布的贸易政策导致美国这一时期的 EPU 指数攀升至201。2020年年初新冠病毒感染疫情席卷全球,美国国内疫情蔓延,导致各行业陷入停工停产状态,国内外经贸联系被疫情强行切断,导致美国经济遭受了大萧条以来最大的冲击。面对疫情的冲击,美国政府开始实施大规模的救助措施,包括降息、回购、取消存款准备金率、下调一级信贷利率等一揽子传统货币政策,同时还配合实施了4轮不同程度有关新冠病毒感染防疫的经济刺激政策,试图挽救陷入低迷的经济。随着疫情的扩大,各种经济政策的颁布和实施也进一步增加了美国经济政策不确定性,EPU 指数在这期间出现了有史以来的最高峰值350,可见自新冠病毒感染疫情以来美国国内经济政策的动荡性。

2.2 全球跨境资本流动的测算及事实分析

19 世纪 60 年代，跨境资本流动开始于英国，一战以后在美国等发达国家的推动下，跨境资本流动成为全球经济往来的重要组成部分。随着全球经济金融一体化程度提升，跨境资本流动的规模更大、种类更多、流动速度更快。金融危机之后，跨境资本流动呈现大进大出、波动更加频繁等新特点，为了进一步探讨当前跨境资本流动的发展现状，将从跨境资本流动的规模测算、跨境资本流动的特征及事实分析三方面进行分析。

2.2.1 不同类型跨境资本流动的测算

2.2.1.1 规模性跨境资本流动的测算

当前规模性跨境资本流动的测算主要包括跨境资本流动总流动和跨境资本净流动。其中，跨境资本流动总流动包括跨境资本总流出和总流入；跨境资本净流动则是跨境资本总流出与总流入之间的差额，若该差额为正，则代表跨境资本净流出，反之则代表跨境资本净流入。各类规模性跨境资本流动的计算公式如下：

跨境资本总流出＝FDI 资产＋国际证券投资资产＋跨境银行信贷资产

跨境资本总流入＝FDI 负债＋国际证券投资负债＋跨境银行信贷负债

跨境资本净流动＝跨境资本总流出－跨境资本总流入

2.2.1.2 结构性跨境资本流动的测算

如 1.2.2 中有关跨境资本流动的定义所述，结构性跨境资本流动主要从内容结构和时间结构两个层面分析。

内容结构性指标主要参考国际货币基金组织（IMF），将跨境资本流动分为 FDI、证券投资、其他投资、金融衍生工具和储备资产。其中，其他投资中的商业信用、贷款和存款项目都借由银行体系流通，故也将其称作跨境银行信贷；金融衍生工具本身规模较小且数据缺失严重，大多数文献探讨的都是不含金融衍生品的跨境资本流动；储备资产则表示各国政府官方持有的储备资产及债务规模。因此，内容结构性指标主要探讨 FDI、跨境证券投资和跨境银行信贷，通过 IMF 国际收支平衡表的资本与金融账户中的分类账户来体现。

时间结构性指标主要区分长期和短期跨境资本流动，其中，长期跨境资本流动大都使用 FDI 来代理；短期跨境资本流动主要包括直接法、间接法和混合法，从窄到宽不同口径来测算短期跨境资本流动（张明，2011[①]；张明和肖立晟，2014[②]；彭红枫和祝小全，2019[③]）。直接法仅计算自己考虑的短期跨境资本，比如张明和肖立晟（2014）则将证券投资与其他股权投资当作短期跨境资本，将其加总作为代理变量；间接法则是从外汇储备中扣除不属于短期跨境资本的项目，比如彭红枫和祝小全（2019）从外汇储备增量中扣减经常项目顺差额和外商直接投资额来测算各国短期跨境资本流动。短期跨境资本流动的公式如下：

直接法：短期跨境资本流动（SGF）=国际证券投资余额+跨境银行信贷余额

间接法：短期跨境资本流动（SGF1）=外汇储备增量−经常项目顺差额−外商直接投资额

综上可知，结构性跨境资本流动分为内容结构性指标和时间结构性指标，前者主要包括 FDI、跨境证券投资和跨境银行信贷，后者主要包括 FDI 与短期跨境资本流动。实际上，内容结构也属于规模性指标的一种，故在后文中将其放在第 5 章规模性指标中做实证分析，但相较于前述的规模性指标更侧重于不同类别跨境资本流动的异质性分析。同时，为了防止内容上的重复，第 6 章有关时间结构性指标的分析则聚焦在了短期跨境资本流动。

2.2.1.3　波动性跨境资本流动的测算

波动性跨境资本流动主要采用跨境资本异常流动来代理，基于 IMF 的 BOP 数据库中各国跨境资本总流入、总流出以及 FDI、跨境证券投资以及跨境银行信贷等不同类别的跨境资本流入与流出的季度数据，选择了 48 个

① 张明. 中国面临的短期国际资本流动：不同方法与口径的规模测算 [J]. 世界经济，2011, 34 (2)：39-56.

② 张明，肖立晟. 国际资本流动的驱动因素：新兴市场与发达经济体的比较 [J]. 世界经济，2014, 37 (8)：151-172.

③ 彭红枫，祝小全. 短期资本流动的多重动机和冲击：基于 TVP-VAR 模型的动态分析 [J]. 经济研究，2019, 54 (8)：36-52.

国家①（从 2000 年 1 季度到 2019 年 4 季度）作为样本，采用 Forbes 和 Warnock（2012）②、杨海珍和杨洋（2020）③ 的方法对跨境资本异常流动进行测算，其中总资本流入涉及的资本激增和资本突停的计算如下：

第一步，为消除季节性影响，计算总资本流入每 4 个季度的移动总和，并将其记为 F_t，其中 GCF 是各季度的总资本流动数据，t = 1，2，3，…，N。

$$F_t = \sum_{i=0}^{3} GCF_{t-i} \qquad (2.2)$$

第二步，再计算总资本流入 F_t 每间隔 4 个季度的差值，将其记为 ΔF_t，其中 t = 5，6，7，…，N。

$$\Delta F_t = F_t - F_{t-4} \qquad (2.3)$$

第三步，计算 ΔF_t 过去 12 个季度（过去 3 年）④ 的移动平均值（记为 $\overline{\Delta F}$）和标准差（stdev），其中 t = 1，2，3，…，N，计算公式为

$$\overline{\Delta F} = \frac{\sum_{i=0}^{N=11} \Delta F_{t+i}}{12} \qquad (2.4)$$

$$stdev = \sqrt{\frac{\sum_{j=0}^{4} (\Delta F_{t+11-j} - \overline{\Delta F})^2}{12-1}} \qquad (2.5)$$

第四步，对比 ΔF_t 与其过去 3 年的移动均值 $\overline{\Delta F}$ 和移动标准差 stdev，判别标准如下：

资本激增开始于 ΔF_t 大于其对应均值 $\overline{\Delta F}$ 加上 1 个对应的标准差，结束

---

① 48 个国家包括发达国家（24 个）：澳大利亚、加拿大、捷克、丹麦、芬兰、法国、德国、希腊、匈牙利、冰岛、意大利、日本、韩国、荷兰、新西兰、挪威、葡萄牙、新加坡、斯洛文尼亚、西班牙、瑞典、瑞士、英国、美国；新兴市场国家（24 个）：阿根廷、巴西、保加利亚、智利、中国、哥伦比亚、克罗地亚、爱沙尼亚、印度、印尼、哈萨克斯坦、立陶宛、马来西亚、墨西哥、菲律宾、波兰、罗马尼亚、俄罗斯、斯洛伐克、南非、斯里兰卡、泰国、土耳其、乌克兰。

② FORBES, K. J. AND WARNOCK, F. E. Capital Flow Waves: Surges, Stops, Flight, and Retrenchment [J]. Journal of International Economics, 2012, 88（2）：235-251。

③ 杨海珍，杨洋. 政策、经济、金融不确定性对跨境资本流动急停和外逃的影响研究：20 世纪 90 年代以来的全球数据分析与计量 [J]. 世界经济研究，2021（5）：38-52，135.

④ 这里没有借鉴 Forbes and Warnock（2012）的 5 年移动平均值，是因为选取的数据样本较小，5 年移动平均会损失约 28 期数据，即近 7 年的跨境资本流动数据，故参考了杨海珍等（2021）取 12 个季度（3 年）的移动平均值。

于 ΔF_t 低于其对应均值 $\overline{\Delta F}$ 加上 1 个标准差，且期间至少有一次 ΔF_t 超过其对应均值 $\overline{F}$ 加上 2 个标准差。

资本突停开始于 ΔF_t 小于其对应均值 $\overline{\Delta F}$ 减去 1 个对应的标准差，结束于 ΔF_t 大于其对应均值 $\overline{\Delta F}$ 减去 1 个标准差，且期间至少有一次 ΔF_t 低于其对应均值 $\overline{F}$ 减去 2 个标准差。

总资本流出涉及的资本外逃和资本撤回的计算方法，与总资本流入异常的测算过程前三步类似，只是判别标准有一些变化，判别标准为：资本撤回开始于 ΔF_t 小于其对应均值 $\overline{\Delta F}$ 减去 1 个对应的标准差，结束于 ΔF_t 大于其对应均值 $\overline{\Delta F}$ 减去 1 个标准差，且期间至少有一次 ΔF_t 低于其对应均值 $\overline{\Delta F}$ 减去 2 个标准差；资本外逃则开始于 ΔF_t 大于其对应均值 $\overline{\Delta F}$ 加上 1 个对应的标准差，结束于 ΔF_t 低于其对应均值 $\overline{\Delta F}$ 加上 1 个标准差，且期间至少有一次 ΔF_t 超过其对应均值 $\overline{\Delta F}$ 加上 2 个标准差。

FDI、跨境证券投资以及跨境银行信贷三种内容结构性跨境资本流入与流出的激增、突停、外逃和撤回的计算方法与总流入和总流出的计算方法一致。

2.2.2 跨境资本流动的特征及事实分析

2.2.2.1 规模性跨境资本流动的事实分析

如前所述，规模性跨境资本流动主要分为跨境资本总流出、总流入和净流动，以下主要探讨跨境资本流动规模性指标的基本特征与典型事实。

从全球跨境资本总流出及其占 GDP 比重来看（如图 2-2 所示），1990—2020 年全球跨境资本总流出的规模大致经历了四个阶段。

（1）1990—2000 年，波动增长期。这期间跨境资本总流出呈现规模小、波动增长的特点。该时期内资本总流出规模从最初的 0.7 万亿美元逐步增长到 2000 年的 4.4 万亿美元，占 GDP 的比重则从 3% 左右上升到 13%，但在 1998 年出现短暂回落，总流出规模降到 1.8 万亿美元，占 GDP 比重回落到 5.7%。这主要是由于 20 世纪 90 年代起拉美地区和东亚地区的发展中国家受欧美国家金融自由化理论影响，开始逐步实施资本账户开放；同时，发达国家的利率持续下降，国内资本出现大量流动，导致跨境资本从发达国家流向发展中国家。而 1991 年的第一次海湾战争以及 1997

年的亚洲金融危机使得这一时期的跨境资本流出呈现一定的波动性，呈现波动增长的态势。

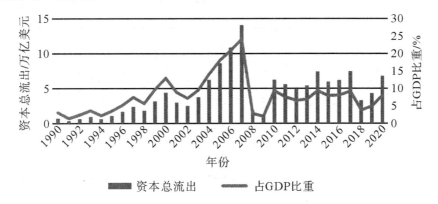

图 2-2　1990—2020 年全球跨境资本总流出及占 GDP 比重

数据来源：IMF 的 BOP 数据库，通过整理计算得出。

（2）2001—2007 年，高速增长期。这一时期跨境资本总流出规模从 3 万亿美元迅猛增加至 2007 年的 14 万亿美元，占 GDP 比重则从 8.9% 飙升到 27%。全球经济进入明显的流动性高涨期，规模大且高速增长的跨境资本流动引领着经济全球化迅猛发展。

（3）2008—2017 年，震荡调整期。2008 年世界金融危机以来，跨境资本总流出迅速回落，2009 年跨境资本总流出规模跌落至 1.2 万亿美元，回到 1995 年水平。随着世界经济的缓慢复苏，跨境资本总流出开始回升，近十年来跨境总流出规模在 4 万亿美元到 7 万亿美元，占世界 GDP 比重也在 5%~8%，但在 2012 年，受欧债危机影响，跨境资本总流出出现小幅回落。

（4）2018—2020 年，小幅波动期。受 2018 年中美贸易战影响，跨境资本流动呈现小幅回落，大体上来看，这一时期跨境资本总流出呈现缓慢恢复增长的特征。

从跨境资本总流入规模及其占全球 GDP 比重来看（见图 2-3），资本总流入的趋势特征与资本总流出类似，总体上也可以划分为 1990—2000 年小规模波动增长期、2001—2007 年大规模迅猛发展期以及 2008 年世界金融危机后稳步恢复期。

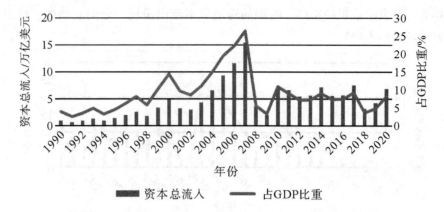

图 2-3 1990—2020 年全球跨境资本总流入及占 GDP 比重

数据来源：IMF 的 BOP 数据库，通过整理计算得出。

其中，1990—2000 年，资本总流入规模从 0.9 万亿美元增长至 2000 年的 4.8 万亿美元，占全球 GDP 比例从 4% 上升至 14.4%；2001—2007 年资本总流入规模呈爆发式增长，从 3.2 万亿美元增长至 15.4 万亿美元，占 GDP 比重则从 9.6% 上升到 29.7%；受 2008 年世界金融危机影响，跨境资本总流入迅猛回落至 2009 年的 2 万亿美元，占 GDP 比重跌落至 3.1%，随后跨境资本总流入规模缓慢恢复到 5 万亿美元到 7 万亿美元，占世界 GDP 比重回升至 5%~7%。

从跨境资本净流动规模来看（如图 2-4 所示），全球跨境资本流动大多数时间都呈现净流入状态，这意味着跨境资本总流入规模超过了资本总流出，世界各国对外投资热情高涨。大致可分为四个阶段：①1990—1999 年，跨境资本净流动较为平稳，维持在 0.4 万亿美元以下，这一时期跨境资本总流入与总流出大致平衡，跨境资本总流入略高于总流出规模。②2000—2008 年跨境资本净流入迅猛增加，从最初约 0.5 万亿美元狂飙至 1.96 万亿美元，增长了近 3 倍。这主要是由于这一时期大多数发达国家利率下调，呈现较为宽松的流动性环境，急需在全球范围内寻求投资机会，跨境资本海外投资需求迅猛增加。③2009—2013 年，金融危机期间跨境资本净流入有所回落。受世界金融危机影响，大量发达国家资本回流，跨境资本净流入规模有所下降。④2014—2020 年跨境资本净流入逆转为净流出状态，净流出规模在 2016 年高达 0.46 亿美元，但 2017 年和 2020 年又回到净流入状态。

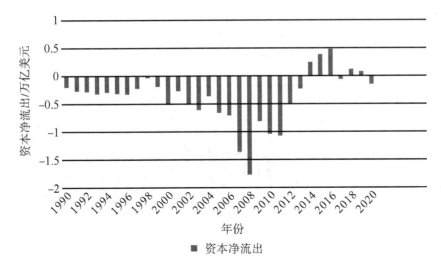

图 2-4　1990—2020 年全球跨境资本净流动

数据来源：IMF 的 BOP 数据库，通过整理计算得出。

2.2.2.2　结构性跨境资本流动的事实分析

结构性跨境资本流动主要包含内容结构性指标和时间结构性指标，其中，内容结构性指标被区分为 FDI、跨境证券投资以及跨境银行信贷三种不同类别的跨境资本流动，由于资本总流入和资本总流出的流动趋势类似，这部分将直接以流入为落脚点分析这三种内容结构性跨境资本流动；时间结构性指标主要包括长期和短期跨境资本流动，长期跨境资本流动主要分析 FDI 的趋势，短期跨境资本则采用直接法的指标进行分析。

从内容性结构指标来看，三种不同类别的跨境资本流动占全球 GDP 的比重如图 2-5 所示，三者的发展具有明显的阶段性特征。①1990—2002 年期间，平衡发展期。这一时期内，FDI 与跨境证券投资的变动趋势类似，且两者占 GDP 比重大体相当，均稳定在 1%~4%；跨境银行信贷占比相对较小，2000 年以后其占比追平 FDI 与跨境证券投资。②2003—2007 年，加速分化期。FDI 与跨境证券投资的占比出现较大分化，跨境证券投资占比在 2003 年超过 FDI，成为跨境资本流动的主力，此时 FDI 占比为 2.4%，跨境证券投资占比为 3.9%；同一时期跨境银行信贷占比大幅上升，从 2003 年的 3.1% 上升至 2007 年的 13.2%。到 2007 年三者占比分别为 7.7%、6.2% 和 13.2%，这标志着跨境银行信贷逐渐成为跨境资本流动的主导力量。③2008—2018 年，震荡分化期。这段时期 FDI 占比再次回升逐步超过其它两者的占比，重新成为跨境资本流动的主导力量。④ 2019 年至今，跨境证券投资占比重新回到主导位置，跨境银行信贷占比也回升到 FDI 占比之上，三者占 GDP 的比重在 2020 年依次为 3.8%、3.3% 和 0.67%。

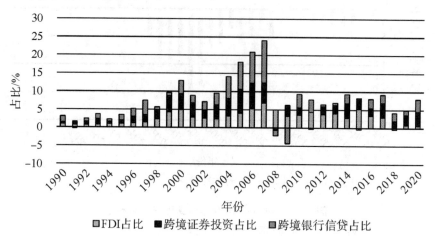

图 2-5 1990—2020 年内容结构性跨境资本流动占全球 GDP 比重

数据来源：IMF 的 BOP 数据库，通过整理计算得出。

从时间结构性指标的趋势来看（见图 2-6），2008 年金融危机前期，跨境银行信贷与跨境证券投资这类短期资本投资均呈现爆发式增长，尤其是跨境银行信贷增长极为迅猛。但 2008 年危机后，两者都呈现剧烈下滑，在 2008—2009 年甚至出现了逆转现象，说明短期跨境资本对金融危机的冲击反应强烈，具有较强的波动性，对资本流入国的宏观经济和金融市场可能带来较大冲击。FDI 作为长期跨境资本稳定性相对较高。但 2018 年 FDI 规模出现较大幅度下降，主要是由于 2018 年以美国为首的发达国家掀起了逆全球化浪潮，尤其是中美贸易摩擦，全球不确定性骤增，在很大程度上影响了 FDI 规模。

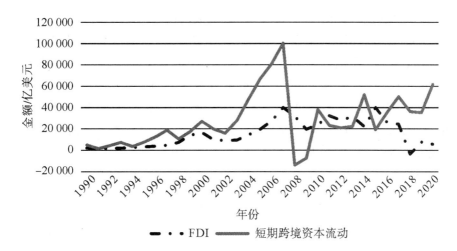

图 2-6 1990—2020 年时间结构性跨境资本流动规模

数据来源：IMF 的 BOP 数据库，通过整理计算得出。

2.2.2.3 波动性跨境资本流动的事实分析

波动性跨境资本流动主要分析样本期内样本国家的跨境资本异常流动。跨境资本异常流动的频次如表 2-1 所示。

表 2-1 跨境资本异常流动频次

类型	总资本流动	FDI	证券投资	银行信贷
surge	314	266	285	279
stop	425	194	338	374
flight	285	57	325	231
retrenchment	414	23	406	384

数据来源：IMF 的 BOP 数据库，基于 Forbes 和 Warnock（2012）整理计算得出。

总资本流动发生突停和撤回的次数较高，激增次数次之，外逃次数最少；从不同类别的跨境资本异常流动来看，跨境证券投资和跨境银行信贷发生撤回的次数最多，分别为 406 次和 384 次，FDI 发生撤回和外逃的频次最低，分别为 23 次和 57 次。这主要是由于 FDI 投资规模大、期限长，属于稳定的跨境资本流动，且 FDI 撤回的沉没成本较高，发生撤回和外逃的概率较小；跨境证券投资的投机性和易变性更强，可以快速根据宏观环境变化调整投资规模和方向；跨境银行信贷既有长期也有短期，但随着时间推移，信贷到期可以收回资金，若因宏观环境变化出现较大信贷违约风险时，可以提前收回信贷，也具有较强的波动性。

　　为了比较跨境资本异常流动的总体趋势特征，加总了同一时期跨境资本激增、突停、外逃和撤回的数量，跨境资本异常流动的变化趋势如图2-7至图2-10所示。总体来看，跨境资本激增（见图2-7）和跨境资本外逃（见图2-9）的总体趋势类似，跨境资本突停（见图2-8）和跨境资本撤回（见图2-10）的总体趋势类似。但不同类型跨境资本异常流动与总资本异常流动之间仍存在较大差异。

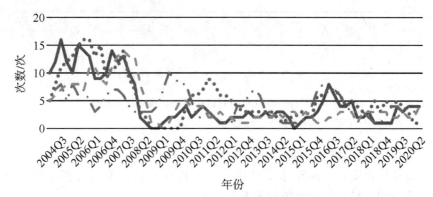

图2-7　跨境资本激增的变化趋势

数据来源：IMF 的 BOP 数据库，计算整理得出。

注：Q1~Q4 指 1 季度~4 季度，下同。

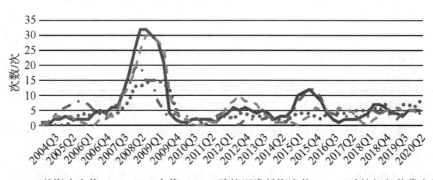

图2-8　跨境资本突停的变化趋势

数据来源：IMF 的 BOP 数据库，计算整理得出。

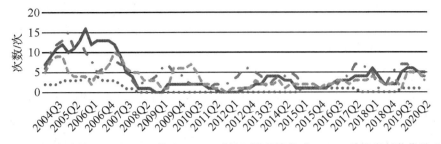

图 2-9 跨境资本外逃变化趋势

数据来源：IMF 的 BOP 数据库，计算整理得出。

从图 2-7 来看，2008 年金融危机前，总资本与 FDI 两者的激增变动趋势类似，且次数最多，跨境银行信贷激增的次数明显增加，跨境证券投资激增次数相对较少。总资本、FDI、跨境证券投资以及跨境银行信贷的激增次数均在金融危机之前达到最大值。2008 年金融危机后，跨境证券投资率先恢复激增，跨境银行信贷和总资本两者的激增恢复情况大体类似，FDI 激增恢复最慢。随后一直到 2015 年，总资本、跨境银行信贷和 FDI 发生激增次数均较少，跨境证券投资在 2013 年出现多次激增。2016—2017 年间总资本、FDI 和跨境证券投资发生激增频次较多。

从图 2-8 来看，总资本、FDI、跨境证券投资与跨境银行信贷发生突停的总体走势大体一致，2008—2009 年跨境资本突停的发生频次均较高，其中总资本和跨境银行信贷突停次数最多，分别达到 32 次与 30 次，这说明金融危机期间银行断贷的情况较为频繁；随后 2012 年期间跨境银行信贷突停频次增加，2015 年和 2018 年也出现了跨境资本突停的小幅攀升。从总体上看，2015 年之前跨境银行信贷突停的次数最多，2015 年之后跨境证券投资突停的次数较多，而 FDI 一直以来发生突停次数相对较少。

从图 2-9 来看，总资本、FDI、跨境证券投资、跨境银行信贷的外逃次数呈现较大分化。2008 年金融危机之前，总资本与跨境证券投资外逃的次数最多，跨境银行信贷外逃的次数次之，FDI 外逃的次数最少。2008 年金融危机时，总资本与跨境证券投资的外逃次数急剧下降，跨境银行信贷与 FDI 的外逃次数缓慢减少，2009 年 1 季度跨境证券投资外逃的次数率先增长，跨境银行信贷外逃次数在 2009 年 4 季度开始增加。2008 年金融危机爆发后，三类跨境资本外逃的走势也有较大区别，其中，跨境证券投资外逃的发生时间明显早于跨境银行信贷，这说明跨境证券投资的易变性更强于跨境银行信贷。金融危机后跨境证券外逃次数最多，波动最大，跨境银行信贷与总资本的外逃次数次之，两者走势大体一致，FDI 外逃次数最少，稳定性较高。

从图 2-10 来看，总资本、FDI、跨境证券投资以及跨境银行信贷的撤回次数走势大体一致。总体上看，2008 年金融危机之前，总资本与跨境银行信贷撤回的次数最多，最高时分别达到 29 次与 28 次，跨境证券投资撤回次数次之，最高时达到 23 次，FDI 撤回次数最少。2008 年金融危机之后，跨境资本撤回的次数明显减少，仅在 2012 年、2015 年、2020 年出现三次小高潮，分别对应着 2012 年欧债危机、2015 年中国股票市场危机和2020 年新冠病毒感染疫情。其中，2012 年跨境银行信贷撤回次数最高达到10 次。2015 年，总资本与跨境证券撤回次数最高分别达到 10 次与 12 次，2020 年总资本与跨境证券撤回次数最高分别达到 4 次和 7 次。这主要是由于 2008 年金融危机之后，各国均加强了对跨境资本异常流动的监管。

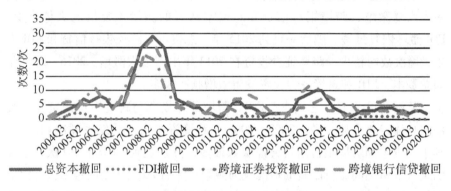

图 2-10　跨境资本撤回变化趋势

数据来源：IMF 的 BOP 数据库，计算整理得出。

2.2.3　不同经济体跨境资本流动对比分析

2.2.3.1　发达国家与新兴市场国家跨境资本流动对比

由于 IMF 统计的全球与世界各区域跨境资本流动数据从 2009 年才开始，为了更好地对跨境资本流动数据进行分析，同时确保各个国家跨境资本流动数据的完整性，本节选取了 2000—2020 年各项数据均较为齐全的48 个国家作为分析样本，包含了全球重要的 24 个发达国家和 24 个新兴市场国家。样本国家在 2020 年的 GDP 总和占全球经济总量的 86.8%，样本国跨境资本总流动占全球跨境资本总流动的85.1%，可见以它们作为样本来分析不同经济体跨境资本流动差异性，具有一定的代表性。考虑到跨境资本总流入与跨境资本总流出的趋势大致类似，本节依然以总流入为分析落脚点。

从发达国家的跨境资本总流入规模及占全球GDP的比重可知（如图2-11所示），2000—2020年跨境资本总流入大致分为三个阶段：①2000—2007年，迅猛增长期。除了2001年因"9·11"恐怖袭击跨境资本总流入小幅回落外，这一时期发达国家跨境资本总流入呈现明显的高速增长，从2000年的3.1万亿美元一路狂飙至2007年的8.5万亿美元，增长幅度高达200%以上，占全球GDP比重则从最初的9.2%上升至14.7%。②2008—2009年，全面衰退期。受世界金融危机影响，这两年发达国家跨境资本总流入锐减，2008年甚至出现逆转，资本总流入为-0.1万亿美元，全球投资情绪极其低迷。③2010—2020年，震荡调整期。这期间发达国家的跨境资本流动规模反复震荡，在波动中缓慢增长，跨境资本总流入规模维持在1.6万亿美元到3.7万亿美元之间，占全球GDP比重大都在3%左右。

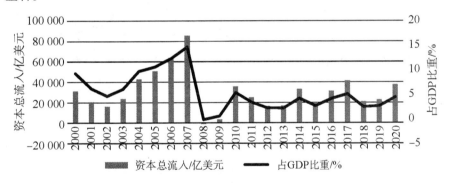

图2-11　2000—2020年发达国家跨境资本流动

数据来源：IMF的BOP数据库，整理计算得出。

从新兴市场国家的跨境资本流动规模及占全球GDP比重来看（图2-12），其规模仅为发达国家的24.5%，还不足1/3，占全球GDP比重仅为1%左右。总体上看，以2008年的金融危机为界，新兴市场国家跨境资本总流动大致分为三个阶段。①2008年金融危机之前，新兴市场国家跨境资本总流入处于持续增长期。从2000年的1 148亿美元增长到2007年的5 858亿美元，增幅高达4倍左右，占全球GDP比重则从最初的

0.3%上升到1%。②2008年金融危机期间，新兴市场国家跨境资本总流入锐减，回落至2 702亿美元，占全球GDP比重0.45%。③2008年金融危机之后，新兴市场国家跨境资本总流入规模迅速恢复到危机前水平，总流入规模甚至还有所上升，在2020年达到9 187亿美元左右。

比较发达国家与新兴市场国家跨境资本总流入可知，发达国家跨境资本流动的趋势与全球跨境资本流动趋势大致相同，这说明发达国家在全球跨境资本总流入中仍占据绝对主导地位，但新兴市场国家的资本总流入规模在2008年世界金融危机后有所上升，也说明新兴市场国家在全球跨境资本流动中的地位有所上升。同时，发达国家跨境资本流入受金融危机影响巨大，在危机期间呈现剧烈反转，而新兴市场国家的跨境资本总流入规模受影响程度明显弱于发达国家，可能是由于相较于发达国家，新兴市场国家的金融开放程度相对较低，且国家的金融管制措施更多，受金融危机的冲击较小。这种反差也说明跨境资本流动具有一定的顺周期性，而发达国家是全球经济周期的主要驱动者。

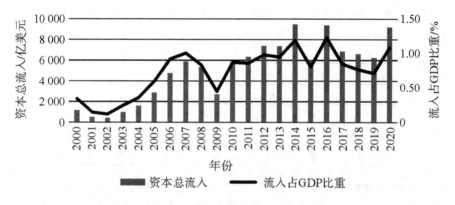

图2-12 2000—2020年新兴市场国家跨境资本流动

数据来源：IMF的BOP数据库，整理计算得出。

2.2.3.2 发达国家与新兴市场国家跨境资本结构分布

如图2-13和图2-14所示，发达国家跨境资本总流入以跨境证券投资和跨境银行信贷为主导，而新兴市场国家跨境资本流动大都以FDI流入为主导。这是由于发达国家的金融市场发展程度更高，融资仍是获取资本的重要渠道，新兴市场国家在很长一段时间内都依赖于跨境资本流入来缓解经济发展的资本约束。

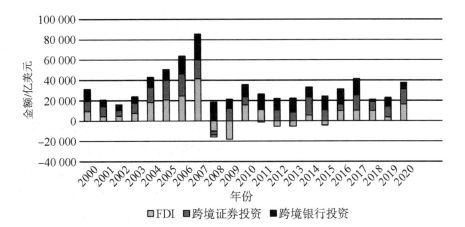

图 2-13　发达国家跨境资本流动的构成

数据来源：IMF 的 BOP 数据库，整理计算得出。

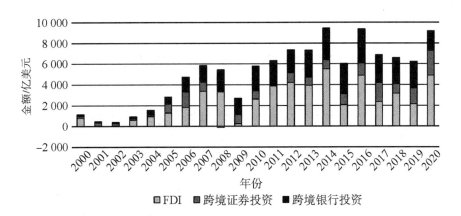

图 2-14　新兴市场国家跨境资本流动的构成

数据来源：IMF 的 BOP 数据库，整理计算得出。

具体可以从以下四个阶段来分析：①2000—2003 年，缓慢发展期。发达国家的 FDI、跨境证券投资和跨境银行信贷的规模大致相当，差异较小，三者在 2003 年的规模分别为 7 521 亿美元、10 269 亿美元和 5 986 亿美元，这时跨境证券投资开始逐渐超过 FDI 成为跨境资本流动的主导；同期的新兴市场国家跨境资本流入规模极小，以 FDI 流入为主，2003 年三者的规模分别为 599 亿美元、123 亿美元和 223 亿美元。②2004—2007 年，快速增长期。这一时期不论是发达国家还是新兴市场国家，都以 FDI 投资为主，且三者都呈稳步上升态势，但发达国家跨境资本流动增长明显快于新兴市场国家。③2008—2009 年，衰退期。对比发现，发达国家 FDI 流入在 2008—2009 年都呈现大逆转，总流入规模分别为-1.6 万亿美元和-1.8 万亿美元，但新兴市场国家 FDI 仅在 2009 年才出现大幅下降，资本总流入规模下降到 247 亿美元。与此同时，新兴市场国家的跨境证券投资规模大幅增加，从 2008 年的-817 亿美元增加到 2009 年的 1 908 亿美元。危机期间发达国家的跨境银行信贷规模锐减，从 2008 年的 18 496 亿美元陡降至 2009 年的 8 890 亿美元，但新兴市场国家的跨境银行信贷规模在危机期间相对稳定。④2010—2020 年缓慢恢复增长期。金融危机后发达国家的 FDI 规模基本在 1 万亿美元左右波动，跨境证券投资在金融危机后则呈现稳步回升的态势，继续主导着跨境资本总流入；而新兴市场国家的跨境资本流入仍以 FDI 为主，但跨境银行信贷规模增长迅猛，跨境证券投资开始进入缓慢发展期，到 2020 年，三者的规模分别达到 4 903 亿美元、2 388 亿美元和 1 896 亿美元。

2.3 美国经济政策不确定性与跨境资本流动的关联性

2.3.1 美国经济政策不确定性与跨境资本流动的趋势特征

从图 2-15 可看出①，当美国 EPU 指数上升时，跨境资本总流入大都呈现下降趋势，两者有明显的反向变动关系。比如 2000—2003 年，美国 EPU 指数呈现明显的倒 U 形趋势，同期的跨境资本总流入呈现明显的 U 形趋势；2004—2007 年，美国 EPU 指数呈现下滑趋势，这一时期跨境资本流入则呈快速增加趋势；2008—2017 年，美国 EPU 指数呈现上升→下降→上升→下降的波动趋势，而跨境资本总流入呈现下降→上升→下降→上升的波动趋势，有明显的反向变动；2018—2020 年，两者却又呈现上升趋势，有明显的同向变化倾向。因此，两者的关联性还有待更进一步的检验。

---

① 本节依然采用跨境资本总流入的数据作为趋势分析主体，因为跨境资本总流入和总流出的趋势极为相近，后续在相关性检验中也会再次说明分析跨境资本总流入的原因。

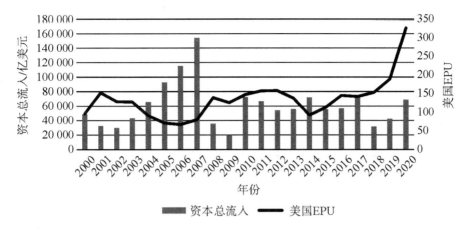

图 2-15 美国 EPU 指数与跨境资本总流入的趋势

数据来源：IMF 的 BOP 数据库，整理计算得出。

从图 2-16 来看，美国 EPU 指数与跨境资本净流动具有明显的负向变动关系。比如 2000—2003 年，两者都呈现倒 U 形趋势，但由于跨境资本净流动为负值，实际两者出现反向变动关系；2004—2008 年，美国 EPU 指数呈现先下降后上升的变动趋势，但这一时期跨境资本净流动却呈现明显的先上升后下降的趋势，两者也呈现明显反向变动关系；2009—2013 年跨境资本净流动呈 U 形变动关系，但美国 EPU 指数呈现倒 U 形；2014—2016 年跨境资本净流动为正值，呈现上升趋势，但此时的美国 EPU 指数则是先下降后上升，两者关系不明显；2017—2020 年美国 EPU 指数与跨境资本净流动关系更加不明确，此时美国 EPU 指数不断攀升，但跨境资本净流动呈现上下波动。因此，两者的关联性也还需要更进一步检验。

从图 2-17 来看，美国 EPU 指数与短期跨境资本流动在 2008 年金融危机之前具有明显的负向变动关系，但在金融危机之后却呈现一定的正向变动关系。具体来看，2000—2003 年，短期跨境资本流动呈 U 形，而美国 EPU 指数呈倒 U 形；2004—2007 年短期跨境资本流动呈现逐年递增趋势，而美国 EPU 指数呈 U 形；金融危机期间两者呈现明显的反向变动关系；金融危机之后短期跨境资本流动波动较强，美国 EPU 指数也呈现波动上升态势。因此，整体来看两者的变动趋势较为复杂，需要进一步检验两者的关联性。

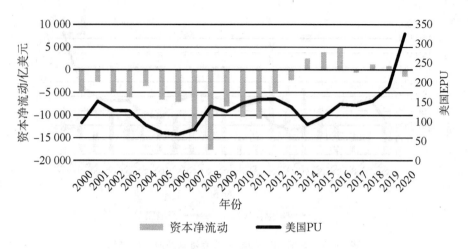

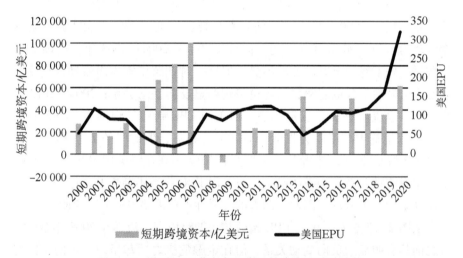

图 2-16　美国 EPU 指数与跨境资本净流动的趋势

数据来源：IMF 的 BOP 数据库，整理计算得出。

图 2-17　美国 EPU 指数与短期跨境资本流动的趋势

数据来源：IMF 的 BOP 数据库，整理计算得出。

从图 2-18 来看，相较于跨境资本异常流动的走势，美国 EPU 指数变动趋势不甚明显，但大致可以看出，美国 EPU 指数与总资本激增、总资本外逃的走势呈反向变动关系，与总资本突停、总资本撤回的走势呈同向变动的关系。

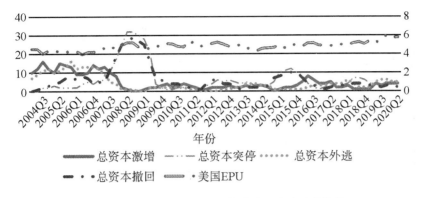

图 2-18 美国 EPU 指数与跨境资本异常流动的趋势

数据来源：IMF 的 BOP 数据库，整理计算得出。

2.3.2 美国经济政策不确定性与跨境资本流动的相关程度

为了更好地分析美国 EPU 指数与跨境资本流动的相关性，对美国 EPU 指数与跨境资本流动进行了相关系数计算（如表 2-2 所示）。

从表 2-2 显示的美国 EPU 指数与跨境资本流动的相关系数来看，美国 EPU 指数与跨境资本总流入、总流出和净流动的相关系数分别为 -0.188 3、-0.138 6 和 -0.104 8，都呈显著负相关关系；与短期跨境资本流动的相关系数为 0.089 0，呈显著正相关关系；与跨境资本激增、外逃的相关系数分别为 -0.177 9 和 -0.172 7，呈显著负相关关系；与跨境资本突停的相关系数为 0.044 6，呈显著正相关关系，与跨境资本撤回的相关系数为 -0.009 5，但并不显著。与此同时，跨境资本总流入和跨境资本总流出的相关系数高达 0.878 6，存在明显的正向相关关系，这也为前文利用跨境资本总收入代理跨境资本总流动提供了证据。

表 2-2 美国 EPU 指数与跨境资本流动的相关系数

变量	总流入	总流出	净流出	短期跨境资本	激增	突停	外逃	撤回	美国 EPU
总流入	1.000 0								
总流出	0.878 6*	1.000 0							
净流出	0.213 4*	-0.231 0*	1.000 0						
短期跨境资本	-0.230 2	0.129 0*	-0.792 8*	1.000 0					
激增	0.212 4*	0.166 4*	0.091 1*	-0.062 8*	1.000 0				
突停	-0.153 5*	-0.117 5*	-0.064 3*	0.044 3*	-0.127 5*	1.000 0			
外逃	0.168 9*	0.157 5*	0.030 2	-0.025 3	0.438 4*	-0.065 5*	1.000 0		
撤回	-0.106 1*	-0.111 6*	0.013 6	-0.042 4*	-0.091 0*	0.479 4*	-0.115 4*	1.000 0	
美国 EPU	-0.188 3*	-0.138 6*	-0.104 8*	0.089 0*	-0.177 9*	0.044 6*	-0.172 7*	-0.009 5	1.000 0

注：*** p<0.01，** p<0.05，* p<0.1

样本时段期间美国 EPU 指数与全球跨境资本流动的散点图如图 2-19 所示。从图 2-19 的散点图来看，美国 EPU 指数与跨境资本总流入、总流出、净流动三者的线性拟合都呈反向变动关系；美国 EPU 指数与短期跨境资本流动的线性拟合却呈正向变动关系；美国 EPU 指数与资本激增和外逃的线性拟合呈负向变动关系，美国 EPU 指数与资本突停的线性拟合呈正向变动关系，而美国 EPU 指数与资本撤回的线性拟合关系不太明显。

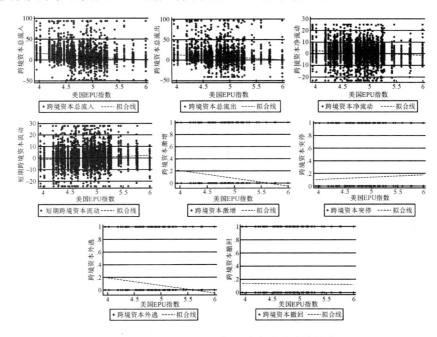

图 2-19　美国 EPU 指数与跨境资本流动的散点图

2.3.3　美国经济政策不确定性与跨境资本流动的格兰杰因果检验

为了进一步明确两者之间的相互影响，笔者对样本期内样本国家的跨境资本流动与美国 EPU 指数进行格兰杰因果检验。为确保各项数据平稳，对时间序列美国 EPU 指数采用 ADF 检验和 PP 检验进行单位根检验，对各国季度面板数据跨境资本流动（包括总流入、总流出、净流出、短期资本总流入和短期资本总流出①）进行 LLC 检验和 Fisher-ADF 检验，结果如表

---

①　由于波动性跨境资本流动指标为虚拟变量，不适宜进行平稳性检验，故此处不再讨论格兰杰因果关系。

2-3 所示。美国 EPU 指数与跨境资本流动均为原数据平稳序列。

表 2-3　美国 EPU 指数与跨境资本流动的单位根检验

变量	LLC 检验	Fisher-ADF 检验	结论
资本总流入	−17.782 4***	50.454 8***	平稳
资本总流出	−18.559 3***	56.719 6***	平稳
资本净流出	−20.883 4***	54.929 2***	平稳
短期资本总流入	−21.215 5***	60.798 9***	平稳
短期资本总流出	−24.330 2***	71.711 8***	平稳
变量	ADF 检验	PP 检验	结论
美国 EPU 指数	−3.453**	−3.309**	平稳

注：LLC 检验报告的是调整后的 t 值，Fisher-ADF 检验报告的是 Chi2 值，ADF 检验和 PP 检验都报告的是 Z（t）值。***、**、* 分别表示在 1%、5% 和 10% 的显著性水平上拒绝存在单位根的原假设。

　　所有数据均为平稳数据，可进行面板格兰杰因果检验，选择滞后 1 阶作为最优滞后阶数，进一步探究美国 EPU 指数与跨境资本流动之间的格兰杰因果关系。从表 2-4 结果来看，美国 EPU 指数是跨境资本总流入、跨境资本总流出、跨境资本净流出、短期资本总流入、短期资本总流出的格兰杰原因。

表 2-4　美国 EPU 指数与跨境资本流动的格兰杰检验

变量	滞后阶数	原假设	Z-bar 统计值	P 值
资本总流入与美国 EPU 指数	滞后 1 阶	资本总流入不是美国 EPU 指数的格兰杰原因	−0.306 2	0.759 5
	滞后 1 阶	美国 EPU 指数不是资本总流入的格兰杰原因	19.055 9	0.000 0
资本总流出与美国 EPU 指数	滞后 1 阶	资本总流出不是美国 EPU 指数的格兰杰原因	0.962 1	0.336 0
	滞后 1 阶	美国 EPU 指数不是资本总流出的格兰杰原因	16.886 6	0.000 0

表2-4(续)

变量	滞后阶数	原假设	Z-bar 统计值	P 值
资本净流动 与美国 EPU 指数	滞后 1 阶	资本净流出不是美国 EPU 指数的格兰杰原因	1.599 8	0.109 6
	滞后 1 阶	美国 EPU 指数不是资本净流出的格兰杰原因	11.877 6	0.000 0
短期资本总流入 与美国 EPU 指数	滞后 1 阶	短期资本总流入不是美国 EPU 指数的格兰杰原因	0.608 9	0.542 6
	滞后 1 阶	美国 EPU 指数不是短期资本总流入的格兰杰原因	14.571 7	0.000 0
短期资本总流出 与美国 EPU 指数	滞后 1 阶	短期资本总流出不是美国 EPU 指数的格兰杰原因	-0.188 9	0.850 2
	滞后 1 阶	美国 EPU 指数不是短期资本总流出的格兰杰原因	16.447 7	0.000 0

2.4 本章小结

本章主要是从美国经济政策不确定性和跨境资本流动两个方面深度剖析两者的典型事实及关联性，主要包括美国 EPU 指数测算、事实及特征分析；跨境资本流动的测算和事实分析；美国 EPU 指数与跨境资本流动的相关性分析。主要的结论如下：

第一，当前主流的美国 EPU 指数主要采用 Baker et al.（2016）的文本分析法综合测量，包括新闻报道指数（EPUnews）、税法变动不确定性指数（EPUtax）和经济预测者意见分歧指数（EPUex）。该指数具有测算简单易推广、时间持续且频率高以及可测算特定的不确定性指数等优点，被国内外学者广泛应用。同时，从美国 EPU 指数的发展趋势来看，美国经济政策不确定性经历了小幅波动期（1990—2000 年）、大幅震荡期（2001—2007年）、快速增长期（2008—2014 年）、危机后调整期（2015—2018 年）以及恢复增长期（2019—2020 年）。

第二，跨境资本流动的测算从规模性指标、结构性指标和波动性指标三个层面展开，其中规模性指标主要包括跨境资本总流入、总流出和净流动；结构性指标包括时间结构——长期跨境资本流动（FDI）与短期跨境资本流动，内容结构——FDI、跨境证券投资、跨境银行信贷；波动性指标则利用跨境资本异常流动，从资本激增、资本突停、资本外逃和资本撤回四个角度测量。从跨境资本流动的趋势来看，不同跨境资本流动呈现不同的特征。分析结论如下：①从跨境资本总流动趋势来看，总流动经历了波动性增长期（1990—2000 年）、爆发式增长期（2001—2007 年）、震荡调整期（2008—2017 年）和小幅波动期（2018—2020 年）。②从跨境资本净流动趋势来看，净流动经历了势均力敌发展期（1990—1999 年）、迅猛增长期（2000—2008 年）、快速回落期（2009—2013 年）和逆转波动期（2014—2020 年）。③从结构性跨境资本流动的趋势来看，规模性跨境资本流动经历了稳步增长期（1990—2000 年）、爆发式增长期（2001—2007 年）、震荡调整期（2008—2017 年）、小幅波动期（2018—2020 年）；结构性跨境资本流动中，FDI、跨境证券投资和跨境银行信贷则经历了平衡发展期（1990—2002 年）、加速分化期（2003—2007 年）、震荡分化期（2008—2020 年）。同时，短期跨境资本在世界金融危机之前呈现爆发式增长，但危机后呈现剧烈下滑，具有极强的易变性和波动性，而 FDI 的稳定性相对较高。④从波动性跨境资本流动的趋势来看，跨境资本激增和跨境资本外逃的总体趋势类似，跨境资本突停和跨境资本撤回的总体趋势类似，但不同类型跨境资本异常流动与总资本异常流动之间仍存在较大差异。⑤从发达国家与新兴市场国家对比分析来看，发达国家跨境资本流动在全球跨境资本流动中占据绝对主导力量，且受 2008 年世界金融危机影响巨大，而新兴市场国家的跨境资本流动规模受影响程度明显弱于发达国家；同时，跨境证券投资和跨境银行信贷在发达国家占主导地位，而大多数情况下 FDI 在新兴市场国家的跨境资本流动中占主导地位。

第三，从美国 EPU 指数与跨境资本流动的相关性来看，美国 EPU 指数与规模性跨境资本流动的线性拟合都呈反向变动关系；与短期跨境资本流动的线性拟合呈正向变动关系；与资本激增和突停的线性拟合呈现负向变动关系，与资本突停的线性拟合呈现正向变动关系，而与资本撤回的线性拟合关系不太明显；同时，从格兰杰因果检验来看，美国 EPU 指数是跨境资本总流入、资本总流出、净资本流动、短期资本总流入和短期资本总流出的格兰杰原因，但跨境资本流动并非美国 EPU 指数的格兰杰原因。

3 美国经济政策不确定性影响全球跨境资本流动的机制分析

3.1 引言

　　跨境资本流动具有双面性。跨境资本流入一方面可以缓解东道国的资金约束，促进经济增长，另一方面也可能造成资产价格陡增、经济过热，影响经济的稳定发展；反之，跨境资本大幅流出会造成资产价格下跌、金融市场动荡，甚至引发金融危机。可见，跨境资本流动天然地彰显着世界各国的经济金融联系，也是国际风险传播的重要渠道。为了应对新冠病毒感染疫情的冲击，美国接连出台了一系列财政和货币政策法案，尤其是利率政策、资产负债表政策、紧急贷款便利以及国际互换非常措施在内的多种货币政策，极大地增强了美元流动性，使得全球跨境资本流动大幅增加。随着美国国内通胀不断攀升，美国进入新一轮加息周期，跨境资本重新流回美国。

　　作为跨境资本流动的主要驱动者，美国经济政策变动和调整不仅推高了美国经济政策不确定性，还进一步影响着世界跨境资本流动格局。根据之前的文献梳理可知，有关经济政策不确定性与跨境资本流动的传导渠道仍未有定论，甚至传导的方向也不一致。为了厘清美国经济政策不确定性对跨境资本流动的影响机制，探究其对不同类型跨境资本流动的传导渠道差异，有必要深度剖析美国经济政策不确定性影响跨境资本流动的传导机制，从理论和实证两个角度论证传导渠道的有效性。理论方面，将传统的三重动机（套利、套汇和套价）拓展为利差、汇率、资产价格以及风险传染四个渠道，用以分析美国经济政策不确定性影响跨境资本流动的传导机制。将美国经济政策不确定性引入泰勒模型、三重动机模型（张谊浩 等，2007①）论证了美国经济政策不确定性对传导机制变量的影响，并利用均值-方差模型论证了国内外利差、汇率、资产价格以及风险传染因素对跨境资本流动的影响，完成了"美国经济政策不确定性—传导机制变量—跨境资本流动"的理论框架论证。实证方面，进一步通过构建 PVAR 模型实证检验了三者之间的格兰杰因果关系，分析探讨了三者之间的脉冲响应情况以及方差分解情况。

3.2 影响机制的理论分析

3.2.1 利差渠道

3.2.1.1 美国经济政策不确定性与利差

考虑到美国作为世界经济的中心国家，经济政策变化不仅会影响自身货币政策，也会对其他国家的货币政策产生溢出效应。为避免遗漏重要变量，此处在泰勒规则引入美国经济政策不确定性，提升泰勒模型对当前经济现象的解释力度，将标准的泰勒公式改写如下：

$$i_t^d = i^* + \alpha_1 y_t + \alpha_2(\pi_t - \pi^*) + \alpha_3 USEPU_t + \mu_t \qquad (3.1)$$

其中 i_t^d 是国内实际利率，i^* 是长期均衡利率，y_t 是产出渠口，π_t 是实际通货膨胀率，π^* 是目标通货膨胀率，$USEPU_t$ 是经济政策不确定性，μ_t 是扰动项，α_1、α_2、α_3 分别是产出缺口、通货膨胀率缺口以及经济政策不确定性的响应参数。

泰勒规则本质上是短期货币政策，因此长期均衡利率（i^*）和目标通货膨胀率（π^*）在短期不会发生改变。假设美国利率为 i_t^f，公式（3.1）两侧减去国外利率，由此可计算国内外利差变化：

$$i_t^d - i_t^f = i^* + \alpha_1 y_t + \alpha_2(\pi_t - \pi^*) + \mu_t - i_t^f \qquad (3.2)$$

令 $\Delta i = i_t^d - i_t^f$，$c = i^* + \alpha_1 y_t + \alpha_2(\pi_t - \pi^*) + \mu_t - i_t^f$，则有

$$\Delta i = f(USEPU_t) = \alpha_3 USEPU_t + c \qquad (3.3)$$

由公式（3.3）可知经济政策不确定性会影响国内外利差。根据金融

---

① 张谊浩，沈晓华. 人民币升值、股价上涨和热钱流入关系的实证研究 [J]. 金融研究，2008（11）：87-98.

摩擦理论，当美国经济政策不确定性增加时，金融机构为规避风险，会提高企业贷款利息，导致国内利率（i_t^d）增加，进而抑制企业投资行为。此时若国外利率（i_t^f）暂时保持不变，则利差会扩大，那么就有 $\frac{\partial \Delta i}{\partial \text{USEPU}_t} = \alpha_3 > 0$。这意味着当美国经济政策不确定性上升，会扩大国内外利差（Δi）。但考虑到美国经济政策不确定性在全球的溢出作用，其他国家的金融机构也会因美国经济政策不确定性增加，提高贷款利息，即跟进美国的增加利息行为，则此时也可能出现 $\frac{\partial \Delta i}{\partial \text{USEPU}_t} = \alpha_3 < 0$ 的情况。因为美国经济政策不确定性对利差的影响主要取决于此时其他国家是否会跟进美国的利率政策。按照一般情况来说，美元的货币政策具有极强的周期性，也会对其他国家的货币政策产生较强的溢出作用，因此跟随的情况较为常见。

3.2.1.2 利差与跨境资本流动

张谊浩等（2007）认为套利、套汇、套价三重动机是影响跨境资本流动的重要因素，并据此构建了三重动机模型[①]，同时彭红枫和祝小全（2019）利用效用理论进一步论证了三重动机对跨境资本流动的驱动作用[②]。借鉴以上两位学者的研究成果，进一步延伸探讨利差、汇率、资产价格作为跨境资本流动的驱动因素的理论模型。

利率平价理论认为汇率和利率是导致资本流动的主要因素，但利率平价理论假设资本可以在国际自由流动且不存在任何交易成本，显然与现实不符。因此，需在利率平价理论的基础上放宽假设条件，假设跨境资本无法实现完全自由流动，即其流动具有不完全性，且套利资本的供给也是有限的，这意味着就算国内外利差长期存在也仅能带来有限的跨境资本流动；同时，假设跨境投资者是风险厌恶者，这意味着只有当东道国的投资存在足够的风险溢价时，国际投资者才会持有风险性资产，进而产生跨境资本流动；跨境资本流动过程中存在着各种摩擦，即跨境资本流动还存在其他成本。因此，非抛补的利率平价理论公式可以拓展为

---

① 张谊浩，裴平，方先明. 中国的短期国际资本流入及其动机：基于利率、汇率和价格三重套利模型的实证研究 [J]. 国际金融研究，2007（9）：41-52.

② 彭红枫，祝小全. 短期资本流动的多重动机和冲击：基于 TVP-VAR 模型的动态分析 [J]. 经济研究，2019，54（8）：36-52.

$$i_t^d - i_t^f = \Delta E^e + \rho_t \qquad\qquad (3.4)$$

其中，i_t^d 是国内利率水平，i_t^f 是国外利率水平，ΔE^e 是汇率预期变动率，ρ_t 是跨境资本流入所需的风险溢价。从公式（3.4）可知，当东道国存在资本管制、交易成本以及套利受限时，只有国内外利差超过一定的门限值，非抛补利率平价理论才成立。同时，公式（3.4）也显示，影响跨境资本流动的因素主要是：国内外利差因素（$i_t^d - i_t^f$）、预期汇率变动（ΔE^e）和风险溢价（ρ_t）。即跨境资本会从低利率国流向高利率国、从货币预期贬值的国家流向货币预期升值的国家，同时只有当一国资产的风险溢价可以承担跨境资本流动所产生的一切成本时，跨境资本流动才会发生。

本书所选样本国家①资本账户尚未全部实现完全自由流动，尤其是新兴市场国家仍实行一定的管制制度，资本市场仍未完全放开；同时，大多数新兴市场国家的金融市场发展程度不高，比如利率市场和汇率市场也并未实现全面市场化，尤其是外汇市场无法实现瞬间出清，且利率与汇率之间的相互影响机制并不健全；以中国为代表的新兴市场国家金融资产价格的大幅上涨，也为跨境投资者提供了足够的套价空间，即跨境投资者大规模融入金融市场，通过调整金融资产的投资结构及配置推高资产价格，再适时出清进行套价交易。由此可见，上述拓展后的利率平价理论也无法很好地解释全球跨境资本流动的驱动因素。

因此，本书进一步借鉴张谊浩等（2007）②、石振宇（2020）③ 有关三重动机的研究，参照 Cobb-Douglas 生产函数构建国内外利差、预期汇率变动和资产价格变动为基础的三重动机驱动的跨境资本流动模型，并做出如下假设：①国内外利差（套利）、汇率变动（套汇）以及资产收益率（套价）都是影响跨境资本流动的因素；②三重动机之间可相互替代，并且都遵从边际效用递减规律。再次拓展后的跨境资本流动模型如下：

$$CF_t = A_t * IR_t^\alpha * ER_t^\beta * AP_t^\gamma \qquad\qquad (3.5)$$

其中，CF_t 是指跨境资本流动；IR_t 是国内利率（i_t^d）与国外利率（i_t^f）

---

① 2.2.1 对样本国家有详细的说明。

② 张谊浩，裴平，方先明. 中国的短期国际资本流入及其动机：基于利率、汇率和价格三重套利模型的实证研究 [J]. 国际金融研究，2007（9）：41-52.

③ 石振宇. 政策不确定性、跨境资本流动与金融周期波动 [D]. 天津：天津财经大学，2020.

的比值，即 $IR_t = i_t^d / i_t^f$ ；ER_t 是间接标价法下的预期汇率（CF_t）与即期汇率（e_t）的比值，即 $ER_t = E(e_{t+1}) / e_t$ ；AP_t 是期现资产价格（ap_t）和上期资产价格（ap_{t-1}）的比值，即 $AP_t = AP_t / ap_{t-1}$ ；A_t 是指不受利率、汇率及资产价格变动影响的常数项，α、β、γ 则是 IR_t、ER_t 与 AP_t 的跨境资本流动弹性。

将公式（3.5）两边同时取对数可得跨境资本流动的方程

$$\ln CF_t = \ln A_t + \alpha(\ln i_t^d - \ln i_t^f) + \beta[\ln E(e_{t+1}) - \ln e_t] + \gamma(\ln ap_t - \ln ap_{t-1}) \tag{3.6}$$

其中，α、β、γ 均大于 0，由于跨境资本流动的函数满足规模报酬递增，则 $\alpha + \beta + \gamma > 1$。可见国内外的利差（$\ln i_t^d - \ln i_t^f$）、本币汇率变动 [$\ln E(e_{t+1}) - \ln e_t$] 以及资产价格变动（$\ln ap_t - \ln ap_{t-1}$）是引起跨境资本流动的主要驱动因素。当国内外利差扩大、本币预期升值以及资产价格上升时会导致跨境资本流入国内，反之会导致跨境资本流出。

同时，借鉴彭小枫和祝小全（2019）[1]、石振宇（2020）[2] 等人的研究，进一步从理论的基础上探讨三重动机对跨境资本流动的作用机制。假设：①资本市场不存在交易成本，且所有的参与者都是有限理性，故各类投资决策仅涉及当期和下期；②投资者在交易过程中遵循效用最大化原则；③投资市场涉及国内和国外两个市场，其中国外是开放的资本市场，但征收资本利得税，国内资本市场不征收资本利得税，但因资本管制存在一些隐性成本。

当跨境资本（以外币计价）流入本国，其投资收益可表示为

$$K^d = \frac{\delta_t CF_t R^d e_{t+1}}{e_t} \tag{3.7}$$

其中，K^d 是跨境资本的投资收益；CF_t 是跨境资本投资额；δ_t 是跨境资本管制的隐性成本，且 $\delta_t \in [0, 1]$，表示因资本管制对跨境资本投资收益造成的损耗，一般来说该值越小，表明资本管制强、隐性成本高；R^d 是本国的资产收益率。

跨境资本选择投资在国外，则其产生的投资收益可表示为

① 彭红枫，祝小全. 短期资本流动的多重动机和冲击：基于 TVP - VAR 模型的动态分析 [J]. 经济研究，2019，54（8）：36-52.

② 石振宇. 政策不确定性、跨境资本流动与金融周期波动 [D]. 天津：天津财经大学，2020.

$$K^f = CF_t R^f (1 - T_t^f) \qquad (3.8)$$

其中，K^f 表示跨境资本在国外的投资收益，R^f 是国外的资产收益率，T_t^f 是国外的资本利得税率。

由公式（3.7）和（3.8）可知，跨境资本在本国和国外的投资收益差额为

$$K = K^d - K^f = \frac{\delta_t CF_t R^d e_{t+1}}{e_t} - CF_t R^f (1 - T_t^f) \qquad (3.9)$$

跨境资本流入国内可增加的投资收益的期望值和方差可表示为

$$E(K) = u_k = \frac{CF_t}{e_t} [\delta_t R^d E(e_{t+1}) - e_t R^f (1 - T_t^f)] \qquad (3.10)$$

$$\sigma_k^2 = E[K - E(K)] = \frac{\delta_t^2 CF_t^2 (R^d)^2}{e_t^2} \sigma_e^2 \qquad (3.11)$$

其中 $\sigma_e^2 = E[e_{t+1} - E(e_{t+1})]^2$ 为预期汇率的方差。由公式（3.11）可得跨境资本流动的关系式为

$$CF_t = \pm \frac{1}{\delta_t} \frac{\sigma_k}{\sigma_e} \frac{e_t}{R^d} \qquad (3.12)$$

当公式（3.12）中 CF_t 取正值时，表示跨境资本流入本国，当 CF_t 取负值时，表示跨境资本流出。CF_t 的绝对值表示跨境资本流动，之后的分析中将直接使用 CF_t 来表示跨境资本流动的绝对值。将公式（3.12）代入公式（3.10），则有：

$$u_k = \frac{\sigma_k}{\sigma_e} [E(e_{t+1}) - e_t \frac{R^f}{R^d} \frac{1 - T_t^f}{\delta_t}] = \rho_t \sigma_k \qquad (3.13)$$

其中，$\rho_t = \dfrac{E(e_{t+1}) - e_t \dfrac{R^f}{R^d} \dfrac{1 - T_t^f}{\delta_t}}{\sigma_e}$ 是跨境资本流动的风险溢价。公式

（3.13）可以看出，跨境资本取得投资收益增加额（u_k）与投资的风险溢价（ρ_t）成正比。

借鉴 Copeland（1989）的均值-方差效用模型[①]进一步探讨跨境资本流动的不同动机的驱动作用。将跨境资本流动的效用模型设置为

---

① Copeland, L. S. Exchange Rates and International Finance [M]. Addision-Wesley Publishing Company, 1989.

$$U(K) = c_1 u_k - \frac{c_2}{2}\sigma_k^2 \qquad (3.14)$$

其中 c_1、c_2 都是大于 0 的常数，前者表示跨境资本的逐利性，后者表示跨境投资者的风险厌恶程度。作为有限理性的跨境投资者，一定要追求跨境资本投资效用的最大化，则根据公式（3.14）可知：

$$\max U(K) = c_1 u_k - \frac{c_2}{2}\sigma_k^2 \qquad (3.15)$$

$$\text{s. t. } u_k = \rho_t \sigma_k$$

运用拉格朗日乘数法求 $U(K)$ 的最大值使其一阶导数为 0，则有

$$\sigma_k = \frac{c_1}{c_2}\rho_t \qquad (3.16)$$

再将公式（3.16）代入公式（3.12）可得跨境资本流动最优规模的函数式：

$$CF_t = \frac{c_1}{c_2}\frac{e_t}{\delta_t R^d \sigma_e^2}\Big[E(e_{t+1}) - e_t \frac{R^f}{R^d}\frac{1-T_t^f}{\delta_t}\Big] \qquad (3.17)$$

由无抛补利率平价理论可知：$i_t^d - i_t^f = \Delta E^e + \rho_t$，其中预期汇率变动率 $\Delta E^e = \frac{E(e_{t+1}) - e_t}{e_t}$，将 ρ_t 与 ΔE^e 同时代入公式（3.4），则有预期汇率与即期汇率的比值：

$$\frac{E(e_{t+1})}{e_t} = \frac{\sigma_e}{\sigma_e + e_t}\Big(i_t^d - i_t^f + \frac{e_t}{\sigma_e}\frac{R^f}{R^d}\frac{1-T_t^f}{\delta_t} + 1\Big) \qquad (3.18)$$

将公式（4.18）代入公式（4.17）可得跨境资本流动规模的函数：

$$CF_t = \frac{c_1}{c_2}\frac{e_t^2}{\delta_t R^d \sigma_e^2}\Big[\frac{\sigma_e}{\sigma_e + e_t}\Big(i_t^d - i_t^f + \frac{e_t}{\sigma_e}\frac{R^f}{R^d}\frac{1-T_t^f}{\delta_t} + 1\Big) - \frac{R^f}{R^d}\frac{1-T_t^f}{\delta_t}\Big]$$

$$(3.19)$$

探讨跨境资本套利动机的驱动作用，对公式（3.19）两端求国内外利率差异（$i_t^d - i_t^f$）的偏导数，令 $\Delta i = i_t^d - i_t^f$ 可得

$$\frac{\partial CF_t}{\partial \Delta i} = \frac{c_1}{c_2}\frac{e_t^2}{\delta_t R^d \sigma_e(\sigma_e + e_t)} \qquad (3.20)$$

由公式（3.20）可知，当国内外利率差异扩大时，跨境资本流入也会增加，即此时跨境资本出于"套利"动机，从利率较低的国外流入利率较高的国内。

3.2.1.3 美国 EPU 指数、利差与跨境资本流动

综上可知，美国经济政策不确定性通过实物期权理论和金融摩擦理论影响国内外利差，而国内外利差变动又为跨境资本流动提供了套利动机。当国内外利差扩大，跨境资本会从低利率国家流入高利率国家，赚取利差，形成跨境资本流动。但目前有关美国经济政策不确定性对利差的影响方向仍存在一定分歧，故还需要实证分析进行一步检验。

3.2.2 汇率渠道

3.2.2.1 美国经济政策不确定性与汇率

根据 Adolfson（2007）[①] 的研究，构建泰勒规则汇率模型，可将公式（3.1）加入汇率因素，进一步改写为

$$i_t^{\ d} = i^* + \alpha_1 y_t + \alpha_2(\pi_t - \pi^*) + \alpha_3 \text{USEPU}_t + \alpha_4 e_t + \mu_t \qquad (3.21)$$

其中 e_t 是货币汇率（直接标价法），α_4 是汇率的参数。同样在公式（3.21）两边减去国外利率（ i_t^f ），公式（3.21）变为

$$\Delta i = \alpha_3 \text{USEPU}_t + \alpha_4 e_t + \omega \qquad (3.22)$$

其中 $\omega = i^* + \alpha_1 y_t + \alpha_2(\pi_t - \pi^*) + \mu_t - i_t^{\ f} - \Delta i$ 。令 $\gamma = 1/\alpha_4$ ，公式（3.21）可改写为

$$e_t = -\gamma \alpha_3 \text{USEPU}_t - \gamma \omega \qquad (3.23)$$

对公式（3.23）两侧求经济政策不确定性（ $\text{US}EPU_t$ ）的偏导数可得

$$\frac{\partial e_t}{\partial \text{USEPU}_t} = -\gamma \alpha_3 < 0 \qquad (3.24)$$

由公式（3.24）可知，当美国经济政策不确定性上升，受预期效应影响，国际金融市场投资者预期美元将贬值，出于规避风险的目的，在外汇市场上卖出美元规避本次美元贬值风险。当国际市场上大量投资者都卖出美元时，美元的贬值将成为现实，因此以直接标价法计价的货币汇率下降，即美国经济政策不确定性上升，汇率（ e_t ）下降。

3.2.2.2 汇率与跨境资本流动

继续探讨跨境资本套汇动机的驱动作用，对公式（3.17）两端对即期汇率求偏导，则有：

[①] Adolfson, M. Incomplete exchange rate pass-through and simple monetary policy rules [J]. Journal of International Money & Finance, 2007, 26（3）: 468-494.

$$\frac{\partial CF_t}{\partial e_t} = \frac{c_1}{c_2 \delta_t R^d \sigma_e^2} \left[E(e_{t+1}) - 2e_t \frac{R^f}{R^d} \frac{1 - T_t^f}{\delta_t} \right] \tag{3.25}$$

由上述的公式（3.25）可知，只有当 $E(e_{t+1}) - 2e_t \dfrac{R^f}{R^d} \dfrac{1 - T_t^f}{\delta_t} > 0$，即

$\dfrac{E(e_{t+1})}{e_t} > 2 \dfrac{R^f}{R^d} \dfrac{1 - T_t^f}{\delta_t}$ 时，$\dfrac{\partial CF_t}{\partial e_t} > 0$ 才成立，并且此时风险溢价必须满足

$\rho_t > \dfrac{e_t}{\sigma_e} \dfrac{R^f}{R^d} \dfrac{1 - T_t^f}{\delta_t}$。由公式（3.25）可知，即期汇率对跨境资本流动的驱动作用取决于远期汇率，只有当远期汇率的升水倍数足够大时，风险溢价才能达到吸引跨境资本流入的门限值，此时，跨境资本流动出现"套汇动机"。

同理，对公式（3.17）两端求远期汇率期望的偏导可得

$$\frac{\partial CF_t}{\partial E(e_{t+1})} = \frac{c_1 e_t}{c_2 \delta_t R^d \sigma_e^2} > 0 \tag{3.26}$$

由公式（3.26）可知，远期汇率对跨境资本流动的驱动作用比较明显，当远期汇率预期升值时，跨境资本选择流入本国实现"套汇"。

同理，可对公式（3.17）两端求预期汇率与即期汇率之比的偏导数，可得

$$\frac{\partial CF_t}{\partial \left[\dfrac{E(e_{t+1})}{e_t} \right]} = \frac{c_1 e_t^2}{c_2 \delta_t R^d \sigma_e^2} > 0 \tag{3.27}$$

由公式（3.27）可知，当预期远期汇率与即期汇率的比值上升时，即本币升值时，会导致跨境资本从货币预期贬值的国家流入货币预期升值的国家，即此时大量跨境资本出于"套汇"动机流入本国。

3.2.2.3 美国经济政策不确定性、汇率与跨境资本流动

由以上的理论分析可知，受预期理论和风险厌恶理论的影响，美国经济政策不确定性上升会影响国际金融市场上投资者对美元贬值的预期，通过抛售美元规避美元贬值风险，导致这一时期汇率（直接标价法）降低。而汇率变动，包括即期汇率和远期汇率，会通过套汇动机影响跨境资本流动，由此可见汇率可能是美国经济政策影响跨境资本流动的渠道之一。

3.2.3 资产价格渠道

3.2.3.1 经济政策不确定性与资产价格

借鉴张浩等（2015）[①]、石振宇（2020）[②] 的研究，将美国经济政策不确定性引入股票和房地产等金融资产的市场供求模型，进一步探讨经济政策不确定性对金融资产价格的影响。根据市场供求理论，将市场需求函数和市场供给函数设为

$$\ln D_t = \alpha_0 - \alpha_1 \ln P_t + \alpha_2 \ln P_t^{ed} \qquad (3.28)$$

$$\ln S_t = \beta_0 + \beta_1 \ln P_t - \beta_2 \ln P_t^{es} \qquad (3.29)$$

其中，D_t、S_t 和 P_t 是第 t 期金融市场的需求、供给和价格水平，P_t^{ed} 和 P_t^{es} 则是金融资产需求者与供给者对金融资产的预期价格水平，α_0、α_1、α_2、β_0、β_1 和 β_2 是需求函数和供给函数的系数，且均大于 0。

由公式（3.28）和公式（3.29）可知，金融市场中金融资产的总需求与金融资产当期的价格呈负相关，而与预期的价格水平呈正相关。这意味着当期金融资产价格上涨，需求者减少对当期金融资产的需求；当需求者预期未来资产价格会上升时，则会增加当期金融资产的需求。相反的，金融市场中金融资产的总供给则与金融资产当期的价格呈正相关，与金融资产的预期价格呈负相关。这是由于金融资产的当期价格上涨时，金融资产的供给者会增加供给量；当供给者预期未来价格会上涨时，则减少当期金融资产的供给量。

按照市场供求的均衡条件可知，当 $\ln D_t = \ln S_t$ 时，金融资产的市场均衡价格为

$$\ln P_t = \frac{\alpha_0 - \beta_0}{\alpha_1 + \beta_1} + \frac{\alpha_2}{\alpha_1 + \beta_1} \ln P_t^{ed} + \frac{\beta_2}{\alpha_1 + \beta_1} \ln P_t^{es} \qquad (3.30)$$

同时，还可以进一步计算出金融资产价格的变动：

$$\Delta \ln P_t = \frac{\alpha_2}{\alpha_1 + \beta_1} \Delta \ln P_t^{ed} + \frac{\beta_2}{\alpha_1 + \beta_1} \Delta \ln P_t^{es} \qquad (3.31)$$

由公式（3.30）和公式（3.31）可知，金融资产的价格及其变动主要

---

① 张浩，李仲飞，邓柏峻. 政策不确定、宏观冲击与房价波动：基于 LSTVAR 模型的实证分析 [J]. 金融研究，2015（10）：32-47.

② 石振宇. 政策不确定性、跨境资本流动与金融周期波动 [D]. 天津：天津财经大学，2020.

取决于市场需求方和供给方对价格的预期。进一步地，金融资产供求双方的预期主要受宏观经济发展情况（EG）、货币政策（MP）、金融市场环境（FE）等因素的影响。

一般来说，当宏观经济运行良好、货币政策相对宽松以及金融市场环境较好时，金融资产的供求双方对资产价格的预期会相对乐观，说明金融资产供求双方对未来资产价格预期其实是顺周期的。相反，经济政策不确定性则存在逆周期的趋势，宏观经济运行较好，执政当局大都会沿用以往的各种经济政策，不会轻易改变或终止经济政策，使得这一时期的经济政策不确定性相对较低；反之当经济陷入衰退时，执政当局为刺激经济，防止宏观经济走向萧条，常常颁布一系列新的经济政策，增大了这一时期的经济政策不确定性。当经济政策不确定性较高时，可能伴随着宏观经济运行拐点的出现，此时公众预期也将发生改变。由此可见，经济政策不确定性可以通过改变消费者的预期来影响宏观经济运行（金雪军 等，2014[①]；张浩 等，2015[②]）。那么，金融资产供求双方的预期变动既受宏观经济环境的影响，也受经济政策不确定性的影响，由此对供求双方预期价格变动做出如下假设：

$$\Delta \ln P_t^{ed} = f_1(X_t^d)f_2(\text{USEPU}_t) \qquad (3.32)$$

$$\Delta \ln P_t^{es} = g_1(X_t^s)g_2(\text{USEPU}_t) \qquad (3.33)$$

其中，P_t^{ed} 和 P_t^{es} 则是金融资产需求者与供给者对金融资产的预期价格水平；X_t^d 和 X_t^s 是指影响金融资产价格预期的宏观经济因素，包括上述的宏观经济发展情况（EG）、货币政策（MP）、金融市场环境（FE）；X_t^d，$X_t^s \in \{EG, MP, FE\}$，且与金融资产预期价格呈正相关，$\partial f_1(X_t^d)$ 和 $\partial g_1(X_t^s$ 对各个宏观经济因素的偏导数都大于 0，即 $\dfrac{\partial f_1(X_t^d)}{\partial X_t^d}$ 和 $\dfrac{\partial g_1(X_t^s)}{\partial X_t^s}$ 都大于 0；USEPU_t 则是指经济政策不确定性，且 $f_2(\text{USEPU}_t)$ 和 $g_2(\text{USEPU}_t)$ 均大于 0。

因此，公式（3.31）可进一步表示为

---

① 金雪军，钟意，王义中. 政策不确定性的宏观经济后果 [J]. 经济理论与经济管理，2014（2）：17-26.

② 张浩，李仲飞，邓柏峻. 政策不确定、宏观冲击与房价波动：基于 LSTVAR 模型的实证分析 [J]. 金融研究，2015（10）：32-47.

$$\Delta \ln P_t = \frac{\alpha_2}{\alpha_1 + \beta_1} f_1(X_t^d) f_2(\text{USEPU}_t) + \frac{\beta_2}{\alpha_1 + \beta_1} g_1(X_t^s) g_2(\text{USEPU}_t)$$

$$(3.34)$$

由公式（3.34）可知，金融资产的价格波动取决于宏观经济因素和经济政策不确定性的影响。为进一步明确宏观经济因素和经济政策不确定性对金融资产价格的影响方向，设宏观经济因素为 $y \in \{EG, MP, FE\}$，对公式（3.34）两边同时求宏观经济运行因素的偏导数，可得：

$$\frac{\partial \ln P_t}{\partial y} = \frac{\alpha_2}{\alpha_1 + \beta_1} \frac{\partial f_1(X_t^d)}{\partial y} f_2(\text{USEPU}_t) + \frac{\beta_2}{\alpha_1 + \beta_1} \frac{\partial g_1(X_t^s)}{\partial y} g_2(\text{USEPU}_t)$$

$$(3.35)$$

按照前述，α_1、α_2、β_1、β_2、f_2（USEPU_t）和 g_2（USEPU_t）均大于 0，$\partial f_1(X_t^d)$ 和 $\partial g_1(X_t^s)$ 对各个宏观经济因素的偏导数也大于 0，则有 $\frac{\partial \ln P_t}{\partial y}$ > 0。这意味着宏观经济因素向好会引起金融资产价格的正向波动，即当宏观经济运行良好、货币政策相对宽松以及金融市场环境较好时，金融资产价格上涨，价格出现正向波动。

同理，进一步考虑经济政策不确定性对金融资产价格的影响。如前所述经济政策不确定性与宏观经济运行呈现逆周期现象，且一般在经济政策不确定性发生大的波动时，宏观经济也常出现拐点。故假设 $y = y(\text{USEPU})$，则有 $\frac{\partial y}{\partial \text{USEPU}} < 0$。对公式（3.34）两边同时对美国经济政策不确定性（USEPU）求偏导数可得

$$\frac{\partial \ln P_t}{\partial \text{USEPU}} = \frac{1}{\alpha_1 + \beta_1} \left[\alpha_2 \frac{\partial f_1}{\partial y} \frac{\partial y}{\partial \text{USEPU}_t} f_2(\text{USEPU}_t) + \right.$$

$$\left. \beta_2 \frac{\partial f_2}{\partial y} \frac{\partial y}{\partial \text{USEPU}_t} g_2(EPU_t) \right] \qquad (3.36)$$

$$+ \frac{1}{\alpha_1 + \beta_1} \left[\alpha_2 f_1 \frac{\partial f_2(\text{USEPU}_t)}{\partial \text{USEPU}_t} + \beta_2 g_1 \frac{\partial g_2(\text{USEPU}_t)}{\partial \text{USEPU}_t} \right]$$

由于 $\frac{\partial y}{\partial \text{USEPU}} < 0$，则公式（3.36）前半部分均为负数，后半部分均为正数，那么 $\frac{\partial \ln P_t}{\partial \text{USEPU}}$ 可能大于 0 也可能小于 0，主要受美国经济政策不确

定性对宏观经济运行负面冲击大小的影响。当美国经济政策不确定性增加时，全球经济不确定性增强，受"安全资产转移效应"的影响，跨境资本尤其是跨境证券投资等短期资本的规模大幅下降，大量跨境资本流出会使得金融资产价格下降；但同时美国经济政策不确定性增加，发达国家的金融市场相互联系更为紧密，风险传染性更强，出于"投资组合再平衡"理论影响，大量跨境证券投资从发达国家流出，流入新兴市场国家，进而导致金融资产价格上升。具体会影响方向如何，需要用经验数据进行进一步的实证检验。

3.2.3.2 资产价格与跨境资本流动

承接上文继续探讨资产价格对跨境资本流动的驱动作用。将国内资产价格收益率（R^d）和国外收益率（R^f）看作资产价格（ap）的函数，设

$$R^d = \frac{ap_{t+1}^d - ap_t^d + D^d}{ap_t^d}$$

$$R^f = \frac{ap_{t+1}^f - ap_t^f + D^f}{ap_t^f}$$

（3.37）

因此，公式（3.17）是资产价格的复合函数，先对 R^d 两端求 ap_t^d 的偏导数，则有

$$\frac{\partial R^d}{\partial ap_t^d} = -\frac{ap_{t+1}^d + D^d}{(ap_t^d)^2} < 0$$

（3.38）

再对公式（3.17）两端求 R^d 的偏导数，则有

$$\frac{\partial CF_t}{\partial R^d} = -\frac{c_1}{c_2} \frac{e_t}{\delta_t \sigma_e^2} \frac{E(e_{t+1})}{(R^d)^2} < 0$$

（3.39）

由公式（3.38）和公式（3.39）可得跨境资本流动对国内资产价格的偏导数：

$$\frac{\partial CF_t}{\partial ap_t^d} = \frac{\partial CF_t}{\partial R^d} * \frac{\partial R^d}{\partial ap_t^d} = \frac{ap_{t+1}^d + D^d}{(ap_t^d)^2} \frac{c_1}{c_2} \frac{e_t}{\delta_t \sigma_e^2} \frac{E(e_{t+1})}{(R^d)^2} > 0$$

（3.40）

由公式（3.40）可知，当国外资产价格保持不变，本国资产价格上升时，跨境投资者会重新调整国内外资产的配置，大量购入国内资产，促进跨境资本流入增加。

随后再求跨境资本流动对国内外资产价格之比的偏导数：

$$\frac{\partial CF_t}{\partial(\frac{R^f}{R^d})} = -\frac{c_1}{c_2}\frac{e_t^{\,2}(1-T_t^f)}{\delta_t^{\,2}\sigma_e^{\,2}R^d} < 0 \qquad (3.41)$$

由公式（3.41）可知，当国外资产收益率高于国内的资产收益率时，为套取资产价格变动产生的差价，即出于套价动机跨境资本流入减少、流出增加。

3.2.3.3　美国经济政策不确定性、资产价格与跨境资本流动

综上可知，美国经济政策不确定性会对资产价格产生影响，但该影响的方向并不确定，可能会导致金融资产价格上升，也可能会导致金融资产价格下降。与此同时，资产价格的变化也会产生套价动机，进而影响跨境资本流动，尤其是国外资产收益率高于国内的资产收益率时，出于套价动机，跨境资本流入减少，流出增加。

3.2.4　风险传染渠道

一般来说，一国经济政策不确定性增加会在一定程度上增加该国的投资风险。出于避险和资产保值的考虑，国际投资者受资产组合理论的影响，会倾向于减少在宏观环境不稳定、经济政策不确定性高的国家投资，增加在宏观经济环境更为稳定、经济政策不确定性较低的国家投资。国际投资者将资金从宏观经济环境不稳定的国家或地区投向宏观环境稳定的国家或地区，这种调整投资组合的做法也被称为"投资组合再平衡效应"（Fratzscher et al.，2013①）。因此，当美国经济政策不确定性升高时，国际投资者因为投资组合再平衡效应会将资金转到宏观经济增长潜力良好的国家。同时，美国作为世界第一大国，其经济政策具有很强的溢出效应，当美国经济政策不确定性增加时，全球经济政策不确定性也会在一定程度增加，导致国际投资者调低对未来收益的预期，还不断降低对风险的容忍度，此时，国际投资者会倾向于减少对高风险国家的金融资产投资，导致一部分短期跨境资本流出风险系数较高的国家，转而投入风险抵御能力更强的发达国家。这种现象被称为"安全资产转移效应"，即减少对受美国经济政策不确定性冲击较大的国家的投资，增加持有更多的美元、黄金或

---

① Fratzscher, M., LoDuca, M., and Straub, R. On the International Spillovers of US Quantitative Easing [R]. European Central Bank Working Paper, 2013, 1557.

美国国债等安全资产 (Jotikasthira et al., 2012[1])。由此可见, 投资组合再平衡效应和安全资产转移效应都会通过国际投资者对未来风险的判断来影响跨境资本流动, 即美国经济政策不确定性可能通过国际投资者的风险偏好来影响跨境资本流动。

具体地说, 借鉴 Bacchetta 和 Wincoop (1998)[2] 以及赵茜 (2020)[3] 的思想, 利用均值-方差模型以及投资者预期决策模型来分析美国经济政策不确定性对跨境资本流动的风险传染渠道。

首先, 将全球市场简单化处理, 分为美国市场与其他市场, 构建最为简单的两国模型, 并假定所有投资者都可以在美国资产与其他国家资产之间进行合理配置, 其中美国经济政策不确定性直接影响美国市场, 间接影响其他国家市场。

其次, 令投资者在美国市场与其他国家市场的资产分配比例为 θ 和 α。并且 $\alpha + \theta = 1$; 令 α_1 和 α_2 是其他市场中股票型资产与非股票资产之间的分配比例, 且 $\alpha_1 + \alpha_2 = \alpha$; 令 π 为美国市场资产收益率, μ 和 r 为其他市场的股票型与非股票型资产收益率。

最后, 根据上述假定可知, 跨境投资者的预期收益为 $U(K) = \alpha_1 r + \alpha_2 \mu + \theta \pi$, 并假定跨境投资者的风险厌恶为 c。根据均值-方差理论 [公式 (3.14)[4] 和 (3.15)], 投资者投资收益最大化的公式为: $U(K) = u_k - 0.5 c \sigma_k^2$, 令 σ_k^2 为期望收益的方差, $\mathrm{Var}(R) = \sigma_k^2$, 则有方差的公式为

$$\mathrm{Var}(R) = \alpha_1^2 \sigma_r^2 + \alpha_2^2 \sigma_\mu^2 + \alpha_1 \alpha_2 \sigma_r \sigma_\mu + \theta^2 \sigma_\pi^2 + 2\theta \sigma_\pi (\alpha_1 \rho_{r\pi} \sigma_r + \alpha_2 \rho_{\mu\pi} \sigma_\mu)$$

$$(3.42)$$

其中 σ_r 和 σ_μ 分别为中国非股票型资产和股票型资产的风险, σ_π 为美国市场的投资风险, $\rho_{r\pi}$ 和 $\rho_{\mu\pi}$ 则是任意中国非股票型市场与美国市场、中国股票型市场与美国市场的相关系数。由于其他市场的金融发达程度相对来说低于美国金融市场, 且股票市场的波动性远大于非股票市场, 则三者的关

---

① Jotikasthira, C., Lundblad, C., Ramadorai, T. Asset Fire Sales and Purchases and the International Transmission of Funding Shocks [J]. Journal of Finance, 2012, 67 (6): 2015-50.

② Bacchetta, P., Wincoop, V. E. Capital Flows to Emerging Markets: Liberalization, Overshooting, and Volatility [J]. NEBR working Paper, 1998: 6520.

③ 赵茜. 外部经济政策不确定性、投资者预期与股市跨境资金流动 [J]. 世界经济, 2020, 43 (5): 145-169.

④ 这里为了简单起见, 将公式 3.14 中的 c_1 简化为 1。

系可表示为 $\sigma_\mu > \sigma_\pi$，$\sigma_\mu > \sigma_r$。

当美国经济政策不确定性增加时，跨境投资者会受到上述的投资资产组合再平衡效应和安全资产转移效应影响，导致其对未来风险的预期发生变化，降低对风险的接受程度。可见，美国经济政策不确定性增加时，客观上会对投资会带来较大的风险，还会通过跨境投资者心理预期主观上进一步放大风险，导致风险厌恶情绪增加，使其减少跨境资本投资。因此，将美国经济政策不确定性因素加入均值-方差模型可得

$$U(K) - \frac{c}{2}[Var(R) + \theta f(USEPU)Var(\pi) + \alpha_2 g(USEPU)Var(\mu)]$$

$$(3.43)$$

$$s.\ t.\ \alpha_1 + \alpha_2 + \theta = 1$$

其中，$f(USEPU)$ 和 $g(USEPU)$ 分别是美国经济政策不确定性增加时，跨境投资者对美国市场和其他国家的股票市场风险附加函数，且这两个函数满足 $f(USEPU) > 0$，且 $f'(USEPU) > 0$；$g(USEPU) > 0$，且 $g'(USEPU) > 0$。说明当美国经济政策不确定性增加时，跨境投资者因风险厌恶情绪增强，会调高对美国市场和其他市场股票投资的风险预期，呈现风险传染特征。

因此，在考虑美国经济政策不确定性时，跨境投资者的资金最优配置可建立拉格朗日函数 L，并对 L 分别求 α_1、α_2、θ 的一阶导数，令其均等于 0，具体公式如下所示：

$$\frac{\partial L}{\partial \alpha_1} = r - \gamma(\alpha_1 \sigma_r^2 + \alpha_2 \rho_{r\mu} \sigma_r \sigma_\mu + \theta \rho_{r\pi} \sigma_r \sigma_\pi) + \lambda = 0 \qquad (3.44)$$

$$\frac{\partial L}{\partial \alpha_2} = \mu - \gamma(\alpha_2 \sigma_\mu^2 + \alpha_1 \rho_{r\mu} \sigma_r \sigma_\mu + \theta \rho_{\mu\pi} \sigma_\mu \sigma_\pi + \frac{g(USEPU)}{2} \sigma_\mu^2) + \lambda = 0$$

$$(3.45)$$

$$\frac{\partial L}{\partial \theta} = \pi - \gamma(\theta \sigma_\pi^2 + \alpha_1 \rho_{r\pi} \sigma_r \sigma_\pi + \alpha_2 \rho_{\mu\pi} \sigma_\mu \sigma_\pi + \frac{f(USEPU)}{2} \sigma_\pi^2) + \lambda = 0$$

$$(3.46)$$

联立公式（3.44）和公式（3.46）求解 α_1，并对 USEPU 求导可得

$$\frac{\partial \alpha_1}{\partial USEPU} = [\frac{f'(USEPU)\sigma_\pi^2 - g'(USEPU)\sigma_\mu^2}{2} - a\frac{\partial \alpha_2}{\partial USEPU}]/(a+b)$$

$$(3.47)$$

联立公式（3.45）和公式（3.46）求解 α_2，并对 USEPU 求导可得

$$\frac{\partial \alpha_2}{\partial \text{USEPU}} = \left[\frac{f'(\text{USEPU})\sigma_\pi^2 - g'(\text{USEPU})\sigma_\mu^2}{2} - b\frac{\partial \alpha_1}{\partial \text{USEPU}} \right] / (a + b)$$

$$(3.48)$$

其中,$a = \sigma_\mu^2 - \rho_{r\mu}\sigma_r\sigma_\mu + \rho_{r\pi}\sigma_r\sigma_\pi - \rho_{\mu\pi}\sigma_\mu\sigma_\pi$,$b = \sigma_\pi^2 + \rho_{r\mu}\sigma_r\sigma_\mu - \rho_{r\pi}\sigma_r\sigma_\pi - \rho_{\mu\pi}\sigma_\mu\sigma_\pi$。

因此,可以通过分析 $\frac{\partial \alpha_1}{\partial \text{USEPU}}$ 和 $\frac{\partial \alpha_2}{\partial \text{USEPU}}$ 的符号来确定美国经济政策不确定性对其他国家非股票型和股票型跨境投资的影响。根据一阶条件和预算约束条件,可知 $\frac{\partial \alpha_1}{\partial \text{USEPU}} > 0$,即美国经济政策不确定性增加时,会增加对非股票型资产的投资。

故仅需讨论 $\frac{\partial \alpha_2}{\partial \text{USEPU}}$ 的符号,由于 $a + b = \sigma_\mu^2 - 2\rho_{\mu\pi}\sigma_\mu\sigma_\pi + \sigma_\pi^2 \geq (\sigma_\mu - \sigma_\pi)^2 > 0$,且 $-b\frac{\partial \alpha_1}{\partial \text{USEPU}} < 0$,则 $\frac{\partial \alpha_2}{\partial \text{USEPU}}$ 的符号取决于 $f'(\text{USEPU})\sigma_\pi^2 - g'(\text{USEPU})\sigma_\mu^2$ 的大小,其中 $f'(\text{USEPU})\sigma_\pi^2$ 是全球资产组合再平衡效应,$-g'(\text{USEPU})\sigma_\mu^2$ 是安全资产转移效应。故当美国经济政策不确定性上升时,股票型跨境资本流动取决于全球资产组合再平衡效应和安全资产转移效应的大小(赵茜,2020[①])。而美国经济政策不确定性对其他国家跨境资本流动的影响取决于($\frac{\partial \alpha_1}{\partial \text{USEPU}} + \frac{\partial \alpha_2}{\partial \text{USEPU}}$)的符号。

3.3 基于 PVAR 模型的传导机制检验

以上从理论模型角度论证了美国经济政策不确定性可能从利差、汇率、资产价格以及风险传染四个渠道影响跨境资本流动。为进一步验证两者之间的传导作用,也为了解决样本量不足的问题,利用面板自回归模型(PVAR)分析美国经济政策不确定性对四个传导机制变量的冲击,再分析传导机制变量对跨境资本流动的冲击,从实证角度上初步验证美国经济政

---

① 赵茜. 外部经济政策不确定性、投资者预期与股市跨境资金流动 [J]. 世界经济,2020,43(5):145-169.

策不确定性与跨境资本流动之间的传导机制。

3.3.1 模型设定与变量选择

3.3.1.1 模型设定

PVAR 模型将传统的 VAR 模型与面板数据相结合，不仅能反映多个变量之间的动态互动关系，也能在一定程度上分析不可观测的个体差异。具体的模型设定如下：

$$Y_{it} = c_i + \varphi_1 Y_{i,\,t-1} + \varphi_2 Y_{i,\,t-2} + \cdots + \varphi_p Y_{i,\,t-p} + \eta_i + \gamma_t + \varepsilon_{it} \quad (3.49)$$

其中，Y_{it}是随时间和国家变动的内生变量，为 K×1 向量，包括两组不同的向量，$Y_{it} = \left[\, USEPU_t\ Rate_{it}\ Ex_{it}\ Stock_{it}\ VIX_t\ GF_{it} \,\right]$。其中，$USEPU_t$ 是美国 EPU 指数，$Rate_{it}$ 为 i 国 t 期国内外利差水平，Ex_{it} 是 i 国 t 期汇率水平，$Stock_{it}$ 是 i 国 t 期代表性股票市场大盘指数，VIX_t 是全球投资者避险情绪指数，GF_{it} 是跨境资本流动。φ_p 是滞后 p 阶的变量系数矩阵，c_i 是截距向量，η_i 是个体效应，γ_t 是时间效应，ε_{it} 随机扰动项。

3.3.1.2 变量选择及来源

选择 2000 年 1 季度到 2020 年 4 季度 48 个国家①作为样本数据，其中发达国家 24 个，新兴市场国家 24 个。变量选择如下：

美国经济政策不确定性核心变量选用 Baker et al.（2016）测算的美国 EPU 指数的变化率（lnUSEPU）作为代理变量。跨境资本流动依然采用三种不同类型的指标——规模性指标、结构性指标和波动性指标，其中规模性指标包括跨境资本总流入（GFin）、跨境资本总流出（GFout）和净资本流动（netGF）；结构性指标包括内容结构和时间结构，其中前者主要包括国际直接投资（FDI）、跨境证券投资（Sec）和跨境银行信贷（Cre），后者包括国际直接投资（FDI）和短期跨境资本流动（SGF），为避免重复，故时间结构部分主要采用间接法计算的短期跨境资本流动（SGF1）来代理；波动性指标由于是虚拟离散变量，不适宜使用平稳性检验，故此处不讨论。如第 3 章跨境资本流动的测算所述，规模性指标和结构性指标相关的计算数据来自 IMF 的 BOP 数据库，通过整理计算其占 GDP 的比重来代理；美国 EPU 指数来自政策不确定性网站。

四个传导渠道选定了四个传导机制变量，来自 wind 数据库和 BIS 数据

---

① 48 个样本国家在 2.2.1 不同类型跨境资本流动的测算有详细介绍。

库。①国内外利差（Rate）主要是指发达国家利率与本国国内利率的差值，采用美国联邦基金利率作为发达国家利率，通过计算美国联邦基金利率与样本国家货币市场利率（或政策基准利率)① 的差值作为国内外利差的代理变量。一般来说，当国外利率高于国内利率，则跨境资本流出越多，反之则意味着跨境资本流入。②与理论部分的分析保持一致，汇率则用直接标价法下美元与样本国家之间的汇率，通过计算汇率变化率（lnEx）来代理，该指标可以比较直接地反映经济政策不确定性增加对汇率的传导作用。一般来说，该指标上升则意味着美元升值，本国货币相对贬值，下降则意味本国货币升值。③资产价格采用样本国家代表性股票市场大盘指数来衡量，计算代表性股票市场大盘指数的同比增速，公式为 lnstock＝lnstockt-lnstockt-1，作为该国资产价格的代理变量。一般来说，一国股票市场大盘指数增加，意味着资产价格上升，出于套价动机，跨境资本流入增加。④风险传染则用全球投资者避险情绪来表示，采用美国标准普尔 500 波动率指数的变化率（lnVIX）来衡量，该指数的值越大，说明当前全球金融市场的波动性越强，投资者的避险情绪越强。此时全球投资者因投资组合再平衡效应和安全资产转移效应在全球范围内重新调整自己的资产配置，引起跨境资本流动。

3.3.1.3 面板单位根检验

本书为避免可能出现的伪回归现象，建立 PVAR 模型前首先对各变量进行平稳性检验，由于所选择变量既有时间序列也有面板数据，故对时间序列数据美国 EPU 指数（lnUSEPU）和 VIX 指数（lnVIX）进行 ADF 检验和 PP 检验进行单位根检验，对面板数据利率水平（Rate）、汇率水平（lnEx）、资产价格（lnstock）和跨境资本流动的三类指标进行 LLC 检验和 Fisher-ADF 检验。只有当以上检验都拒绝原假设时，该序列才是平稳序列。为了消除异常值，对所有数据进行了缩尾处理。单位根检验结果如表3-1所示。

---

① 当样本国家的货币市场利率缺失时，则选择该国的政策基准利率代理。

表 3-1 变量的单位根检验

样本	变量		LLC 检验	Fisher-ADF 检验	结论
面板数据	传导机制变量	Rate	−7.913 0***	7.768 3***	平稳
		lnEx	−5.831 0***	2.870 0***	平稳
		lnstock	−31.851 6***	98.336 0***	平稳
	规模性指标	GF^{in}	−17.782 4***	50.454 8***	平稳
		GF^{out}	−19.448 0***	56.719 6***	平稳
		netGF	−20.883 4***	54.929 2***	平稳
	结构性指标	FDI	−26.907 4***	75.817 4***	平稳
		Sec	−25.273 0***	71.886 8***	平稳
		Cre	−25.087 1***	71.192 1***	平稳
		SGF1	−21.716 0***	57.853 0***	平稳
时间序列	变量		ADF 检验	PP 检验	结论
	lnUSEPU		−3.453**	−3.309**	平稳
	LnVIX		−3.240**	−3.172**	平稳

注:***、**、*分别表示在1%、5%和10%的显著性水平上拒绝存在单位根的原假设。

3.3.1.4 PVAR 模型最优滞后阶数

对 PVAR 模型的最优滞后阶数进行检验,从最优滞后阶数信息准则来看(表 3-2),规模性指标和结构性指标中除了包含跨境银行信贷外的最优滞后阶数均为 4 阶,并选择内生变量的 1-5 阶滞后变量作为工具变量;含有跨境银行信贷的最优滞后阶数为 3 阶,并选择 1-4 阶滞后变量作为工具变量。

表 3-2 最优滞后阶数:美国经济政策不确定性与传导机制变量

指标类型	滞后阶数	MBIC	MAIC	MQIC
GFin	1	128.665 8	1 025.485	706.515 6
	2	−197.735 3	474.879	235.652 1
	3	−220.473 7*	227.935 8	68.451 16
	4	−113.638 8	110.566*	30.823 65*

表3-2(续)

指标类型	滞后阶数	MBIC	MAIC	MQIC
GFout	1	142.539 4	1 039.358	720.389 2
	2	−234.329 9	438.284 3	199.057 4
	3	−229.682 9*	218.726 6	59.241 99
	4	−98.062 09	126.142 7*	46.400 36*
netGF	1	28.743 01	925.562	606.592 8
	2	−254.421*	418.193 3	178.966 4
	3	−162.687	285.722 5	126.237 9
	4	−105.771 5	118.433 3*	38.690 98*
SGF1	1	101.078 2	997.897 2	678.928
	2	−211.402 6	461.211 6	221.984 7
	3	−211.752 1*	236.657 5	77.172 84
	4	−96.021 77	128.183*	48.440 68*
FDI	1	59.821 84	956.640 9	637.671 6
	2	−217.487 5	455.126 8	215.899 9
	3	−273.98*	174.429 6	19.368 82
	4	−125.093 6	99.111 12*	14.944 95*
Sec	1	153.077 9	1 049.897	730.927 7
	2	−256.107 5	416.506 8	177.279 9
	3	−326.697 7*	121.711 8	−37.772 79*
	4	−137.427 3	86.777 45*	7.035 145
Cre	1	116.377 9	1 013.197	694.227 7
	2	−332.397 1*	340.217 2	100.990 3
	3	−191.751 4	256.658 1	97.173 52
	4	−101.532 3	122.672 5*	42.930 18*

根据最小信息准则对除跨境银行信贷的其它跨境资本流动设置最优滞后阶数4阶构建PVAR（4）模型：

$$Y_{it} = c_i + \varphi_1 Y_{i, t-1} + \varphi_2 Y_{i, t-2} + \varphi_3 Y_{i, t-3} + \varphi_4 Y_{i, t-4} + \eta_i + \gamma_t + \varepsilon_{it}$$

$$(3.50)$$

对含有跨境银行信贷的最优滞后阶数3阶构建PVAR（3）模型：

$$Y_{it} = c_i + \varphi_1 Y_{i, t-1} + \varphi_2 Y_{i, t-2} + \varphi_3 Y_{i, t-3} + + \eta_i + \gamma_t + \varepsilon_{it} \quad (3.51)$$

为了检验模型的平稳性，对PVAR模型进行GMM估计后，进行PVAR面板模型平稳性检验，检验结果显示所有的AR根均落在单位圆内，说明

PVAR（4）和 PVAR（3）模型平稳。

3.3.2 格兰杰因果检验分析

3.3.2.1 与规模性跨境资本流动有关的格兰杰因果检验

从表 3-3 显示的 PVAR（4）模型格兰杰因果检验来看，美国 EPU 指数（lnUSEPU）与国内外利差（Rate）、美国 EPU 指数（lnUSEPU）与资产价格（lnstock）、美国 EPU 指数（lnUSEPU）与全球投资者情绪指数（lnVIX）、美国 EPU 指数（lnUSEPU）与汇率（lnEx）都互为格兰杰原因。可见，美国经济政策不确定性（lnUSEPU）与传导机制代理变量（Rate、lnEx、lnstock 和 lnVIX）之间确实具有相互作用关系，可进行脉冲响应函数和方法分解分析进一步探讨各变量之间的互动机制。

表 3-3　有关跨境资本总流入的格兰杰因果检验①

	原假设	chi2	df	P 值
lnUSEPU 与传导机制变量的关系	lnUSEPU 不是 lnVIX 的格兰杰原因	181.111	4	0.000 0
	lnVIX 不是 lnUSEPU 的格兰杰原因	57.404	4	0.000 0
	lnUSEPU 不是 Rate 的格兰杰原因	23.503	4	0.000 0
	Rate 不是 lnUSEPU 的格兰杰原因	56.324	4	0.000 0
	lnUSEPU 不是 lnEx 的格兰杰原因	23.728	4	0.000 0
	lnEx 不是 lnUSEPU 的格兰杰原因	136.252	4	0.000 0
	lnUSEPU 不是 lnstock 的格兰杰原因	34.92	4	0.000 0
	lnstock 不是 lnUSEPU 的格兰杰原因	46.737	4	0.000 0
	GFin、lnVIX、Rate、lnEx 和 lnstock 不是 lnUSEPU 的格兰杰原因	499.295	20	0.000 0

---

① 此处的格兰杰因果检验仅汇报了 lnUSEPU 与传导机制变量、传导机制变量与跨境资本流动的格兰杰因果检验结果，其余已省略，后文的格兰杰因果检验汇报也一样。

表3-3（续）

	原假设	chi2	df	P 值
传导机制变量与 GFin 的关系	lnVIX 不是 GFin 的格兰杰原因	28.284	4	0.000 0
	GFin 不是 lnVIX 的格兰杰原因	4.447	4	0.349 0
	Rate 不是 GFin 的格兰杰原因	12.781	4	0.012 0
	GFin 不是 Rate 的格兰杰原因	18.334	4	0.001 0
	lnEx 不是 GFin 的格兰杰原因	129.803	4	0.000 0
	GFin 不是 lnEx 的格兰杰原因	3.77	4	0.438 0
	lnstock 不是 GFin 的格兰杰原因	61.219	4	0.000 0
	GFin 不是 lnstock 的格兰杰原因	6.115	4	0.191 0
	lnUSEPU、lnVIX、Rate、lnEx、lnstock 不是 GFin 的格兰杰原因	203.567	20	0.000 0

同时，国内外利差（Rate）与跨境资本总流入（GFin）互为格兰杰原因，全球投资者情绪（lnVIX）、汇率（lnEx）、资产价格（lnstock）是跨境资本总流入（GFin）的格兰杰原因，但反之不成立。

采用同样的办法，对美国 EPU 指数、传导机制变量与全球跨境资本总流出和净流出进行格兰杰因果检验。由于美国 EPU 指数与传导机制变量之间依然互为格兰杰原因，与上述跨境资本净流动类似，故此处仅列示传导机制变量与跨境资本总流出、净流出之间的格兰杰因果检验结果，具体如表3-4所示。

表3-4 有关跨境资本总流出、净流出的格兰杰因果检验

数据	原假设	chi2	df	P 值
传导机制变量与 GFout 的关系	lnVIX 不是 GFout 的格兰杰原因	34.025	4	0.000 0
	GFout 不是 lnVIX 的格兰杰原因	1.194	4	0.879 0
	Rate 不是 GFout 的格兰杰原因	17.299	4	0.002 0
	GFout 不是 Rate 的格兰杰原因	9.651	4	0.047 0
	lnEx 不是 GFout 的格兰杰原因	112.9	4	0.000 0
	GFout 不是 lnEx 的格兰杰原因	4.883	4	0.300 0
	lnstock 不是 GFout 的格兰杰原因	52.821	4	0.000 0
	GFout 不是 lnstock 的格兰杰原因	7.09	4	0.131 0
	lnUSEPU、lnVIX、Rate、lnEx、lnstock 不是 GFout 的格兰杰原因	202.003	20	0.000 0

表3-4(续)

数据	原假设	chi2	df	P 值
传导机制变量与netGF的关系	lnVIX 不是 netGF 的格兰杰原因	31.979	4	0.000 0
	netGF 不是 lnVIX 的格兰杰原因	10.478	4	0.033 0
	Rate 不是 netGF 的格兰杰原因	14.853	4	0.005 0
	netGF 不是 Rate 的格兰杰原因	9.218	4	0.056 0
	lnEx 不是 netGF 的格兰杰原因	129.804	4	0.000 0
	netGF 不是 lnEx 的格兰杰原因	3.568	4	0.468 0
	lnstock 不是 netGF 的格兰杰原因	64.544	4	0.000 0
	netGF 不是 lnstock 的格兰杰原因	29.636	4	0.000 0
	lnUSEPU、lnVIX、Rate、lnEx、lnstock 不是 netGF 的格兰杰原因	199.013	20	0.000 0

从表3-4显示的格兰杰因果检验来看,全球投资者情绪(lnVIX)、汇率(lnEx)、资产价格(lnstock)是跨境资本总流出(GF_{out})的格兰杰原因,但跨境资本总流出(GF_{out})不是以上三个传导机制变量的格兰杰原因;同时,国内外利差(Rate)则与跨境资本总流出(GF_{out})互为格兰杰原因。

国内外利差(Rate)和汇率(lnEx)是跨境资本净流动(GF_{in})的格兰杰原因,但跨境资本净流动(netGF)不是以上两个传导机制变量的格兰杰原因;同时,全球投资者情绪(lnVIX)、资产价格(lnstock)与全球跨境资本净流动互为格兰杰原因。

综合美国EPU指数、传导机制变量与规模性跨境资本流动的格兰杰检验来看,美国EPU指数是利差、汇率、资产价格和全球投资者避险情绪的格兰杰原因,传导机制变量也是跨境资本流动的格兰杰原因。但除此之外,国内外利差与跨境资本总流入、总流出互为格兰杰原因;全球投资者情绪、资产价格与全球跨境资本净流动互为格兰杰原因,后续将利用面板数据模型进一步检验其内生性问题。

3.3.2.2 与结构性跨境资本有关的格兰杰因果检验

用同样的方法检验美国EPU指数、传导机制变量与结构性跨境资本指标的格兰杰因果关系,结果如表3-5所示。其中结构性跨境资本流动主要考察三种不同类别的内容结构指标,即FDI、跨境证券投资和跨境银行信贷，时间结构主要考察短期跨境资本流动，采用间接法计算短期跨境资本流动（SGF1）。

表 3-5　有关短期跨境资本流动的格兰杰因果检验

数据	原假设	chi2	df	P 值
lnUSEPU 与传导机制变量的关系	lnUSEPU 不是 lnVIX 的格兰杰原因	286.858	4	0.000 0
	lnVIX 不是 lnUSEPU 的格兰杰原因	48.943	4	0.000 0
	lnUSEPU 不是 Rate 的格兰杰原因	25.07	4	0.000 0
	Rate 不是 lnUSEPU 的格兰杰原因	48.207	4	0.000 0
	lnUSEPU 不是 lnEx 的格兰杰原因	29.396	4	0.000 0
	lnEx 不是 lnUSEPU 的格兰杰原因	140.936	4	0.000 0
	lnUSEPU 不是 lnstock 的格兰杰原因	37.877	4	0.000 0
	lnstock 不是 lnUSEPU 的格兰杰原因	45.549	4	0.000 0
	SGF1、lnVIX、Rate、lnEx 和 lnstock 不是 lnUSEPU 的格兰杰原因	472.483	20	0.000 0
传导机制变量与 SGF1 的关系	lnVIX 不是 SGF1 的格兰杰原因	38.076	4	0.000 0
	SGF1 不是 lnVIX 的格兰杰原因	6.26	4	0.181 0
	Rate 不是 SGF1 的格兰杰原因	11.535	4	0.021 0
	SGF1 不是 Rate 的格兰杰原因	8.697	4	0.069 0
	lnEx 不是 SGF1 的格兰杰原因	134.63	4	0.000 0
	SGF1 不是 lnEx 的格兰杰原因	4.491	4	0.344 0
	lnstock 不是 SGF1 的格兰杰原因	75.247	4	0.000 0
	SGF1 不是 lnstock 的格兰杰原因	20.634	4	0.000 0
	lnUSEPU、lnVIX、Rate、lnEx、lnstock 不是 SGF1 的格兰杰原因	206.654	20	0.000 0

与规模性指标一样，美国 EPU 指数与传导机制变量都互为格兰杰原因。国内外利差（Rate）、全球投资者情绪（lnVIX）和汇率（lnEx）是短期跨境资本流动（SGF1）的格兰杰原因，但短期跨境资本流动（SGF1）不是以上四个变量的格兰杰原因。同时，资产价格（lnstock）与短期资本流动（SGF1）互为格兰杰原因。

同理，对美国 EPU 指数、传导机制变量与内容结构性跨境资本流动做格兰杰因果检验，检验结果如表 3-6 所示。美国 EPU 指数与传导机制变量都互为格兰杰原因。全球投资者情绪（lnVIX）和汇率（lnEx）是 FDI 的格兰杰原因，反之不成立；同时，国内外利差（Rate）、资产价格（lnstock）与 FDI 互为格兰杰原因。

表 3-6　有关 FDI 的格兰杰因果检验

数据	原假设	chi2	df	P 值
lnUSEPU 与传导机制变量的关系	lnUSEPU 不是 lnVIX 的格兰杰原因	366.763	4	0.000 0
	lnVIX 不是 lnUSEPU 的格兰杰原因	175.748	4	0.000 0
	lnUSEPU 不是 Rate 的格兰杰原因	21.281	4	0.000 0
	Rate 不是 lnUSEPU 的格兰杰原因	26.737	4	0.000 0
	lnUSEPU 不是 lnEx 的格兰杰原因	38.516	4	0.000 0
	lnEx 不是 lnUSEPU 的格兰杰原因	103.959	4	0.000 0
	lnUSEPU 不是 lnstock 的格兰杰原因	43.926	4	0.000 0
	lnstock 不是 lnUSEPU 的格兰杰原因	116.827	4	0.000 0
	FDI、lnVIX、Rate、lnEx 和 lnstock 不是 lnUSEPU 的格兰杰原因	508.114	20	0.000 0
传导机制变量与 FDI 的关系	lnVIX 不是 FDI 的格兰杰原因	29.683	4	0.000 0
	FDI 不是 lnVIX 的格兰杰原因	6.805	4	0.147 0
	Rate 不是 FDI 的格兰杰原因	19.404	4	0.001 0
	FDI 不是 Rate 的格兰杰原因	13.179	4	0.010 0
	lnEx 不是 FDI 的格兰杰原因	72.708	4	0.000 0
	FDI 不是 lnEx 的格兰杰原因	4.736	4	0.315 0
	lnstock 不是 FDI 的格兰杰原因	61.678	4	0.000 0
	FDI 不是 lnstock 的格兰杰原因	14.425	4	0.006 0
	lnUSEPU、lnVIX、Rate、lnEx、lnstock 不是 FDI 的格兰杰原因	255.823	20	0.000 0

有关跨境证券资本和跨境银行信贷的格兰杰因果检验结果也大体一致。其中，美国 EPU 指数与传导机制变量之间依然互为格兰杰原因，故不再重复列示，仅列示传导机制变量与跨境证券投资、跨境银行信贷的格兰杰因果检验结果，具体如表 3-7 所示。

从表 3-7 的格兰杰因果检验来看，美国经济政策不确定性（lnUSEPU）、全球投资者情绪（lnVIX）、国内外利差（Rate）、汇率（lnEx）和资产价格（lnstock）都是跨境证券资本（Sec）、跨境银行信贷（Cre）的格兰杰原因，但跨境证券资本（Sec）、跨境银行信贷（Cre）不是四个传导机制变量的格兰杰原因。

表 3-7 有关 Sec 与 Cre 的格兰杰因果检验

数据	原假设	chi2	df	P 值
传导机制变量与 Sec 的关系	lnVIX 不是 Sec 的格兰杰原因	148.096	3	0.000 0
	Sec 不是 lnVIX 的格兰杰原因	4.224	3	0.238 0
	Rate 不是 Sec 的格兰杰原因	16.249	3	0.001 0
	Sec 不是 Rate 的格兰杰原因	1.456	3	0.692 0
	lnEx 不是 Sec 的格兰杰原因	141.981	3	0.000 0
	Sec 不是 lnEx 的格兰杰原因	2.436	3	0.487 0
	lnstock 不是 Sec 的格兰杰原因	62.328	3	0.000 0
	Sec 不是 lnstock 的格兰杰原因	0.858	3	0.836 0
	lnUSEPU、lnVIX、Rate、lnEx、lnstock 不是 Sec 的格兰杰原因	264.745	15	0.000 0
传导机制变量与 Cre 的关系	lnVIX 不是 Cre 的格兰杰原因	45.777	4	0.000 0
	Cre 不是 lnVIX 的格兰杰原因	4.092	4	0.394 0
	Rate 不是 Cre 的格兰杰原因	22.376	4	0.000 0
	Cre 不是 Rate 的格兰杰原因	6.816	4	0.146 0
	lnEx 不是 Cre 的格兰杰原因	126.472	4	0.000 0
	Cre 不是 lnEx 的格兰杰原因	2.247	4	0.690 0
	lnstock 不是 Cre 的格兰杰原因	48.867	4	0.000 0
	Cre 不是 lnstock 的格兰杰原因	1.754	4	0.781 0
	lnUSEPU、lnVIX、Rate、lnEx、lnstock 不是 Cre 的格兰杰原因	165.694	20	0.000 0

综上可知，美国 EPU 指数、传导机制变量与结构性跨境资本流动之间的格兰杰关系较为复杂，其中，美国 EPU 指数与传导机制变量互为格兰杰原因，而传导机制变量中资产价格与短期跨境资本流动互为格兰杰原因，

国内外利差、资产价格与 FDI 互为格兰杰原因。其它情况下的传导机制变量是跨境资本流动的格兰杰原因，但反之不成立。

3.3.3 脉冲响应分析

3.3.3.1 美国经济政策不确定性与传导机制变量的脉冲响应

从图 3-1（a）来看，当受到 lnUSEPU1 个单位正向冲击时，lnVIX 呈现"下降—增加—趋于稳定"的响应态势，脉冲响应函数可用以描述美国经济政策不确定性与利差、汇率、资产价格和全球投资者情绪之间的互动机制，分析其相互影响的变动轨迹，刻画变量间相互影响的时滞关系。因此，基于上述构建的 PVAR 模型分别估计受到美国 EPU 指数 1 个标准差冲击后，国内外利差、汇率、资产价格、全球投资者情绪指数的脉冲响应情况。本书按照 lnUSEPU、lnVIX、Rate、lnEx、lnstock 的顺序进行 Cholesky 分解，通过 12 期，500 次蒙特卡洛模拟，产生较为稳定的置信区间，脉冲响应的结果如图 3-1 所示，（a）（b）（c）（d）分别是 lnVIX、Rate、lnEx 和 lnstock 对 lnUSEPU 的脉冲响应图。并且在第 2 期出现最小值，在第 5 期出现最大值，第 6 期之后基本稳定在 0.1 的正向响应。这意味着，美国 EPU 指数与全球投资者避险情绪具有明显的正向变动关系。当美国 EPU 指数增加时，全球投资者避险情绪都有所增加，且该正向影响持续时间较长。

从图 3-1（b）来看，受到 lnUSEPU1 个单位正向冲击时，样本国的利差响应基本为负，且在第 6 期之后基本稳定在-1 的响应程度。这主要是因为当美国 EPU 指数上升时，受实物期权理论、预防储蓄理论以及金融摩擦理论的影响，各国的消费和投资水平普遍降低，大多数国家都会利用宽松的货币政策避免本国经济下滑，即在货币政策上各国基本趋于使得美国与其它发达国家之间的利差不会产生太大差异。但新兴市场国家大都存在经济增长快与通货膨胀率高等问题，面对发达国家宽松货币政策时，大都会采用紧缩性货币政策来降低国内的通胀率，尽可能降低美国 EPU 指数带来的影响，导致美国与新兴市场国家之间的利差会有所增加。因此，两方面原因综合导致全球利差减小，呈现负向变动关系。

从图 3-1（c）来看，当受到来自 lnUSEPU1 个单位的正向冲击时，样本中 lnEx 呈现微弱的正向响应，且在第 4 期达到最大 0.05，第 5 期之后响应程度稳定在 0.05。这说明当美国 EPU 指数增加时，样本国汇率有所上升。这意味着美国 EPU 指数增加，全球经济的不确定性增强，投资者避险情绪提升，会选择持有更加坚挺的美元资产，在一定程度上推高各国汇率，造成本币贬值现象。

从图 3-1（d）来看，受到来自 lnUSEPU1 个单位正向冲击时，样本中 lnstock 总体呈负向响应态势，且响应程度大、持续时间较长。在前 6 期 ln-stock 的响应都呈现上下波动，之后则逐步趋于 0。这说明面对美国 EPU 指数冲击，国际投资者受投资组合再平衡效应和安全资产转移效应的双重影响，会在全球范围内重新进行金融资产配置。随着美国 EPU 指数增加，国际投资者对风险容忍情绪降低，增加了对未来国际投资的悲观预期，选择从风险承担能力较弱的新兴市场国家撤出投资，开始抛售各类金融资产，导致新兴市场国家资产价格迅速下降；相较而言，发达国家抵御风险能力明显强于新兴市场国家，国际投资者面对高企的经济政策不确定性转而投资于风险控制能力较高的发达国家。因此，从总体上看，面对美国 EPU 指数的冲击，发达国家金融资产价格相对变化较小，新兴市场国家的负向冲击更大，因此总体表现出负向冲击。

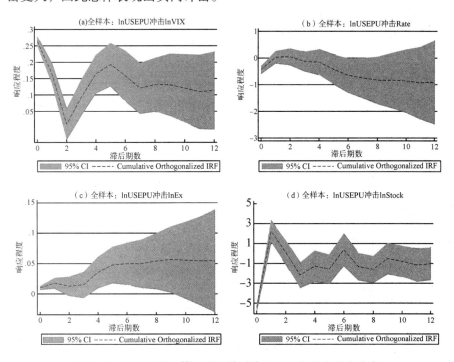

图 3-1　美国经济政策不确定性对传导机制变量的脉冲响应

3.3.3.2 传导机制变量与跨境资本流动的脉冲响应

按照同样的办法，探讨传导机制变量与跨境资本流动之间的脉冲响应关系。按照 lnVIX、Rate、lnEx、lnstock 的顺序进行 Cholesky 分解，通过 12 期，500 次蒙特卡洛模拟，产生较为稳定的置信区间。传导机制变量与规模性跨境资本流动的脉冲响应结果如图 3-2 所示，第 1 列、第 2 列与第 3 列分别对应着跨境资本总流入、总流出与净流动，每行的（a）（b）（c）（d）分别是跨境资本流动对 lnVIX、Rate、lnEx 以及 lnstock 的脉冲响应图。

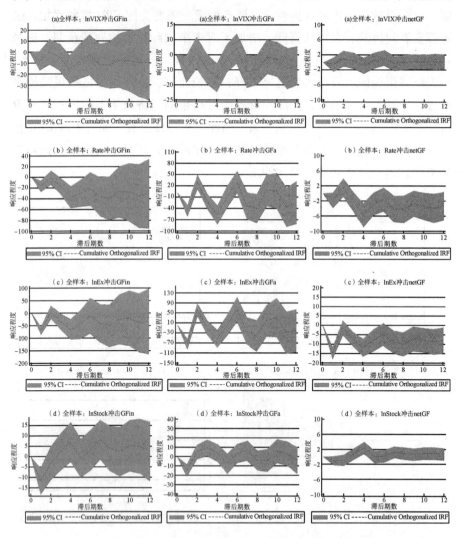

图 3-2　规模性跨境资本流动对传导机制变量的脉冲响应

从图 3-2（a）来看，受到来自 lnVIX1 个单位的正向冲击时，样本中的 GFin 和 GFout 都呈现明显的负向响应，且均在第 4 期达到最低，但 GFin 的脉冲响应在第 7 期以后基本稳定在 -10 左右，影响时间比较持久，而 GFout 则出现剧烈波动。netGF 的脉冲响应波动幅度远低于 GFin 和 GFout，且在第 1 期呈现负向响应，第 2 期以后基本呈现正向响应。这主要是因为，当 lnVIX 增加时，全球投资者情绪波动较大，受实物期权理论、金融摩擦理论以及风险厌恶理论的影响，初期全球投资者会大幅减少或延迟跨境资本投资，导致这一时期的跨境资本流入和流出规模都有所下降，且呈现较大波动，但跨境资本流入和流出形成一定的抵消，使得净流动呈现较为平稳的态势。这再次说明了跨境资本净流动的波动性明显弱于跨境资本总流动，无法真实地反映跨境资本流动的波动性和风险积累。

从图 3-2（b）来看，受到来自 Rate1 个单位的正向冲击时，样本中的 GFin 和 netGF 都呈现负向响应，且均在第 4 期达到最低负向响应，随后虽有小幅波动，但整体呈现稳定的负向响应；GFout 则呈现较大的正负波动，且在第 4 期达到最低负向响应，在第 2 期达到最大正向响应。这说明国内外利差扩大，可能是因为本国利率上升或国外利率下降造成国内利率高于国外，带来国际资本流入，也可能是由于国外利率上升或本国利率下降造成国外利率高于国内，进而带来国际资本流出。因此，当美国 EPU 指数上升时，跨境资本总流入和总流出表现出一定的波动性。

从图 3-2（c）来看，受到来自 lnEx1 个单位的正向冲击时，样本中的 GFin 和 netGF 的脉冲响应走势基本一致，都呈现明显的负向响应，在前 4 期有较大波动，随后负向脉冲响应分别稳定在 -50 到 -10。GFout 的脉冲响应则存在较大的正负波动，且在第 1 期出现最大负向响应，在第 6 期出现最大正向响应。受汇率水平与国际投资对汇率的预期影响，当汇率受到正向冲击时本币出现贬值倾向，跨境资本流入都呈现明显下降趋势，跨境资本流出此时受汇率影响的方向并不确定，这与流入国的货币汇率存在较大关系，若与本国货币相比，流入国货币出现更大幅度贬值，则跨境资本流出会增加，反之则会减少，故呈现剧烈波动。

从图 3-2（d）来看，GFin 的响应从负向响应转为正向响应，在第 2 期以后呈现稳定的正向响应；GFout 与 netGF 则呈现一定的正负响应交替的情况，而 GFin 和 GFout 的脉冲响应波动明显强于 netGF。这说明当金融资产价格增加时，跨境资本流动的套价动机明显，跨境资本流入显著增加；而跨境资本流出规模则与国际投资环境密切相关，当国际市场收益高于国内资产投资收益时，跨境资本流出增加，反之流出下降。故而总流出与总流入相互抵消，使得跨境资本净流动的波动性相对较小。

传导机制变量与内容结构性跨境资本流动的脉冲响应结果如图3-3所示，第1列、第2列与第3列分别对应着FDI、跨境证券投资与跨境银行信贷的脉冲响应，每行的（a）（b）（c）（d）分别是lnVIX、Rate、lnEx、lnstock对不同类别跨境资本的脉冲响应图。

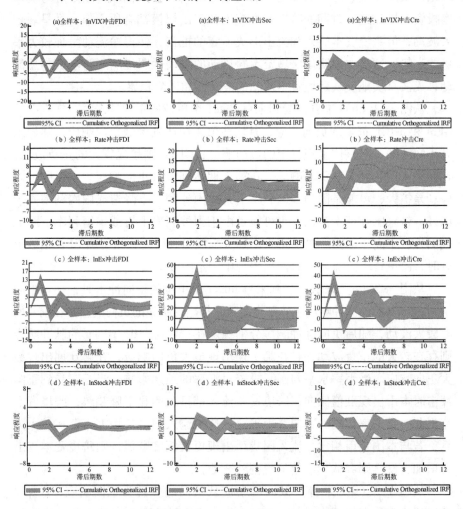

图3-3 内容结构性跨境资本流动对传导机制变量的脉冲响应

从图3-3（a）来看，受到来自lnVIX1个单位的正向冲击时，FDI和

Cre 的脉冲响应呈现明显的正负向波动，且该响应随着时间推移逐步趋于 0，而 Sec 呈现明显的负向响应，且在第 3 期出现最大负向响应，随后基本维持在 -4。这意味着当 lnVIX 增加时，全球投资者情绪波动加剧，出于规避风险的考虑，国际投资者首先减少易于调整的跨境证券投资，导致此时跨境证券投资规模下降；由于 FDI 的投资期限长且不可逆程度较高，初期受实物期权理论影响投资者会延迟 FDI，导致前期 FDI 下降，但随着时间推移，受增长期权理论影响一些投资者在经济低迷时提前布局，增加 FDI 投资，使得 FDI 呈现明显的正负向波动；跨境银行信贷主要受国际宏观经济形势影响，因金融摩擦理论导致这一时期的国际信贷资本流动减少，但也不排除调整长短期信贷结构，增加短期跨境银行信贷，在规避风险的同时，提前布局参与一些具有潜力的国际投资赚取更多收益。比如 2008 年世界金融危机后，美国经济政策不确定性增强，我国投资者选择在海外进行大量的收购，使得这一时期的跨境银行信贷大幅增加。

从图 3-3（b）来看，受到来自 Rate1 个单位的正向冲击时，FDI 与 Sec 的脉冲响应呈现正负向波动。其中，FDI 的脉冲响应在第 1 期出现最大正向响应，第 2 期出现最大负向响应，随后虽有小幅波动，但正向脉冲响应基本维持在 2；Sec 的脉冲响应则在第 2 期出现最大正向响应，第 3 期出现最大负向响应，随后脉冲响应小有波动逐渐趋于 0。Cre 的脉冲响应基本为正，在前 2 期存在一定波动，但随后基本稳定在 8。这意味着当利差扩大时，出于套利动机跨境银行信贷规模会大幅增加，而利差对 FDI 和跨境证券资本的影响基本存在于短期，长期的效果并不显著。这可能是因为从长期来看 FDI 更加注重东道国的宏观经济增长潜力，而 Sec 的投机性更强，会在短期立即对套利动机做出正向响应，当套利动机消失时则快速回调。

从图 3-3（c）来看，受到 lnEx1 个单位的正向冲击时，FDI、Sec 和 Cre 的脉冲响应走势基本一致，但波动幅度有一定差异。三者的脉冲响应均在第 1 期达到最大正向响应，第 2 期达到最大负向响应，随后均小有波动，最终维持在正向响应。但具体来看，跨境证券投资对汇率的冲击响应程度最高，跨境银行信贷响应程度次之，FDI 的响应程度最弱。这也基本符合这三类跨境资本流动的特征，跨境证券投资的投机性最强，出现套汇动机时短期内迅速做出最大反应；跨境银行信贷受利率和汇率双重影响，汇率上升会导致一些拟投放的信贷资本快速落地，进而导致短期内跨境银行信贷资本流动增加；FDI 由于不可逆程度高，不会仅因套汇动机而增加国际直接投资，但会促进一些正在考虑执行的 FDI 快速落地，因此在短期存在一定的正向增长。

从图 3-3（d）来看，受到来自 lnstock1 个单位的正向冲击时，FDI 的脉冲响应波动幅度很小，几乎不会产生太大影响；Sec 的脉冲响应在第 2 期由负转正，在长期维持在正向响应并逐步趋于 0；Cre 的脉冲响应存在一定正负向波动，在第 4 期出现最大负向响应，随后稳定在较小的负向响应。这主要是由于样本国家中大多数股票市场与实体经济之间并没有畅通的传导机制，股价上升并不一定意味着这个国家的实体经济发展潜力良好，因此无法直接带动 FDI 增长；股价上升出现套价空间，导致投机性强的跨境证券投资短期内快速增加；同样的，套价空间的出现会使得国际投资者的投资需求增加，加大对信贷的需求，导致跨境银行信贷上升，但随着时间推移，跨境银行资本也会逐步退出，因此，长期来看资产价格对跨境银行信贷的影响相对较小。

传导机制变量与时间结构性跨境资本流动的脉冲响应结果如图 3-4 所示，（a）（b）（c）（d）分别是短期跨境资本（SGF1，采用间接法计算）对四个传导机制变量（lnVIX、Rate、lnEx、lnstock）的脉冲响应图。

从图 3-4（a）来看，SGF1 对 lnVIX 的脉冲响应波动幅度较小，且基本在 0 上下呈现小幅正负向波动；从图 3-4（b）来看，SGF1 对 Rate 的脉冲响应也出现了正负向波动，但在第 3 期以后基本呈现正向响应，这意味着当国内外利差扩大时，短期跨境资本流动的规模会有所增加；从图 3-4（c）来看，SGF1 对 lnEX 的冲击呈现显著的正向响应，且在第 1 期出现最大正向响应，随后小有波动，脉冲响应基本稳定在 10，这意味着当汇率上升时，美元升值而本币贬值，套汇动机出现会导致短期跨境资本流动增加；从图 3-4（d）来看，SGF1 对 lnstock 的脉冲响应也出现了小幅的正负向波动，且在第 4 期出现最大负向脉冲响应，随后脉冲响应基本稳定在 0 附近，这意味着资产价格水平上升在短期会促进短期跨境资本流动，但长期的效果并不明显。

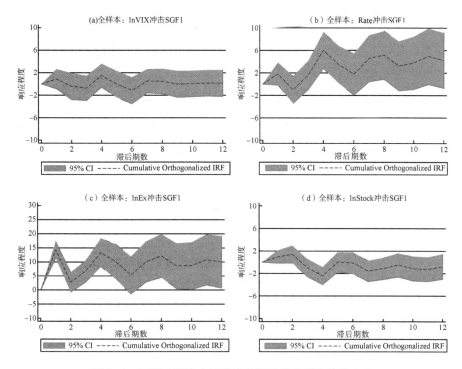

图 3-4　短期跨境资本流动对传导机制变量的脉冲响应

3.3.4　面板方差分解分析

3.3.4.1　美国经济政策不确定性与传导机制变量方差分解

分析了美国经济政策不确定性、利差、汇率、资产价格与全球投资者避险情绪之间的动态关系，继续采用 PVAR 模型提供的面板方差分解，探讨受到美国 EPU 指数 1 个单位的正向冲击对传导机制变量预测均方误差的贡献率，分析美国 EPU 指数对传导机制变量波动的解释力度。

对比表 3-8 中第 15 期和第 20 期的贡献度，美国 EPU 指数对传导机制变量的方差分解的贡献度到 15 期以后趋于稳定，后续分析将以 15 期的方差分解为主。这意味着从长期来看美国 EPU 指数对四个传导机制变量的冲击保持稳定，具有一定的解释力度。

表 3-8　美国经济政策不确定性对传导机制变量的方差分解

	预测期	lnVIX	lnstock	Rate	lnEx
冲击变量：lnUSEPU	15	0.240 8	0.121 0	0.022 1	0.033 7
	20	0.240 2	0.120 9	0.022 1	0.033 8

从表 3-8 来看，lnUSEPU 冲击对 lnVIX、lnstock、Rate、lnEx 波动的贡献程度分别为 24.08%、12.10%、2.21%、3.37%。可见，美国经济政策不确定性对四个传导机制变量波动的贡献率有一定差异，lnUSEPU 对全球投资者避险情绪与资产价格的波动贡献率明显高于利差和汇率的波动贡献率，这也意味着后期的传导渠道可能主要通过风险传染渠道和资产价格渠道起作用。

3.3.4.2　传导机制变量与跨境资本流动的方差分解分析

分析了四个传导机制变量与跨境资本流动之间的动态关系，继续采用 PVAR 模型提供的面板方差分解探讨稳定状态下，四个不同传导机制变量 1 个单位正向冲击对跨境资本流动预测均方误差的贡献率，以进一步探讨传导机制变量对跨境资本流动波动的解释力度。

对比表 3-9 中第 15 期和第 20 期的贡献度，传导机制变量对跨境资本流动的方差分解的贡献度到 15 期以后趋于稳定，后续分析将以 15 期的方差分解为主。这意味着从长期来看利差、汇率、资产价格以及全球投资者避险情绪这四个传导机制变量对跨境资本流动的冲击保持稳定，具有一定的解释力度。

表 3-9　传导机制变量对跨境资本流动的方差分解

变量类型	被冲击变量	预测期	lnVIX	Rate	lnEx	lnstock
规模性跨境资本流动	GFin	15	0.003 3	0.012 0	0.114 5	0.002 8
		20	0.003 3	0.012 0	0.114 7	0.002 8
	GFout	15	0.004 8	0.129 3	0.280 4	0.006 2
		20	0.004 8	0.131 7	0.284 0	0.006 3
	netGF	15	0.001 5	0.009 2	0.077 4	0.002 1
		20	0.001 5	0.009 2	0.077 4	0.002 1

表3-9(续)

变量类型	被冲击变量	预测期	lnVIX	Rate	lnEx	lnstock
结构性 跨境资本流动	SGF1	15	0.002 5	0.010 4	0.081 9	0.003 2
		20	0.002 5	0.010 5	0.082 0	0.003 2
	FDI	15	0.114 6	0.048 3	0.165 3	0.003 9
		20	0.114 6	0.048 3	0.165 2	0.003 9
	Sec	15	0.001 6	0.040 9	0.238 9	0.008 6
		20	0.001 6	0.040 9	0.238 9	0.008 6
	Cre	15	0.001 5	0.003 6	0.088 7	0.003 2
		20	0.001 5	0.003 6	0.088 7	0.003 2

从表3-9的贡献度来看,美国经济政策不确定性(lnUSEPU)对总流入(GFin)、总流出(GFout)和净流动(netGF)的方差贡献率最高的是汇率(lnEx),贡献度分别达到11.45%、28.04%和7.74%;其次是国内外利差(Rate)的贡献度分别为1.2%、12.93%和0.92%;全球投资者情绪与资产价格水平的贡献度较低。

从传导机制变量对结构性跨境资本流动的贡献度来看,对短期跨境资本流动(SGF1)、FDI、跨境证券投资(Sec)以及跨境银行信贷(Cre)的方差贡献率最高的为汇率(lnEx),贡献率分别达到8.19%、16.53%、23.89%以及8.87%;对短期跨境资本流动(SGF1)、跨境证券投资(Sec)以及跨境银行信贷(Cre)的方差贡献率次高的是利差(Rate),分别达到1.04%、4.83%、4.09%和0.36%,而对FDI的方差贡献率次高的是全球投资者情绪指数(lnVIX),贡献率为11.46%。

对比单个传导机制变量的贡献率,全球投资者情绪指数(lnVIX)对FDI的贡献率最高,达到11.46%;利差(Rate)和汇率(lnEx)对全球跨境资本流出(GFout)的贡献率最高,分别为12.93%和28.04%;资产价格水平(lnStock)对跨境证券投资(Sec)的贡献率最高。

3.4 本章小结

本章从理论模型角度分析了美国经济政策不确定性通过国内外利差、汇率、资产价格以及全球投资者情绪四个渠道影响跨境资本流动，采用PVAR模型实证检验了美国经济政策不确定性、传导机制变量与跨境资本流动之间的格兰杰因果关系、脉冲响应情况以及方差分解情况，大致的结论如下：

第一，从美国EPU指数影响跨境资本流动的理论机制来看：①利差渠道方面，美国经济政策不确定性增加时，受预防储蓄理论和金融摩擦理论的影响，金融机构调高信贷利率、消费者增加储蓄使存款利率下降，利率变动会在一定程度上抑制美国的消费和投资，导致跨境资本流动。②汇率渠道方面，当美国经济政策不确定性上升，受预期效应影响，国际金融市场投资者预期美元将贬值，进而在外汇市场上卖出美元规避本次美元贬值风险，导致汇率下降；汇率变动又会影响跨境资本流动。③资产价格渠道方面，美国经济政策不确定性增加会引起金融资产价格变动，受到投资组合再平衡效应和安全资产转移效应双重影响，导致方向变动不确定性；资产价格的变化会影响跨境资本流动，当国外资产收益率高于国内的资产收益率时，出于套价动机跨境资本大量流出，反之导致跨境资本流入。④风险传染渠道方面，美国经济政策不确定性会影响国际投资者的风险偏好，并通过投资组合再平衡效应和安全资产转移效应来影响跨境资本流动。

第二，从基于PVAR模型的格兰杰因果检验来看，美国EPU指数、传导机制变量与跨境资本流动的格兰杰关系较为复杂，美国EPU指数是利差、汇率、资产价格和全球投资者避险情绪的格兰杰原因，传导机制变量也是跨境资本流动的格兰杰原因。但除此之外，国内外利差与跨境资本总流入、总流出互为格兰杰原因；全球投资者情绪、资产价格与全球跨境资本净流动互为格兰杰原因，资产价格与短期跨境资本流动互为格兰杰原因；国内外利差、资产价格与FDI互为格兰杰原因。

第三，从脉冲响应来看：①机制变量的脉冲响应情况：受到来自美国经济政策不确定性冲击，全球投资者避险情绪呈明显正向响应，利差呈现负向响应，样本国家的汇率呈微弱的正向响应，资产价格呈明显负向响应。②跨境资本流动的脉冲响应情况：受到来自全球投资者情绪的正向冲击，跨境资本总流入、总流出和跨境证券投资都呈现明显的负向脉冲响应，跨境资本净流动、FDI、跨境银行信贷资本以及短期跨境资本呈现正负波动脉冲响应并逐步趋于0；受到来自利差的正向冲击时，跨境资本总流入和净流动呈现负向脉冲响应，FDI、跨境证券投资和短期跨境资本呈现正负波动脉冲响应并逐步趋于0，跨境银行信贷资本则呈现正向脉冲响应；受到来自汇率的正向脉冲响应，跨境资本总流入和净流动呈现负向脉冲响应，跨境资本总流出呈现正负波动脉冲响应，FDI、跨境证券投资、跨境银行信贷和短期跨境资本呈现正向脉冲响应；受到来自资产价格的正向冲击，跨境资本总流入和跨境证券投资呈现正向脉冲响应，跨境资本总流出长期稳定为负向脉冲响应，跨境资本净流动和短期跨境资本呈现正负波动脉冲响应并趋于0，FDI的脉冲响应极微弱。

第四，从方差分解来看，汇率对规模性跨境资本流动的贡献度最高，国内外利差次之，全球投资者情绪与资产价格水平的贡献度较低；汇率对结构性跨境资本流动的贡献度最高，利差和全球投资者情绪指数次之，资产价格水平贡献率相对较低；就单个传导机制变量的贡献率来看，全球投资者情绪指数对FDI的贡献率最高，利差和汇率对全球跨境资本流出的贡献率最高，资产价格水平对跨境证券投资的贡献率最高。

因此，美国EPU指数、传导机制变量与跨境资本流动之间关系较为复杂，尤其值得注意的是，三者之间可能存在内生性关系。同时，美国EPU指数对跨境资本流动的影响程度如何，对传导机制变量的影响程度如何？这些问题还需要更加深入的探讨和研究。

4 美国经济政策不确定性影响规模性跨境资本流动的实证分析

4.1 引言

自 2008 年世界金融危机之后，美国推出了一系列常规的货币政策，将利率下调至零，面对零利率下限约束，又执行了诸如量化宽松和前瞻性指引等非常规货币政策，导致美国经济政策不确定性飙升。全球跨境资本流动尤其是新兴市场国家在这段时期经历了频繁的跨境资本大幅流入。随着全球经济的复苏，2014 年美国经济也迎来拐点，美国逐步退出量化宽松政策，此时跨境资本大幅流出新兴市场国家，跨境资本的大进大出极大地冲击着新兴市场国家的经济与金融稳定。2020 年以来新冠病毒感染疫情、俄乌冲突等事件加大了世界经济下行压力，全球经济发展举步维艰，这一时期跨境资本流动的规模反弹势头并不明显，而美国又开启了新一轮的经济政策调整，导致美国经济政策不确定性再次飙升。同时，美国为了抑制国内不断攀升的通货膨胀，在 2022 年 3 月开启了自 2018 年以来的首次加息。在新冠病毒感染疫情冲击下美国国内的经济环境错综复杂，前期量化宽松政策导致的国内流动性过于充裕、财政支出大幅增长、能源以及大宗商品价格飞涨，以上因素均有可能是美国国内通胀的原因。因此，美联储的此次加息是否能真的解决美国飙升的通货膨胀依然是未知数，这就使得市场对美国日后加息的时机、频率、力度以及政策效果产生较大不确定性。

根据跨境资本流动的典型事实分析，当前发达国家仍是跨境资本的主要来源，发达国家的经济政策周期几乎与每一轮跨境资本流动的规模和周期息息相关。美国作为全球第一大国，其经济政策具有极强的外溢性，极大地影响着跨境资本流动的规模与方向，尤其是当前美国外在新冠病毒感染疫情后期与国内通胀高企的叠加期，美国经济政策不确定性持续增加，必然会进一步影响跨境资本流动的规模、方向。探讨美国经济政策不确定性对规模性跨境资本流动的影响显得极为必要，本章将通过构建面板模型的方式实证检验美国经济政策不确定性对规模性跨境资本流动的影响程度，探讨美国经济政策不确定性影响规模性跨境资本流动的传导机制，进一步分析其对内容结构性跨境资本流动的异质性影响，最后通过构建工具变量、变换模型、更换核心解释变量等方式对模型进行稳健性检验。

4.2 理论机制分析与假说

因风险偏好程度不同，掌握全球经济信息程度不同，国际投资者在跨境资本投资过程中难以形成统一的预期。因此，影响跨境资本流动的因素不仅包括当前主流"推—拉框架"下的推动因素和拉动因素，而且应该包含经济政策不确定性这类宏观因素。

4.2.1 理论分析及假说

根据实物期权理论可知，企业的投资机会类似于一种看涨期权，选择当下增加投资意味着放弃了等待未来更好的投资机会，这种"等待"价值是企业当前投资的机会成本（李凤羽和杨墨竹，2015[1]；陈丹和李优树，2021[2]）。跨境资本一般都具有规模大、投资不可逆程度较高的特点。当美国经济政策不确定性增强时，跨国企业无法确定当前海外投资是否能获得稳定收益，选择"观望"态度（陈丹和李优树，2021[3]）。此时跨境资本的"等待"价值提升，会抑制跨国企业当前的跨境资本投资水平。

根据预防性储蓄理论可知，当美国经济政策不确定性增加时，一方面全球投资前景不确定性增强，企业出于谨慎动机将准备充足的流动性，确保在不确定性冲击下维持正常经营与运作；另一方面，企业决策层无法准

① 李凤羽，杨墨竹. 经济政策不确定性会抑制企业投资吗？：基于中国经济政策不确定指数的实证研究 [J]. 金融研究，2015，(4)：115-129.
② 陈丹，李优树. 财政政策不确定性与对外直接投资 [J]. 财经论丛，2021，273 (6)：24-32.
③ 陈丹，李优树. 财政政策不确定性与对外直接投资 [J]. 财经论丛，2021，273 (6)：24-32.

确把握美国政府下一阶段对跨境投资的财政支持力度和税收优惠政策，甚至无法明确政府下阶段支持或限制海外投资项目范围及投资领域，预期趋于悲观，对待海外投资更加谨慎，增加了投机动机产生的现金流。同时，消费者也会因未来不确定性增加而减少消费，增加储蓄，导致消费需求减少，进一步遏制了企业的投资需求。因此，美国经济政策不确定性增加，企业会投资或缩小海外投资规模；同时，管理层必须为自己的海外投资决策担责，为不影响自身福利及声誉，在经济政策不确定性较高时，对海外投资决策会更加谨慎，避免造成重大损害（陈胤默 等，2019[①]）。

受金融摩擦理论和预期动机的影响，当美国经济政策不确定性上升时，海外投资环境不确定性增加，投资风险增强。一方面，金融机构可能提高海外融资的利率，提高对海外投资抵押物的要求，缩减对跨国企业的海外信贷，导致跨境资本流动减少；另一方面，跨国企业融资规模还会受政府经济政策影响，尤其是税收优惠、财政支出等政策，直接影响企业未来的现金流。当经济政策不确定性增加时，预期未来的政策可能出现重大调整，跨国企业会选择增加持有现金，防止因不确定性冲击带来的流动性风险，进而在一定程度上减少跨境资本投资规模。由以上分析，做出如下假说：

假说 4.1：美国经济政策不确定性上升，会减少跨境资本流动规模。

4.2.2 影响渠道及假说

跨境资本流动受国际投资者的投资行为驱动，既然是投资行为，必然也受"收益—风险"因素影响，故借助投资组合理论的"收益—风险"框架进一步揭示美国经济政策不确定性如何影响跨境资本流动规模。其中收益性因素主要包括国内外利差、汇率以及资产价格差异，风险因素则主要表现为全球投资者避险情绪。

美国经济政策不确定性上升，一方面，影响美国国内的消费与投资，抑制美国经济增长，为缓解其对国内经济的冲击，美国政府可能采取宽松的货币政策，美联储利率可能进一步降低；另一方面，因投资环境恶化，受金融摩擦理论影响金融机构可能调高利率，增加信贷成本，或者提升贷款审查要求，以降低信贷违约风险。跨境资本带有明显的逐利性，美国利

---

① 陈胤默，孙乾坤，文雯，等. 母国经济政策不确定性、融资约束与企业对外直接投资 [J]. 国际贸易问题，2019（6）：133-144.

率变动会产生套利空间。

当美国金融机构提高贷款利率，加大信贷难度，企业的融资需求被抑制，会减少跨境资本流动；若美国政府为刺激经济采取宽松货币政策，调低利率，则会使跨境资本流动增加。可见美国经济政策不确定性会通过利率变动来影响跨境资本流动。

与此同时，美国利率变动，也会直接影响市场对美元的需求，进而影响美元汇率。美元汇率变化会带来套汇空间，若美元出现升值，跨境资本受汇差影响大量流入美国，各国跨境资本总流入和净流入进一步减少；反之，美元若贬值，跨境资本会大量流入其他国家。大量跨境资本流入流出会影响东道国境内的金融资产价格，金融资产价格的变动再次带来套价空间，进一步影响跨境资本流动。

当国内外投资收益差异较小时，跨境资本流动则主要受风险因素影响。美国作为全球经济政策不确定性的主要溢出者，其经济政策不确定性上升会对全球投资环境造成较大的冲击，导致全球投资的不确定性增加，国际投资者会降低对风险的容忍度，避险情绪大幅增加。国内投资与国外投资相比较来说，跨境投资的风险会明显高于国内投资，因此国际投资者会倾向于减少跨境投资，导致跨境资本流动减少。基于以上分析，提出如下假说：

假说 4.2：美国经济政策不确定性可能通过利差、汇率和资产价格等收益因素，以及全球投资者避险情绪这一风险因素影响跨境资本流动。

4.3 模型设计及变量选择

4.3.1 模型设计

为了进一步检验美国经济政策不确定性对跨境资本流动的影响程度，参考谭小芬和左振颖（2022）[①] 的做法，构建了以下基准面板模型：

$$\text{GF}_{it} = \alpha_{it} + \beta_{1t}\ln\text{USEPU}_t + \beta_{2t}X_{it} + \beta_{3t}G_t + \eta_i + \varepsilon_{it} \qquad (4.1)$$

其中，GF_{it}是被解释变量，表示国家 i 在第 t 期发生了跨境资本流动，包含跨境资本总流入（GFin）、总流出（GFout）、净流出（netGF）和三种内容

---

① 谭小芬，左振颖. 全球经济政策不确定性对新兴市场国家银行跨境资本流动的影响 [J]. 国际金融研究，2022，425（9）：35-45.

结构性跨境资本流动——直接投资（FDI）、国际证券投资（Sec）和跨境信贷投资（Cre）。η_i 是个体效应，ε_{it} 是残差项。$\ln USEPU_t$ 是核心解释变量，表示美国在 t 期的经济政策不确定性指数，一般来说该指数越大，表明当前美国经济政策的不确定性越高。由于核心解释变量 $\ln USEPU_t$ 是时间序列数据，控制时间固定效应不仅存在多重共线性问题还会进一步抵消虚拟变量与 $\ln USEPU_t$ 对跨境资本流动的作用，故田国强和李双建（2020）[①] 的做法，不再控制时间固定效应。同时，进一步控制了国家层面的变量（X_{it}）和一些全球层面变量（G_t），以期最大限度地降低内生性问题。

4.3.2 变量选择

4.3.2.1 被解释变量

被解释变量为跨境资本流动（GF），本节将考察美国经济政策不确定性对规模性跨境资本流动的影响程度，主要包括跨境资本总流入、总流出和净流动，数据都来自于 IMF 数据库。考虑到内容结构性指标本质上是不同类别跨境资本流动的规模，故也将其纳入了本节有关异质性的讨论，因此本节的跨境资本流动包括以下两组数据：

第一组是规模性跨境资本流动数据，主要包括跨境资本总流入（GFin）、总流出（GFout）和净流动（netGF），分别采用跨境资本总流入、总流出和净流动占该国 GDP 的比重来代理。其中，总资本流入=直接投资流入+跨境证券投资流入+跨境银行信贷流入；总资本流出=直接投资流出+跨境证券投资流出+跨境银行信贷流出；跨境资本净流动用金融账户余额来表示，即净资本流动=金融账户余额=直接投资余额+跨境证券投资余额+跨境银行信贷余额。

第二组是内容结构性跨境资本流动。如前所述，内容结构性指标也属于规模性指标，不同分类账户的跨境资本流动反映出不同跨境资本流动的构成，但本质上仍是不同类别跨境资本流动的规模。内容结构性跨境资本流动分为 FDI、跨境证券投资与跨境银行信贷，从跨境资本流入角度分别用直接投资流入、跨境证券投资流入与跨境银行信贷流入来代理不同种类的跨境资本流动情况。

由于净资本流动主要表现为跨境资本从低收益国家流向高收益国家，

---

① 田国强，李双建. 经济政策不确定性与银行流动性创造：来自中国的经验证据 [J]. 经济研究，2020，55（11）：19-35.

对收益因素较为敏感，仅代表净财富的转移，无法反映投资方式变化；总资本流动是国际投资者某一时期在国内和国外两个市场进行资本多样化配置，与金融市场风险息息相关，受美国经济政策不确定性及溢出作用影响较大；内容结构性指标有利于分析美国经济政策不确定性对不同类别跨境资本流动的异质性影响。因此，以上数据可以涵盖各类规模性跨境资本流动指标，全面地考察美国经济政策不确定性对规模性跨境资本流动的影响。

4.3.2.2 核心解释变量

核心解释变量美国经济政策不确定性指数，采用 Baker et al.（2016）[①]编制美国经济政策不确定性指数的变化率（lnUSEPU）来衡量，该数据为月度数据，对其进行简单算术平均取得季度数据，可以很好地反映一国经济政策变动情况。本书也将采用以新闻报道为基础的经济政策不确定性（lnUSEPU_ news）作为替代指标进行稳健性检验。

4.3.2.3 控制变量

控制变量主要包括推动因素和拉动因素，其中推动因素是全球层面变量，包括全球投资者避险情绪（VIX 指数）、全球流动性（QM_2）、美国利率水平（USrate）；拉动因素是各国宏观经济变量，包括经济水平（lnGDP）、通货膨胀率（CPI）、国内外利差（Rate）、汇率（Ex）、金融发展程度（FD）、贸易开放程度（Tropen）和资产价格（stock）。

其中全球投资者避险情绪采用美国标准普尔 500 波动率指数（VIX 指数）来衡量，该指数越大，说明当前全球金融市场的波动性越大，全球投资者的避险情绪越强。全球投资者避险情绪越强会造成跨境资本在全球范围内重新配置，影响跨境资本流动。

全球流动性（QM_2），当前文献中有关全球流动性的测算通常采用价格指标法和数量指标法。价格指标是选择与货币供应量息息相关的拆借利率或国债利率等衡量；数量指标又分为绝对加总法和增速加总法，其中绝对加总法主要是采用某一汇率标准将核心国家的广义货币转换为同一种货币后，再利用 GDP 加权的方式加总，最后得到广义货币供应量的规模，而增速加总则是通过 GDP 加权的方式加总各国广义货币供应量增速，进而得到全球流动性的增速。本书将美国、日本、英国、欧洲四个国家和地区广

---

① Baker, S. R., Bloom, N., Davis, S. J. Measuring Economic Policy Uncertainty [J]. Quarterly Journal of Economics, 2016, 131 (4): 1593-1636.

义货币供应量①进行 GDP 加权，作为全球流动性的代理指标。一般来说，全球流动性越多，则全球资本越充裕，越容易引起跨境资本流动。

全球利率（USrate）利用美国联邦基金利率来代理，反映全球利率水平，该指标越高，意味着全球货币政策趋紧，可用于跨境资本投资的资金越少，反之货币政策较为宽松。

经济规模（lnGDP）采用 GDP 总量的变化率来衡量，一般来说，一国经济规模作为拉动因素，其规模增长速度越快，跨境资本流入的可能性越大。

通货膨胀率（CPI）反映各个国家价格水平的变化情况，本书采用消费者价格指数（CPI）来代理，一般情况下，通货膨胀率越高，投资的成本也越高，此时跨境资本流入的规模会减小。

国内外利差（USRr）主要是指发达国家利率与本国国内利率的差值，本书采用美国联邦基金利率作为发达国家利率，通过计算样本国家货币市场利率（或政策基准利率）②与美国联邦基金利率的差值作为国内外利差的代理变量。一般来说，当国外利率高于国内利率，则跨境资本流出越多。

汇率（ex）则用直接标价法下样本国家货币与美元之间的名义汇率，通过计算汇率变化率来代理，该指标可以比较直接地反映经济政策不确定性增加对汇率的传导作用。一般来说，该指标上升则意味着美元升值，本国货币相对贬值，下降则意味本国货币升值。

金融发展程度（FD）采用 Svirydzenka（2016）构建的金融市场发展程度综合指标来衡量各国金融市场发展程度。目前大量文献都近似地用私人信贷与 GDP 之比或股市市值与 GDP 之比，抑或是两者之和占 GDP 的比重来衡量一国金融发展程度。但是，这些指标没有考虑到金融发展的复杂性和综合性。Svirydzenka（2016）创建了九个指数综合评价各国金融机构和金融市场在深度、准入和效率方面的状况，并将这些指数合成综合性的金融发展指数③，可以更加全面地反映一个国家的金融发展水平。一般来说

---

① 注意这 4 个国家和地区的广义货币供应量指标有所不同，美国和日本为 M2，英国为 M4，欧元区为 M3，此处统称"广义货币供应量"，其中欧元区已剔除英国的相关数据。

② 当样本国家的货币市场利率缺失时，则选择该国的政策基准利率代理。

③ SVIRYDZENKA, K. Introducing A New Broad-Based Index of Financial Development [J]. Imf Working Papers, 2016：16-5.

该值越大，表明该国的金融发展程度越高，可以在一定程度上缓解信息不对称和融资约束问题，越有可能吸引跨境资本流入。

贸易开放程度（lntropen）采用进出口总额占 GDP 比重的变化率来衡量，一般来说贸易开放程度越高，跨境资本流入量越大。

资产价格（lnstock）将采用样本国家代表性股票市场大盘指数来衡量，计算代表性股票市场大盘指数的增速，公式为 $lnstock = lnstock_t - lnstock_{t-1}$。一般来说，一国股票市场大盘指数增加，意味着资产价格上升，跨境资本流入增加。

以上数据均来自 IMF 数据库、Wind 数据库、CEIC 数据库和彭博数据库。本书选择了 2000 年第 1 季度到 2020 年第 4 季度 48 个跨国面板数据[①]，为了剔除异常值，对以上数据进行了 1% 的缩尾处理，并对一些控制变量进行对数处理，数据描述性统计如表 4-1 所示。

表 4-1　变量的描述性统计

	变量	观察值	平均值	标准差	最小值	最大值
跨境资本流动	GFin	4 032	8.981 3	18.313 6	−48.293 1	93.360 5
	GFout	4 032	8.105 2	18.103 2	−40.777 0	96.404 8
	netGF	4 032	0.947 9	7.664 4	−22.978 4	25.014 8
	FDI	4 032	3.927 8	6.718 6	−14.211 8	37.833 3
	Sec	4 032	2.365 1	6.297 9	−16.717 7	24.657 3
	Cre	4 032	2.659 2	12.630 8	−38.018 7	62.191 4
推动因素	lnUSEPU	84	4.827 9	0.390 5	3.953 0	5.995 7
	lnQM2	84	1.623 2	3.021 7	−5.528 3	11.803 0
	lnVIX	84	2.929 0	0.345 9	2.333 1	4.070 7
	USrate	84	1.696 9	1.885 2	0.070 0	6.530 0

---

① 48 个国家包括发达国家（24 个）：澳大利亚、加拿大、捷克、丹麦、芬兰、法国、德国、希腊、匈牙利、冰岛、意大利、日本、韩国、荷兰、新西兰、挪威、葡萄牙、新加坡、斯洛文尼亚、西班牙、瑞典、瑞士、英国、美国；新兴市场国家（24 个）：阿根廷、巴西、保加利亚、智利、中国、哥伦比亚、克罗地亚、爱沙尼亚、印度、印尼、哈萨克斯坦、立陶宛、马来西亚、墨西哥、菲律宾、波兰、罗马尼亚、俄罗斯、斯洛伐克、南非、斯里兰卡、泰国、土耳其、乌克兰。

表4-1(续)

	变量	观察值	平均值	标准差	最小值	最大值
拉动 因素	USRr	4 032	2.440 3	4.490 2	−6.530 0	25.810 0
	lnGDP	4 032	11.369 5	1.569 4	7.961 4	15.175 8
	lntropen	3 972	4.289 8	0.535 5	3.116 6	5.895 6
	CPI	4 032	3.809 7	4.495 2	−1.403 3	27.910 0
	FD	4 032	0.551 7	0.214 9	0.149 2	0.955 6
	lnstock	4 032	0.626 8	5.153 2	−15.773 9	14.530 8
	lnex	4 032	2.008 3	2.409 3	−0.452 5	9.188 5

数据来源：IMF 数据库、Wind 数据库、CEIC 数据库和彭博数据库。

4.4　实证结果分析

4.4.1　规模性跨境资本流动的回归结果

基础回归结果如表 4-2 所示，列（1）、（3）、（5）分别是跨境资本总流出（GFout）、跨境资本总流入（GFin）、跨境资本净流出（netGF）的基础回归结果，列（2）、（4）、（6）是固定效应的回归结果。美国 EPU 指数对跨境资本流动的影响在两种不同的估计方法下符号都完全一致，美国 EPU 指数对规模性跨境资本流动的影响均显著为负。

从表 4-2 回归结果来看，美国 EPU 指数对跨境资本总流出、跨境资本总流入以及跨境资本净流动都呈现显著的负向影响，验证了假设 4.1，这与当前有关经济政策不确定性与跨境资本流动的研究结论一致。当美国 EPU 指数上升 1%，跨境资本总流出下降 2.259，跨境资本总流入下降 4.339，跨境资本净流动会减少 2.104。受实物期权理论、风险厌恶理论、预防动机理论和金融摩擦理论影响，当美国 EPU 指数上升时，一方面，投资的“等待”价值上升，国际投资者选择减少或延迟当前的跨国投资，实物期权效应明显；另一方面，国际投资不确定性增加，投资环境进一步恶化，国际投资者出于避险情绪，也会延迟或减少当前的国际投资，并在谨慎动机的影响下增加对现金资产的持有，进一步导致用于跨境投资的资金减少，风险厌恶和预防储蓄效应明显。同时，受金融摩擦理论影响，银行等金融机构会调高借贷利率，增加跨国企业融资成本，也会调高对信贷抵押物的要求，减少信贷规模，导致跨境投资减少。

从影响程度来看，美国 EPU 指数对跨境资本总流动的负向影响远远大于对跨境资本净流动的影响。因此，进一步验证了前述说法，单纯地探讨跨境资本净流动可能会因为资本总流入与总流出的相互抵消，而低估美国 EPU 指数对规模性跨境资本流动的影响，有必要从总流动角度探讨美国 EPU 指数对规模性跨境资本流动的影响程度。

表 4-2　基础回归结果

	（1）GFout	（2）GFout	（3）GFin	（4）GFin	（5）netGF	（6）netGF
lnUSEPU	-6.425 ***	-2.259 **	-8.832 ***	-4.339 ***	-2.057 ***	-2.104 ***
	（-3.74）	（-2.20）	（-4.85）	（-3.81）	（-2.96）	（-3.11）
lnQM2		0.434 ***		0.444 ***		-0.033
		（4.73）		（4.90）		（-1.05）
lnVIX		-2.291		-1.604		1.185 *
		（-1.67）		（-0.92）		（1.70）
USrate		1.684 ***		2.072 ***		0.328 **
		（4.91）		（4.92）		（2.59）
USRr		0.264 *		0.343 *		0.052
		（1.70）		（1.77）		（0.62）
lnGDP		-0.271		0.019		0.472
		（-0.22）		（0.01）		（0.48）
lntropen		1.437		-6.045 *		-7.431 ***
		（0.57）		（-2.00）		（-3.87）
cpi		-0.079		-0.065		0.030
		（-0.92）		（-0.57）		（0.41）
lnex		0.147 **		0.147		-0.021
		（2.22）		（1.50）		（-0.65）
FD		34.630 **		48.496 ***		12.725 **
		（2.37）		（2.96）		（2.12）
lnstock		0.023		0.034		0.003
		（0.39）		（0.57）		（0.11）
常数	39.126 ***	-14.684	51.619 ***	14.380	10.879 ***	28.346 **

表4-2(续)

	（1） GFout	（2） GFout	（3） GFin	（4） GFin	（5） netGF	（6） netGF
	（4.72）	（−0.81）	（5.88）	（0.78）	（3.24）	（2.27）
个体 固定效应	是	是	是	是	是	是
时间 固定效应	否	否	否	否	否	否
N	4 032	3 972	4 032	3 972	4 032	3 972
R^2	0.025	0.073	0.041	0.105	0.014	0.058

注：根据 Stata 模型结果整理；括号内为 t 值；* 表示通过 10% 的显著水平，** 表示通过 5% 的显著水平，*** 表示通过 1% 的显著水平。

从其他控制变量来看，全球推动因素中的美国利率是引起跨境资本流动的重要因素。美国利率增加 1 个单位，会导致跨境资本总流出增加 1.684 个单位，导致跨境资本总流入增加 2.072 个单位，净资本流动也增加 0.328 个单位。这主要是由于美国利率上升时，出于套利动机大量国际投资资本流入美国获取较高收益，此时各国跨境资本总流出会大幅增加。同时，美国利率上升也会对其他国家产生较强的溢出作用，各国政府为了防止大规模的资本外流，会在一定程度上选择加息，与美国货币政策保持一致，使得这一时期各国跨境资本总流入也有所上升。

全球因素中的全球流动性对跨境资本总流入和总流出均表现出显著的正向影响，当全球流动性每增加 1%，跨境资本总流出和总流入分别增加 0.434 和 0.444 个单位。这说明当全球流动性宽裕时，国际投资者都倾向于加大跨境资本投资规模，促进跨境资本总流出与总流入的规模呈双向增长的态势。但对跨境资本净流动的影响并不显著，可能是因为对跨境资本总流入和总流出的影响效应相互抵消导致的。

全球因素中的全球投资者避险情绪对跨境资本总流出和总流入呈现负向影响，即当全球投资者避险情绪上升，会导致跨境资本总流动下降，但这一结果并不显著。而投资者避险情绪对跨境资本净流动呈现显著的负向影响，这主要是由于当全球投资风险提升时，风险因素对跨境投资的影响更加显著，出于规避风险的考虑，大都会选择减少跨境投资。同时，投资组合再平衡效应和安全资产转移效应的双重影响，导致投资者情绪既会影响跨境资本流出，也会影响跨境资本流入。总体上看当国际投资预期风险增加时，国际投资者会将跨境资本从风险较高的国家转移到风险相对较低的国家，出现"逃向安全资产"现象（Jotikasthira et al.，2012）[①]，导致这一时期跨境资本净流动呈现负向影响。

各国的拉动因素中国内外利差、汇率、金融发展程度和对外开放程度都会在一定程度上影响规模性跨境资本流动。其中金融发展程度对规模性跨境资本流动的影响均显著为正。金融发展程度每增加 1 个单位，跨境资本总流出、总流入和净流动则分别增加 34.63、48.496 和 12.725 个单位。这说明一个国家金融市场越发达越能吸引跨境资本流入，同时跨境资本流出规模也越大，这是由于跨境资本流动中基本以 FDI 和跨境信贷投资为主，发达的金融市场可以快速筹集资金，也可以快速调入、调出资金。利差则会显著增大跨境资本总流动的规模，但对净资本流动的影响并不显著，国内外利差扩大会吸引大量跨境资本流入本国，此时国外的低利率也意味着较低的融资成本，会吸引国际投资者进行低成本融资，进一步扩大对海外投资规模，导致跨境资本流出也增加。汇率显著增加跨境资本总流出的规模，汇率上升 1%，跨境资本总流出增加 0.14 个单位，直接标价法下汇率上升，意味着本国货币贬值，造成大量跨境资本流出；但对跨境资本总流入与净流动的影响并不显著。对外开放程度则对跨境资本流动呈现负向影响，对外开放程度每增加 1%，跨境资本总流入和净流出会分别减少 6.045 和 7.431 个单位，这可能是因为对外贸易开放程度越高，意味着贸易自由度越高，进出口与国际投资之间存在一定的替代关系，可以依靠进出口的方式完成国际经济往来，跨境资本投资的规模会有一定程度下降。

4.4.2 内容结构性跨境资本流动的回归结果

如前所述，内容结构性跨境资本包括 FDI、跨境证券投资和跨境信贷投资，可以进一步实证检验美国 EPU 指数对不同分类账户跨境资本流动的异质性影响，回归结果如表 4-3 所示。其中列（1）-列（3）分别表示 FDI、跨境证券投资和跨境信贷投资的资产端，表示跨境资本流出；列（4）-列（6）分别表示 FDI、跨境证券投资和跨境信贷投资的负债端，表示跨境资本流入。

---

① Jotikasthira, C., Lundblad, C., Ramadorai, T. Asset Fire Sales and Purchases and the International Transmission of Funding Shocks [J]. Journal of Finance，2012，67（6）：2015—2050.

表 4-3　不同类别跨境资本流动回归结果

	（1） FDIout	（2） Secout	（3） Creout	（4） FDIin	（5） Secin	（6） Crein
lnUSEPU	−0.885 ***	−0.259	−1.663 ***	−1.304 **	−1.347 ***	−1.620 **
	(−2.66)	(−0.89)	(−2.71)	(−2.13)	(−2.73)	(−2.49)
lnQM2	0.082 **	0.013	0.320 ***	0.065 *	0.004	0.319 ***
	(2.57)	(0.42)	(4.85)	(1.98)	(0.11)	(4.94)
lnVIX	0.424	−0.423	−1.639 **	0.496	−0.317	−1.228
	(1.19)	(−1.35)	(−2.54)	(1.16)	(−0.47)	(−1.14)
USrate	0.497 ***	0.483 ***	0.790 ***	0.483 ***	0.284 **	1.219 ***
	(6.82)	(8.21)	(6.11)	(4.43)	(2.57)	(4.26)
USRr	0.202 ***	0.069 ***	0.262 ***	0.062	0.106 **	0.167
	(6.64)	(3.17)	(5.19)	(1.26)	(2.62)	(1.31)
lnGDP	0.426 ***	−0.444 ***	0.303	0.881	−0.767	0.416
	(3.23)	(−4.64)	(1.27)	(1.39)	(−0.86)	(0.47)
lntropen	4.807 ***	1.849 ***	4.348 ***	0.554	−3.548 ***	−2.136
	(13.91)	(6.18)	(5.83)	(0.59)	(−2.87)	(−1.44)
cpi	−0.005	−0.099 ***	0.115 ***	0.034	−0.090 **	0.005
	(−0.30)	(−5.76)	(3.25)	(0.85)	(−2.33)	(0.08)
lnex	0.037 ***	0.026 ***	0.087 ***	−0.004	0.051	0.077
	(4.02)	(4.21)	(5.88)	(−0.31)	(1.56)	(1.55)
FD	8.681 ***	8.976 ***	6.812 ***	3.122	17.696 ***	22.111 ***
	(10.78)	(14.67)	(4.48)	(0.70)	(2.82)	(3.07)
lnstock	0.024	0.113 ***	−0.063 *	0.012	0.144 ***	−0.113 **
	(1.30)	(6.16)	(−1.75)	(0.84)	(5.50)	(−2.42)
常数	−29.427 ***	−5.904 **	−21.856 ***	−6.164	18.478 **	−4.191
	(−9.99)	(−2.27)	(−3.61)	(−0.86)	(2.34)	(−0.43)
个体固定效应	是	是	是	是	是	是
时间固定效应	否	否	否	否	否	否
N	3 972	3 972	3 972	3 972	3 972	3 972
R^2	0.167	0.156	0.070	0.036	0.073	0.059

注：根据 Stata 模型结果整理；括号内为 t 值；* 表示通过10%的显著水平，** 表示通过 5%的显著水平，*** 表示通过1%的显著水平。

除跨境资本证券流出外，美国 EPU 指数对直接投资、跨境证券投资以及跨境信贷的影响都显著为负，但是三种内容结构性跨境资本对美国 EPU 指数的敏感程度不一样。从列(1)-列(3)的实证结果来看，当美国 EPU 指数上升 1%，跨境信贷投资流出下降 1.663，FDI 流出下降 0.885，相较而言 FDI 流出受美国 EPU 指数影响较小；从列(4)-列(6)的实证结果来看，美国 EPU 上升 1%，跨境信贷流入下降 1.62，跨境证券投资流入减少 1.347，FDI 流入下降 1.304，跨境信贷流入受美国 EPU 指数影响最大，跨境证券投资流入次之，FDI 流入最小。

总体而言，FDI 受美国 EPU 指数影响最小、跨境信贷投资和跨境证券流入受美国 EPU 指数影响较大。这是由于跨境信贷规模大、期限长，其投资规模与宏观投资环境息息相关，当美国经济政策不确定性增强时，国际投资者出于规避风险的考虑，降低跨境融资需求，同时金融机构受金融摩擦理论影响，会提高融资成本，导致跨境银行信贷规模大幅减少；跨境证券投资本身具有投机性、流动性大、灵活性高等特点，随着美国 EPU 指数增加，在投资组合理论的影响下，国际投资者会重新规划自身的投资组合，减少对高风险地区的跨境证券投资；与跨境信贷投资、跨境证券投资不同，FDI 具有期限长且投资不可逆程度高的特点，其投资规模基本与宏观经济发展紧密相关，国际投资者更看重东道国自身的发展潜力，对美国经济政策不确定性这种外部冲击的反应相对弱一些。

4.4.3 基于面板固定效应模型的传导机制再检验

在第三章已经通过 PVAR 模型初步检验了"美国 EPU 指数—传导机制变量—跨境资本流动"之间的关系，但三者之间的格兰杰因果关系较为复杂，仍需要进一步的实证检验。为了进一步验证美国 EPU 指数是否会通过利差、汇率、资产价格和风险传染四个渠道影响跨境资本流动，首先，将美国 EPU 指数对国内外利差、汇率、资产价格以及全球投资者避险情绪进行回归，检验美国 EPU 指数是否会影响四个传导机制变量，若系数显著，则说明美国 EPU 指数确实对传导机制变量存在影响；其次，将美国 EPU 指数对跨境资本流动做基准回归分析，确定美国 EPU 指数对跨境资本流动影响的显著性及系数大小；最后，将美国 EPU 指数与传导机制变量共同纳入跨境资本流动的回归方程，并比较该回归方程与基准回归中美国 EPU 指数系数的显著性及系数变化。若显著性发生明显变化（由显著变为不显著）或美国 EPU 指数的系数发生较大变化，则机制检验结果成立，说明美国 EPU 指数可能通过利差、汇率、资产价格和风险传染四个渠道影响规模性跨境资本流动。

4.4.3.1　美国 EPU 指数影响传导机制变量的实证检验

将美国 EPU 指数分别对国内外利差、汇率、资产价格以及风险传染四个传导机制变量进行回归，实证结果如表 4-4 所示。

表 4-4　美国 EPU 指数与传导机制变量的回归结果

	（1） USRr	（2） lnex	（3） lnstock	（4） lnVIX
lnUSEPU	−0.855 **	−9.039 ***	0.741 ***	0.499 ***
	(−2.36)	(−6.25)	(2.95)	(50.64)
控制变量	是	是	是	是
常数	31.690 **	1.822	53.700 ***	5.833 ***
	(2.41)	(0.08)	(9.87)	(17.06)
个体固定效应	是	是	是	是
时间固定效应	否	否	否	否
N	3 972	3 972	3 972	3 972
R^2	0.186	0.261	0.119	0.497

注：根据 Stata 模型结果整理；括号内为 t 值；* 表示通过 10% 的显著水平，** 表示通过 5% 的显著水平，*** 表示通过 1% 的显著水平。

从回归结果来看，美国 EPU 指数对国内外利差和汇率存在显著负向影响，这意味着美国 EPU 指数上升时，会显著降低国内外利差，也会显著降低汇率，这可能是由于美国 EPU 指数上升，导致美国投资环境变差，为吸引跨境投资，可能提高利率促使海内外利差变小；同时，受预期效应影响，国际金融市场投资者预期美元将贬值，进而在外汇市场上卖出美元规避本次美元贬值风险，当国际市场上大量投资者都卖出美元时，美元的贬值将成为现实。

美国 EPU 指数对资产价格和全球投资者避险情绪呈显著正向影响，意味着美国 EPU 指数上升，会促使各国资产价格上升，也会导致国际投资者避险情绪增加。这可能是由于美国 EPU 指数上升，使得大量跨境资本流出美国，流入其他国家，尤其是短期跨境资本流入金融市场会大幅推高流入国的资产价格；与此同时，美国 EPU 指数上升会对全球投资环境产生溢出作用，全球投资环境的不确定性增加，国际投资者调低对风险的忍受程度，对风险更加敏感，造成避险情绪上升。

4.4.3.2　纳入传导机制变量与否的回归结果比较

将利差、汇率、资产价格和风险传染四个传导机制变量依次剔除跨境资本总流出、总流入和净流动的回归方程，得到基础回归结果表4-5、表4-6和表4-7的列(1)-列(4)，列（5）是纳入了所有机制变量的回归。

表4-5　对跨境资本总流出的传导机制检验

被解释变量：GFout	（1）	（2）	（3）	（4）	（5）
lnUSEPU	−2.457 **	−3.579 ***	−2.264 **	−3.400 ***	−2.259 **
	（−2.32）	（−2.94）	（−2.20）	（−2.88）	（−2.20）
控制变量	是	是	是	是	是
常数	−8.071	−14.372	−13.003	−28.004 *	−14.684
	（−0.41）	（−0.78）	（−0.71）	（−1.81）	（−0.81）
是否纳入机制变量	不纳入 USRr	不纳入 lnex	不纳入 lnstock	不纳入 lnVIX	全部纳入
个体固定效应	是	是	是	是	是
时间固定效应	否	否	否	否	否
N	3 972	3 972	3 972	3 972	3 972
R^2	0.071	0.066	0.073	0.071	0.073

注：根据 Stata 模型结果整理；括号内为 t 值；* 表示通过10%的显著水平，** 表示通过5%的显著水平，*** 表示通过1%的显著水平。

从表4-5列(1)-列(4)的结果来看，分别剔除机制变量后，美国 EPU 指数对跨境资本总流出的影响依然显著为负，但对比列（5）与列（1）-列(4)的回归结果，美国 EPU 指数的回归系数明显下降。其中，不纳入利差这一机制变量时，美国 EPU 指数增加1%，跨境资本总流出减少2.457，而纳入利差以后，则仅下降2.259，回归系数下降约8.1%；不纳入汇率这一机制变量，美国 EPU 指数增加1%，跨境资本总流出减少3.579，与纳入后相比，跨境资本总流出的回归系数下降约39.3%；不纳入资产价格这一机制变量，美国 EPU 指数增加1%，跨境资本总流出会减少2.264，与纳入以后相比，跨境资本总流出的回归系数仅下降0.22%；不纳入全球投资者避险情绪这一机制变量，美国 EPU 指数增加 1%，跨境资本总流出减少 3.40，与纳入以后相比，跨境资本总流出的回归系数下降约 33.56%。

从系数变化结果来看，汇率和风险传染渠道是美国 EPU 指数影响跨境资本总流出的主要渠道，利率渠道的传导作用稍弱，而资产价格渠道的传导作用最弱。

同理，从表4-6来看，分别剔除传导机制变量时，美国 EPU 指数对跨境资本总流入的影响依然显著为负，对比列（5）与列(1)-列(4)的回归系数，美国 EPU 指数的回归系数明显下降。

表 4-6   对跨境资本总流入的传导机制检验

被解释变量：GFin	（1）	（2）	（3）	（4）	（5）
lnUSEPU	−4.596***	−5.661***	−4.345***	−5.137***	−4.339***
	(−4.07)	(−4.65)	(−3.83)	(−4.52)	(−3.81)
控制变量	是	是	是	是	是
常数	22.995	14.692	16.824	5.055	14.380
	(1.10)	(0.80)	(0.89)	(0.32)	(0.78)
是否纳入机制变量	不纳入 USRr	不纳入 lnex	不纳入 lnstock	不纳入 lnVIX	全部纳入
个体固定效应	是	是	是	是	是
时间固定效应	否	否	否	否	否
N	3 972	3 972	3 972	3 972	3 972
R^2	0.102	0.099	0.105	0.104	0.105

注：根据 Stata 模型结果整理；括号内为 t 值；* 表示通过 10% 的显著水平，** 表示通过 5% 的显著水平，*** 表示通过 1% 的显著水平。

如表4-6所示，不纳入利差这一机制变量时，美国 EPU 指数增加 1%，跨境资本总流入减少 4.596，而纳入以后，仅减少 4.339，回归系数下降约 5.6%；不纳入汇率这一机制变量，美国 EPU 指数增加 1%，跨境资本总流入减少 5.661，与纳入以后相比，总流入的回归系数下降约 23.35%；不纳入资产价格这一机制变量，美国 EPU 指数增加 1%，跨境资本总流入减少 4.345，与纳入以后相比，总流入的回归系数下降约 0.14%；不纳入全球投资者避险情绪这一机制变量，美国 EPU 指数增加 1%，跨境资本总流入减少5.137，与纳入以后相比，总流入的回归系数下降约15.53%。

从系数变化结果来看，与跨境资本总流出类似，美国EPU指数主要通过汇率和风险传染渠道影响跨境资本总流入，利率渠道的传导作用稍弱，而资产价格渠道对跨境资本总流入的传导作用最弱。

用同样的办法分析对比表4-7中美国EPU指数的回归系数，不纳入机制变量时，美国EPU指数对跨境资本净流动的影响依然显著为负，与跨境资本总流入和总流出不同的是，对比列（5）与列（1）-列（4）的回归结果，美国EPU指数的回归系数并没有发生明显变化。

表4-7　对跨境资本净流动的传导机制检验

被解释变量：netGF	（1）	（2）	（3）	（4）	（5）
lnUSEPU	−2.143***	−1.919***	−2.104***	−1.514**	−2.104***
	（−3.20）	（−3.15）	（−3.12）	（−2.55）	（−3.11）
控制变量	是	是	是	是	是
常数	29.639**	28.302**	28.549**	35.232***	28.346**
	（2.47）	（2.25）	（2.40）	（3.21）	（2.27）
是否纳入机制变量	不纳入USRr	不纳入lnex	不纳入lnstock	不纳入lnVIX	全部纳入
个体固定效应	是	是	是	是	是
时间固定效应	否	否	否	否	否
N	3 972	3 972	3 972	3 972	3 972
R^2	0.057	0.057	0.058	0.056	0.058

注：根据Stata模型结果整理；括号内为t值；*表示通过10%的显著水平，**表示通过5%的显著水平，***表示通过1%的显著水平。

其中，不纳入利差这一机制变量时，美国EPU指数增加1%，跨境资本净流动减少2.143，而纳入以后减少2.104，净流动的回归系数仅下降约1.8%；关于资产价格这一机制变量，纳入前后美国EPU指数的回归系数毫无变化，美国EPU指数增加1%，跨境资本净流动都减少2.104，资产价格的传导机制完全不畅通；不纳入汇率这一机制变量，美国EPU指数增加1%，跨境资本净流动减少1.919，与纳入以后相比，净流动的回归系数上升约9.64%，说明汇率机制的传导作用并不明显；不纳入全球投资者避险情绪这一机制变量，美国 EPU 指数增加 1%，跨境资本净流动会减少 1.514，与纳入以后相比，净流动回归系数上升约 38.97%，说明风险传染渠道的传导也不明显。

从系数变化结果来看，美国 EPU 指数仅可能通过利率渠道对跨境资本净流动产生微弱影响，而汇率、资产价格和风险传染渠道的传导作用几乎不存在。

4.4.3.3 传导机制的异质性分析

内容结构性跨境资本流动的传导机制可能存在较大差异，这里将进一步探讨美国 EPU 指数对内容结构性跨境资本流动的传导机制的异质性。表 4-8 和表 4-9 是内容结构性跨境资本流动的机制检验结果，其中，表 4-8 是内容结构性跨境资本流出，表 4-9 是内容结构性跨境资本流入，列（1）- 列（4）分别是不纳入利差、不纳入汇率、不纳入资产价格以及不纳入风险结果的回归结果，列（5）则是纳入所有机制变量后的回归结果。

表 4-8　内容结构性跨境资本流出的机制检验

	（1）	（2）	（3）	（4）	（5）
	FDI 流出				
lnUSEPU	−1.218**	−1.374**	−1.150**	−0.801	−1.147**
	（−2.20）	（−2.45）	（−2.17）	（−1.28）	（−2.17）
常数	−17.123**	−19.468**	−18.271**	−15.488**	−19.522**
	（−2.14）	（−2.57）	（−2.37）	（−2.33）	（−2.58）
控制变量	是	是	是	是	是
N	3 972	3 972	3 972	3 972	3 972
R^2	0.036	0.037	0.038	0.037	0.038
	跨境证券投资流出				
lnUSEPU	0.106	−0.247	0.139	−0.386	0.158
	（0.25）	（−0.62）	（0.32）	（−1.21）	（0.36）
常数	13.284*	11.635	18.682**	5.185	11.540
	（1.93）	（1.59）	（2.54）	（0.76）	（1.61）
控制变量	是	是	是	是	是
N	3 972	3 972	3 972	3 972	3 972
R^2	0.058	0.053	0.051	0.057	0.060

表4-8(续)

	(1)	(2)	(3)	(4)	(5)
	跨境银行信贷流出				
lnUSEPU	-1.758***	-2.339***	-1.650***	-2.465***	-1.666***
	(-3.52)	(-3.62)	(-3.42)	(-4.48)	(-3.44)
常数	-1.578	-4.514	-10.605	-14.002*	-4.673
	(-0.15)	(-0.45)	(-1.10)	(-1.83)	(-0.47)
控制变量	是	是	是	是	是
N	3 972	3 972	3 972	3 972	3 972
R²	0.040	0.037	0.040	0.040	0.041
是否纳入机制变量	不纳入 USRr	不纳入 lnex	不纳入 lnstock	不纳入 lnVIX	全部纳入

注：根据 Stata 模型结果整理；括号内为 t 值；* 表示通过10%的显著水平，** 表示通过5%的显著水平，*** 表示通过1%的显著水平。

分别对比表4-8 中列(1)-列(4)与列（5）中美国 EPU 指数的系数变化可知，美国 EPU 指数主要通过利差渠道和汇率渠道影响 FDI 流出，资产价格渠道和风险传染渠道对 FDI 流出的传导作用并不显著；四个渠道对跨境证券投资流出的传导作用都不太显著；美国 EPU 指数主要是通过风险传染渠道和汇率渠道影响跨境信贷资本流出，利率渠道的传导作用稍弱，资产价格渠道传导并不明显。

同样，对比表4-9列(1)-列(4)与列（5）中回归系数变化。美国 EPU 指数通过利率渠道影响 FDI 流入，其他三个渠道的传导作用并不明显；美国 EPU 通过主要汇率和风险传染渠道影响跨境证券投资流入和跨境信贷资本流入，利率渠道传导作用较弱，资产价格渠道的传导作用则不太明显。

表4-9 内容结构性跨境资本流入的机制检验

	(1)	(2)	(3)	(4)	(5)
	FDI 流入				
lnUSEPU	-1.351**	-1.269**	-1.307**	-1.058*	-1.304**
	(-2.14)	(-2.15)	(-2.13)	(-1.71)	(-2.13)
常数	-1.351**	-1.269**	-1.307**	-1.058*	-1.304**
	(-2.14)	(-2.15)	(-2.13)	(-1.71)	(-2.13)

表4-9(续)

	(1)	(2)	(3)	(4)	(5)
控制变量	是	是	是	是	是
N	3 972	3 972	3 972	3 972	3 972
R^2	0.035	0.036	0.035	0.035	0.036
跨境证券投资流入					
lnUSEPU	−1.426***	−1.807***	−1.375***	−1.505***	−1.347***
	(−2.93)	(−4.39)	(−2.80)	(−4.47)	(−2.73)
常数	21.146**	18.586**	28.961***	16.635**	18.478**
	(2.55)	(2.26)	(3.48)	(2.52)	(2.34)
控制变量	是	是	是	是	是
N	3 972	3 972	3 972	3 972	3 972
R^2	0.071	0.068	0.061	0.073	0.073
跨境银行信贷流入					
lnUSEPU	−1.745***	−2.315***	−1.599**	−2.232***	−1.620**
	(−2.80)	(−3.98)	(−2.45)	(−4.68)	(−2.49)
常数	−0.003	−4.027	−12.427	−11.331	−4.191
	(−0.00)	(−0.43)	(−1.26)	(−1.12)	(−0.43)
控制变量	是	是	是	是	是
N	3 972	3 972	3 972	3 972	3 972
R^2	0.058	0.056	0.058	0.059	0.059
是否纳入机制变量	不纳入 USRr	不纳入 lnex	不纳入 lnstock	不纳入 lnVIX	全部纳入

注：根据 Stata 模型结果整理；括号内为 t 值；* 表示通过10%的显著水平，** 表示通过5%的显著水平，*** 表示通过1%的显著水平。

综上可知，美国 EPU 指数会通过利差影响 FDI 流入和流出，这可能是由于 FDI 一般投资于实体经济，规模大、周期长，融资需求大且期限长，对利率更加敏感，因此，美国 EPU 指数通过影响国内外利差，导致 FDI 的融资成本变化，对 FDI 产生影响；汇率渠道仅影响 FDI 流出，主要是由于货币兑换产生的汇率风险，对海外进行 FDI 投资需要大量外币，若本国货币处于贬值期，则投资成本会显著增加。

美国 EPU 指数会通过汇率渠道和风险传染渠道影响跨境银行信贷的流入和流出，这主要是由于美国 EPU 指数上升时，投资者预期美元将贬值，且跨国投资风险增大，引起汇率和全球投资者避险情绪变化。汇率的波动会导致跨境银行信贷面临较大的外汇风险，为了规避风险，会逐渐减少跨境银行信贷；同时，美国 EPU 指数增加会提高全球投资者避险情绪，导致跨境投资更加谨慎，跨境银行信贷对风险较为敏感，避险情绪增强会进一步减小跨境银行信贷规模。

除此之外，美国 EPU 指数对跨境证券流入和流出的传导机制存在较大差异，美国 EPU 指数影响跨境证券流出的四个渠道都不明显，但是会通过汇率和风险传染渠道影响跨境证券流入。这可能是由于当前跨境证券投资主要来源于发达国家，投资过程中呈现更强的投机性和灵活性，对风险和收益都极为敏感。汇率波动会带来一定的外汇风险，影响跨境证券投资流入的成本。

4.5 美国经济政策不确定性对规模性跨境资本流动的异质性影响

4.5.1 基于美国经济政策不确定性的异质性分析

美国经济政策不确定性的高低是否会对规模性跨境资本流动产生不同影响，即美国经济政策不确定性对规模性跨境资本流动是否存在非线性影响。下面将通过引入美国经济政策不确定性的二次项进一步探讨其对规模性跨境资本流动的异质性影响，模型如下：

$$\text{GF}_{it} = \alpha_{it} + \beta_{1t} \ln \text{USEPU}_t{}^2 + \beta_{2t} \ln \text{USEPU}_t + \beta_{3t} X_{it} + \beta_{4t} G_t + \eta_i + \varepsilon_{it}$$

$$(4.2)$$

其中，GF_{it} 是被解释变量，表示国家 i 在第 t 期发生了跨境资本流动，$\ln \text{USEPU}_t$ 是核心解释变量，表示美国在 t 期的经济政策不确定性指数。$X_i t$ 是国别宏观经济变量，G_t 是全球性变量，η_i 是个体效应，ε_{it} 是残差项。

非线性回归结果如表 4-10 所示，美国 EPU 指数对跨境资本总流出和总流入存在明显的非线性影响。$\ln \text{USEPU}$ 的平方项系数显著为正，这意味着当美国 EPU 指数上升，美国 EPU 指数对跨境资本总流出和总流入的负向影响逐步减弱，只有当美国 EPU 指数超过一定值以后（如图 4-1 所示），才会增强对规模性跨境资本流动的影响。

表 4-10　美国经济政策不确定性的非线性回归结果

	（1） GFout	（2） GFin	（3） netGF
lnUSEPU	−56. 443 ***	−61. 581 ***	−11. 163
	（−3. 17）	（−3. 15）	（−1. 39）
lnUSEPU^2	5. 506 ***	5. 817 ***	0. 921
	（3. 05）	（2. 91）	（1. 12）
控制变量	是	是	是
常数	123. 122 **	159. 964 ***	51. 386 **
	（2. 63）	（2. 91）	（2. 17）
个体固定效应	是	是	是
时间固定效应	否	否	否
N	3 972	3 972	3 972
R^2	0. 078	0. 110	0. 058

注：根据 Stata 模型结果整理；括号内为 t 值；* 表示通过 10%的显著水平，** 表示通过 5%的显著水平，*** 表示通过 1%的显著水平。

当美国 EPU 指数处于较低水平时，全球投资风险仍处于可控范围内，国际投资者倾向于观望，减少对跨境资本投资。同时，出于投资安全考虑在全球范围内重新配置资产，倾向于减少对低风险抵御能力国家的投资，造成低风险抵御能力国家的跨境资本总流动减少；当美国 EPU 指数处于较高水平时，美国 EPU 指数对全球投资环境的溢出作用明显，美国作为"避风港"的风险抵御能力也受到影响，导致跨境资本纷纷流出美国，投资于受外来冲击影响较小且经济增长较快的经济体，增加对经济增长态势良好的国家跨境投资，导致其他国家的跨境资本总流动增加。

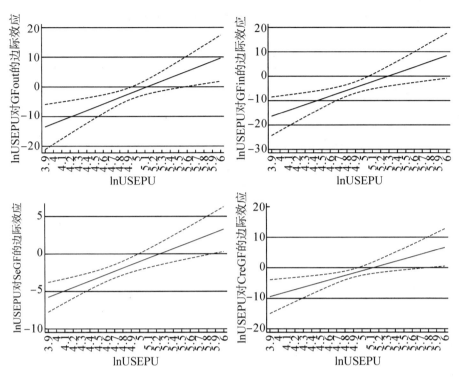

图 4-1 lnUSEPU 的边际效应图（95%置信区间）

同时，美国 EPU 指数对内容结构性跨境资本流动也存在非线性影响，主要体现在跨境证券投资和跨境银行信贷方面，如表 4-11 所示。从跨境证券投资来看，当美国 EPU 指数处于较低水平时，跨境证券投资呈现下降趋势，这是由于跨境证券投资具有极强的投机性与灵活性，面对美国 EPU 指数的冲击会快速调整投资组合，大量减少高风险性项目的投资规模，甚至可能出现过度调整的现象，导致这一时期跨境证券投资规模下降幅度较大；当美国 EPU 指数处于较高水平时，作为超级大国，美国经济政策不确定性外溢明显，全球经济政策不确定性也大幅上升，此时不可逆程度较高的 FDI 会进一步萎缩，跨境资本流动中将以周期短、流动性高的短期证券投资为主，在全球范围内寻找投机机会，造成跨境证券投资流动大幅增加，这一现象在 2008 年金融危机之后表现最为明显。

表 4-11　不同类别跨境资本流动非线性影响回归结果

	(1) FDI 流出	(2) 跨境证券 投资流出	(3) 跨境银行 信贷流出	(4) FDI 流入	(5) 跨境证券 投资流入	(6) 跨境银行 信贷流入
lnUSEPU	−4.345	−24.599 ***	−26.239 **	−4.932	−22.387 ***	−38.651 ***
	(−0.72)	(−4.30)	(−2.32)	(−0.80)	(−4.24)	(−2.90)
lnUSEPU^2	0.325	2.516 ***	2.497 **	0.369	2.138 ***	3.763 ***
	(0.52)	(4.23)	(2.21)	(0.58)	(3.83)	(2.76)
控制变量	是	是	是	是	是	是
常数	−11.388	74.504 ***	57.823 *	3.063	71.988 ***	89.987 **
	(−0.80)	(4.04)	(1.89)	(0.25)	(3.76)	(2.50)
个体固定效应	是	是	是	是	是	是
时间固定效应	否	否	否	否	否	否
N	3972	3972	3972	3972	3972	3972
R^2	0.038	0.071	0.043	0.036	0.079	0.063

与跨境证券投资类似，跨境银行信贷受到美国 EPU 指数冲击时，国际信贷机构受金融摩擦理论影响，出于风险规避大幅缩减跨境银行信贷规模，但随着美国 EPU 指数增加，跨境信贷投资规模出现结构性调整，即在高风险情况下，减少长期性跨境信贷投资规模，但增加短期跨境信贷投资，控制风险的同时增加信贷收益，最终使得跨境信贷投资规模有所增加。

4.5.2　基于不同经济发展程度的异质性分析

为了分析不同经济发展程度下美国 EPU 指数对跨境资本流动的影响，根据 IMF 的划分标准将样本区分为发达国家和新兴市场国家，并对不同经济发展程度的子样本进行回归。考虑到对分组子样本回归结果比较的规范性，对核心解释变量进行了费舍尔组合检验，检验的 P 值如表 4-12 最后一行所示。表 4-12 列（1）-列（3）分别表示不同国家样本下跨境资本总流出、总流入以及净流动的回归结果。

表 4-12　不同经济发展程度的异质性分析

	（1）GFout		（2）GFin		（3）netGF	
	发达国家	新兴市场	发达国家	新兴市场	发达国家	新兴市场
lnUSEPU	−1.374	−1.297**	−1.061	−4.765***	0.082	−3.269***
	(−0.82)	(−2.11)	(−0.57)	(−4.82)	(0.12)	(−3.13)
lnQM2	0.722***	0.078**	0.687***	0.127***	−0.089	0.026
	(5.17)	(2.31)	(4.79)	(2.87)	(−1.64)	(0.73)
lnVIX	−6.710**	0.318	−6.457*	0.564	1.232	0.046
	(−2.29)	(0.37)	(−1.94)	(0.54)	(1.14)	(0.05)
USrate	3.074***	0.335***	3.838***	0.723***	0.722***	0.321**
	(5.16)	(3.49)	(5.78)	(3.00)	(3.67)	(2.08)
USRr	0.958	−0.022	1.701**	−0.039	0.710***	−0.026
	(1.20)	(−0.37)	(2.23)	(−0.44)	(4.00)	(−0.33)
lnGDP	−1.110	1.007	0.087	2.218	2.397**	1.101
	(−0.47)	(1.47)	(0.03)	(1.25)	(2.35)	(0.80)
lntropen	−0.244	4.710***	−7.866	−2.447	−8.880**	−7.219***
	(−0.04)	(2.86)	(−1.46)	(−1.02)	(−2.35)	(−3.18)
cpi	−0.828	0.080***	−1.068*	0.112	−0.064	0.026
	(−1.57)	(4.92)	(−1.75)	(1.25)	(−0.26)	(0.31)
lnex	0.241*	0.047**	0.293	−0.000	−0.025	−0.043
	(1.85)	(2.34)	(1.49)	(−0.01)	(−0.35)	(−1.35)
FD	40.682*	8.674	64.320***	11.412	22.743***	0.226
	(1.94)	(1.19)	(3.07)	(0.85)	(3.23)	(0.03)
lnstock	−0.134	0.121***	−0.130	0.137***	0.006	0.005
	(−1.04)	(3.28)	(−1.01)	(3.65)	(0.14)	(0.16)
常数	−5.142	−30.963***	−12.179	7.152	−9.274	40.043**
	(−0.11)	(−3.02)	(−0.33)	(0.56)	(−0.36)	(2.62)
个体固定效应	是	是	是	是	是	是

表4-12(续)

	（1）GFout		（2）GFin		（3）netGF	
	发达国家	新兴市场	发达国家	新兴市场	发达国家	新兴市场
时间固定效应	否	否	否	否	否	否
N	2 016	1 956	2 016	1 956	2 016	1 956
R^2	0.111	0.071	0.143	0.108	0.083	0.089
P 值	0.096*		0.032**		0.010***	

注：根据 Stata 模型结果整理；括号内为 t 值；* 表示通过 10%的显著水平，** 表示通过 5%的显著水平，*** 表示通过 1%的显著水平。

根据费舍尔组合检验结果，显著拒绝了两组系数相同的原假设，说明美国经济政策不确定性对规模性跨境资本流动的影响在发达国家与新兴市场国家确实存在显著差异。在发达国家样本中，美国 EPU 指数对跨境资本总流出的影响为负，但并不显著，对跨境资本总流入的影响则显著为负，对跨境资本净流动影响为正，但也不显著。这意味着美国 EPU 指数对发达国家的影响主要体现在跨境资本总流入方面。这可能是因为发达国家的金融市场更发达，且联系更为紧密，导致美国经济政策不确定性在发达国家之间的溢出作用更加明显。因此，当美国经济政策不确定性增强时，发达国家的投资风险及不确定性增大，会减少跨境资本流入。在新兴市场国家样本中，美国 EPU 指数对跨境资本流动都产生显著负向影响，美国 EPU 指数增加 1%，新兴市场国家的跨境资本总流出显著下降 1.297，总流入显著下降 4.765，净资本流动显著下降 3.269，这主要是由于美国 EPU 指数上升会对全球经济不确定性产生溢出作用，国际投资者一边调低对未来收益的预期，一边不断降低对风险的容忍度，进而减少对风险抵抗能力较弱的新兴市场国家投资，导致跨境资本流出新兴市场国家。

同时，从其他控制变量来看，全球流动性、全球投资者风险指数、国内外利差、通货膨胀率以及金融市场发展程度都是影响发达国家跨境资本流动的重要因素，这与发达国家跨境资本流动的结构特征有关，发达国家是全球跨境资本流出的主导力量，且跨境资本流动以跨境证券投资和跨境信贷投资为主，这类资本投机性强更容易受全球因素以及套利因素影响。而新兴市场国家的跨境资本流动更容易受美国利率和对外贸易开放程度影响，这是由于新兴市场国家的跨境投资更倾向于投资美国国债这类安全资产，并且新兴市场国家的跨境资本流动以 FDI 为主，更倾向投资于贸易开放程度较高的国家，方便通过跨境投资开展对外贸易。

由此可见，对新兴市场国家跨境资本流动的影响更显著，发达国家的跨境资本流动受全球性因素（全球流动性、VIX 指数）、套利因素（利差、通胀率）和金融市场发展程度影响更大。

为了进一步厘清经济发展状况对不同类别跨境资本流动的影响，分别探讨在发达国家与新兴市场国家样本中，美国经济政策不确定性对直接投资、跨境证券投资与跨境银行信贷的异质性影响。利用面板固定性效应分析发达国家与新兴市场国家子样本中，美国 EPU 指数对内容结构性跨境资本流动的影响，同样对核心解释变量进行了费舍尔组合检验。回归结果如表 4-13 所示，列(1)-列(3)分别表示不同经济发展程度下 FDI、跨境证券投资与跨境银行信贷的回归结果。

表 4-13　不同经济发展程度下跨境资本流动异质性分析

	(1) FDI		(2) Sec		(3) Cre	
	发达国家	新兴市场	发达国家	新兴市场	发达国家	新兴市场
lnUSEPU	−0.435	−1.561 **	−1.660 **	−0.294	1.291	−2.935 ***
	(−0.45)	(−2.70)	(−2.25)	(−0.87)	(1.15)	(−3.83)
lnQM2	0.103 *	0.020	0.007	−0.016	0.476 ***	0.121 ***
	(1.77)	(0.82)	(0.10)	(−0.66)	(4.76)	(3.88)
lnVIX	−0.793	1.124 **	0.056	−1.065 ***	−4.798 **	0.425
	(−0.79)	(2.50)	(0.05)	(−3.34)	(−2.30)	(0.56)
USrate	1.059 ***	0.295 **	0.581 ***	−0.096	2.244 ***	0.517 ***
	(4.22)	(2.67)	(2.85)	(−1.21)	(3.92)	(3.74)
USRr	0.635	−0.001	0.198	0.008	1.125 **	−0.048
	(1.65)	(−0.02)	(1.04)	(0.23)	(2.52)	(−0.70)
lnGDP	3.142 *	0.466	−1.398	0.215	−0.038	1.535
	(1.82)	(0.79)	(−0.64)	(0.41)	(−0.03)	(1.44)
lntropen	−0.663	0.266	−6.566 *	−0.709	0.494	−2.010
	(−0.31)	(0.25)	(−2.06)	(−1.03)	(0.16)	(−1.42)

表 4-13（续）

	(1) FDI		(2) Sec		(3) Cre	
	发达国家	新兴市场	发达国家	新兴市场	发达国家	新兴市场
cpi	−0.300	0.054	−0.312*	−0.025	−0.487	0.086
	(−1.29)	(1.32)	(−1.73)	(−1.31)	(−1.43)	(1.44)
lnex	−0.047	−0.011	0.096	0.009	0.167**	0.001
	(−1.31)	(−0.70)	(1.07)	(0.68)	(2.10)	(0.05)
FD	1.583	3.714	24.936**	−0.901	27.822***	8.601
	(0.26)	(0.80)	(2.64)	(−0.26)	(3.09)	(0.85)
lnstock	−0.005	0.018	0.237***	0.079***	−0.324***	0.033
	(−0.16)	(1.59)	(5.41)	(3.66)	(−3.68)	(1.49)
常数	−23.681	0.306	28.587*	6.062	−30.403	1.202
	(−1.40)	(0.06)	(1.74)	(1.21)	(−1.13)	(0.13)
个体固定效应	是	是	是	是	是	是
时间固定效应	否	否	否	否	否	否
N	2 016	1 956	2 016	1 956	2 016	1 956
R^2	0.045	0.054	0.126	0.041	0.081	0.088
P 值	0.224		0.004***		0.096*	

注：根据 Stata 模型结果整理；括号内为 t 值；* 表示通过 10% 的显著水平，** 表示通过 5% 的显著水平，*** 表示通过 1% 的显著水平。

费舍尔组合检验结果显示，美国 EPU 指数对不同经济发展程度下的跨境证券投资与跨境银行信贷确实存在异质性影响。从跨境证券投资来看，美国 EPU 指数上升 1%，发达国家的跨境证券投资显著下降 1.66，而对新兴市场国家的跨境证券投资影响并不显著；从跨境银行信贷来看，美国 EPU 指数上升 1%，新兴市场国家的跨境信贷投资显著下降 2.935，而对发达国家的跨境信贷投资并不显著。从 FDI 来看，美国 EPU 指数上升 1%，新兴市场国家的 FDI 显著下降 1.56，而对发达国家的 FDI 影响不显著，同时费舍尔组合检验结果显示两者并不存在显著差异，这意味着美国 EPU 指数对不同经济发展程度下的 FDI 影响差异不大。

从影响 FDI 的控制变量来看，全球推动因素中的全球流动性和美国利率是发达国家 FDI 的主要因素；而新兴市场国家 FDI 主要受全球投资者避险情绪和美国利率影响。美国利率对发达国家和新兴市场国家的 FDI 都呈现显著正向影响；全球流动性每上升 1%，发达国家的 FDI 增加 0.103，这是由于宽松的流动性使得国际投资者拥有更多的资金进行长期投资，使得 FDI 增加；全球投资者避险情绪每上升 1%，新兴市场国家 FDI 增加 1.124，这可能是由于 FDI 投资期限长、不可逆程度高，投资风险较大，故更看重各个国家的宏观经济发展潜力。当全球投资者避险情绪增加时，FDI 更倾向于流入经济增速较快的新兴市场国家。拉动因素中，GDP 增长率每上升 1%，发达国家 FDI 会增加 3.142；而拉动因素对新兴市场国家 FDI 影响并不明显。

从影响跨境证券投资的控制变量来看，发达国家的证券投资主要受美国利率、对外开放程度、金融发展程度以及通胀率影响。当美国利率上升 1%，发达国家证券投资流入增加 0.581，这是由于美国利率上升，安全资产的收益率增加，套利动机导致大量国际资本通过证券投资的方式流入；金融发展程度每上升 1 个单位，发达国家的跨境证券投资会上升 24.936 个单位，这意味着金融发展程度越高越有利于国际证券投资流入；股票市场市值每上升 1%，发达国家的跨境证券投资流入也会上升 0.237，跨境证券投资具有一定的投机性，当资产价格上升时，套价动机会导致跨境证券投资增加。

同时，新兴市场国家的跨境证券投资主要受全球投资者情绪和资产价格影响，当国际投资者避险情绪上升 1%，新兴市场国家的跨境证券投资会下降 1.065，这是由于当全球投资者避险情绪增强时，国际投资者对风险容忍度降低，大都选择撤出在风险抵御能力较弱的新兴市场国家的投资，导致新兴市场国家的跨境证券投资下降；资产价格每上升 1%，新兴市场国家的跨境证券投资会增加 0.079，这符合短期国际资本的套价动机。

从影响跨境银行信贷的控制变量来看，影响发达国家跨境银行信贷的因素较多，既有全球流动性、投资者情绪和美国利率等全球推动因素，也有利差、汇率、金融发展程度、资产价格等拉动因素。全球流动性越充裕、美国利率越高，发达国家的跨境信贷投资越多；汇率越高、金融市场越发达，信贷投资也会越多；但资产价格越高，跨境信贷投资却会下降，这可能是因为跨境信贷投资主要用于经营性贷款，当资产价格上升时，大量资金都被直接用于跨境证券投资，进而导致跨境银行信贷投资有所下降。而新兴市场国家的跨境银行信贷则主要受全球推动因素中的全球流动性和美国利率影响，这说明新兴市场国家的跨境银行信贷主要受发达国家的货币政策周期推动。

4.5.3 基于金融发展程度的异质性分析

Nier et al. (2014)[①] 指出金融市场发展程度越高的国家将面临更大的资本流动冲击，那么当美国经济政策不确定性增加时，金融市场发展程度是否会加大其对跨境资本流动的影响呢？为了验证这一问题，利用中位数将样本国家区分为高金融发展程度国家和低金融发展程度国家，进行分组回归，同样对核心变量进行费舍尔组合检验。回归结果如表4-14所示，列(1)-列(3)分别表示在高、低金融发展程度下，美国EPU指数对跨境资本总流动、净流动的影响。

表4-14 基于金融发展程度的异质性分析

	(1) GFout		(2) GFin		(3) netGF	
	高水平	低水平	高水平	低水平	高水平	低水平
lnUSEPU	-3.042	-0.716	-4.260**	-2.967*	-1.074	-2.583**
	(-1.60)	(-0.67)	(-2.15)	(-1.99)	(-1.37)	(-2.49)
控制变量	是	是	是	是	是	是
常数	25.333	-48.209***	9.675	-1.507	-20.752	47.863***
	(0.50)	(-3.27)	(0.29)	(-0.10)	(-0.69)	(3.13)
个体固定效应	是	是	是	是	是	是
时间固定效应	否	否	否	否	否	否
N	2 016	1 956	2 016	1 956	2 016	1 956
R^2	0.109	0.037	0.120	0.075	0.040	0.106
P 值	0.114		0.224		0.048**	

注：根据Stata模型结果整理；括号内为 t 值；* 表示通过10%的显著水平，** 表示通过5%的显著水平，*** 表示通过1%的显著水平。

从费舍尔组合检验看，在不同金融发展程度下美国EPU指数对跨境资本净流动的影响存在一定异质性。从美国EPU指数对跨境资本净流动的影

① NIER, E., SEDIK, T. S., Mondino, T. Gross Private Capital Flows to Emerging Markets: Can the Global Financial Cycle be Tamed? [J]. Imf Working Papers, 2014, 196.

响来看，低金融发展程度国家受到的冲击明显更大。同时，美国EPU指数每上升1%，新兴市场国家净资本流动下降2.583，而对发达国家跨境资本净流动影响并不显著；美国EPU指数对发达国家和新兴市场国家跨境资本总流出呈负向影响，但都不显著；美国EPU指数每上升1%，高金融发展程度国家的跨境资本总流入下降4.260，而低金融发展程度国家仅下降2.967。但是，跨境资本总流入和总流出的费舍尔检验结果不显著，表明两者不存在显著差异。

跨境资本净流动的差异性可能是来自FDI与跨境银行信贷，当经济政策不确定性上升时，受实物期权理论和金融摩擦理论影响，FDI会有所延迟，导致FDI规模下降，同时银行更加审慎对待跨境信贷审批，减小跨境信贷融资规模，尤其是对风险抵抗能力较弱的新兴市场国家，FDI和信贷收缩会更强；对跨境资本净流动的差异性，可能是由于美国经济政策不确定性对跨境资本总流入与总流出的效应相互抵消导致的；从其他控制变量来看，全球流动性、美国利率是影响高金融发展程度国家跨境资本流动的主要因素；除以上因素外，低金融发展程度国家跨境资本流动还受对外开放程度影响。

为了考察不同在金融发展程度下，美国EPU指数对内容结构性跨境资本流动产生的异质性影响，将跨境资本流动区分为FDI、跨境证券投资和跨境银行信贷投资进行分组回归，同样对关键变量进行费舍尔组合检验。结果如表4-15所示，列(1)-列(3)分别表示在高、低金融发展程度下，美国EPU指数对FDI、跨境证券投资和跨境银行信贷投资的影响。

表4-15 不同金融发展程度下内容结构性指标的异质性分析

	(1) FDI		(2) Sec		(3) Cre	
	高水平	低水平	高水平	低水平	高水平	低水平
lnUSEPU	-1.025	-1.233	-2.285 ***	0.129	-0.291	-2.162 *
	(-1.09)	(-1.54)	(-4.08)	(0.33)	(-0.26)	(-2.00)
控制变量	是	是	是	是	是	是
常数	-18.985	-5.403	37.908 **	9.437 **	-25.776	-2.976
	(-1.44)	(-0.71)	(2.27)	(2.06)	(-0.90)	(-0.30)
个体固定效应	是	是	是	是	是	是

表4-15(续)

	(1) FDI		(2) Sec		(3) Cre	
	高水平	低水平	高水平	低水平	高水平	低水平
时间固定效应	否	否	否	否	否	否
N	2 016	1 956	2 016	1 956	2 016	1 956
R^2	0.046	0.038	0.118	0.027	0.067	0.071
P 值	0.376		0.012**		0.048**	

注：根据 Stata 模型结果整理；括号内为 t 值；* 表示通过 10% 的显著水平，** 表示通过 5% 的显著水平，*** 表示通过 1% 的显著水平。

费舍尔组合检验结果显示，美国 EPU 指数对不同金融发展程度下的内容结构性跨境资本流动存在较大差异性。从 FDI 来看，高、低金融发展水平样本中，美国 EPU 指数都呈现负向影响，但统计效果却不显著，这说明对于稳定性较高的 FDI 来说，美国 EPU 指数不会产生太大影响；从跨境证券投资来看，美国 EPU 指数对高金融发展水平国家的跨境证券投资呈现显著负向影响，当美国 EPU 指数上升 1%，跨境证券投资下降 2.285，而对低金融发展水平国家的跨境证券投资影响并不显著，这可能是因为高金融发展水平国家的证券市场成熟度更高，且资金流动自由度更高，当不确定性增强时，不仅可以借助各种金融衍生工具对冲风险，还可以快速调整资本投资组合和资本流向以规避潜在投资风险，而低金融发展程度国家的证券市场受国家隐性干预较大，且资本流动的管控力度较大，受美国 EPU 指数的影响较小；从跨境信贷投资来看，美国 EPU 指数对低金融发展程度国家的跨境信贷投资呈现显著负向影响，当美国 EPU 指数上升 1%，跨境信贷投资下降 2.162，而对高金融发展水平国家的影响并不显著，这是因为跨境银行信贷一般规模大、周期长，且主要用于实体经济投资，当美国 EPU 指数上升时，受金融摩擦理论影响，金融机构在审核跨境银行信贷时提高了风险控制，一方面要求更多的抵押物，另一方面提高信贷利率水平，大多数企业的授信额度降低，导致低金融发展水平国家的跨境银行信贷规模下降。

从控制变量来看，对高金融发展水平国家来说，全球流动性、美国利率与国内外利差是影响其 FDI 的重要因素，即 FDI 主要受全球推动因素影响；美国利率、对外开放程度、汇率和金融发展程度是影响跨境证券投资的重要因素，即跨境证券投资主要受各国拉动因素影响；全球流动性、全球投资者避险情绪和美国利率，国内外利差、金融发展水平以及资产价格是影响跨境信贷投资的重要因素，即跨境信贷投资既受全球推动因素影响又受到各国拉动因素影响。

4.6 稳健性检验

4.6.1 内生性问题

美国经济政策不确定性与跨境资本流动可能存在相互作用，美国经济政策不确定性上升会影响跨境资本流动，但与此同时跨境资本流动的波动性增强，各国政府可能调整经济政策以防范跨境资本大幅波动，导致美国经济政策不确定性增大。并且在第四章的格兰杰检验中也显示存在互为格兰杰原因。本节通过构建美国经济政策不确定性的工具变量来缓解两者可能存在的互为因果的内生性问题。

以全球 EPU 指数与样本国的 EPU 指数的差值（ivEPU）作为工具变量，其中，全球 EPU 指数是通过经济增长权重加权 20 多个国家和地区 EPU 指数①，代表着全球经济政策的不确定性。这 20 多个国家和地区既包括了世界主要的发达国家，也包括了主要的发展中国家和新兴市场国家，它们的生产总值已超过全球 GDP 的 90%，贸易总额也达到全球贸易额的 80%，具有广泛的代表性。针对样本中没有 EPU 指数的国家，若为欧盟国家则采用欧盟国家的 EPU 指数代理，其他则直接用全球 EPU 指数代理。以全球 EPU 指数与样本国的 EPU 指数的差值作为工具变量，一方面扣除本国的 EPU 指数后，该差值无法直接影响该国的跨境资本流动，但由于差值依然与美国 EPU 指数具有相关性，则会通过美国 EPU 指数影响全球跨境资本流动，因此基本满足工具变量的外生性要求。另一方面因为经济政策不确定性之间的外溢性，当全球 EPU 指数与本国 EPU 指数差异较大时，全球经济政策不确定性的溢出性会再次影响到美国经济政策不确定性，进

---

① 目前公布的经济政策不确定性指数的国家和地区包括欧盟、美国、澳大利亚、比利时、巴西、加拿大、智利、中国内地、哥伦比亚、克罗地亚、丹麦、法国、德国、希腊、中国香港、印度、新西兰、意大利、日本、韩国、墨西哥、荷兰、新西兰、巴基斯坦、俄罗斯、新加坡、西班牙、瑞典、英国。

而对跨境资本流动产生影响，故而该工具变量基本满足工具变量相关性与排他性的要求。

在控制了个体效应后，采用 IV-2SLS 方法进行了估计，估计结果如表 4-16 所示。美国 EPU 指数对跨境资本总流出、总流入和净流动呈现显著负向影响，且回归系数较之前都有所增加，这意味着之前的基准回归在一定程度上低估了美国 EPU 指数对跨境资本流动的影响。一阶段的 F 统计量为 377.54，这意味着本节所构造工具变量 ivEPU 与内生性解释变量美国 EPU 指数存在显著相关性。

表 4-16 内生性检验：IV-2SLS 法回归结果

变量	(1) first stage lnUSEPU	(2) second stage GFout	(3) first stage lnUSEPU	(4) second stage GFin	(5) first stage lnUSEPU	(6) second stage netGF
ivEPU	0.001 2 *** (0.000)		0.001 2 *** (0.000)		0.001 2 *** (0.000)	
lnUSEPU		−1.028 9 ** (0.610 6)		−6.696 3 ** (2.993)		−6.155 5 *** (1.288)
lnQM2	0.014 2 *** (0.001)	0.430 3 *** (0.099)	0.014 2 *** (0.001)	0.486 4 *** (0.103)	0.014 2 *** (0.001)	0.022 5 (0.044)
lnVIX	0.454 8 *** (0.014)	−2.502 0 (1.576)	0.454 8 *** (0.014)	−0.316 6 (1.641)	0.454 8 *** (0.014)	2.714 3 *** (0.706)
USrate	−0.091 3 *** (0.003)	1.956 6 *** (0.314)	−0.091 3 *** (0.003)	1.759 6 *** (0.327)	−0.091 3 *** (0.003)	−0.307 1 ** (0.141)
USRr	−0.006 4 *** (0.001)	0.511 3 *** (0.086)	−0.006 4 *** (0.001)	0.383 8 *** (0.090)	−0.006 4 *** (0.001)	−0.102 3 *** (0.039)
lnGDP	0.021 7 *** (0.005)	0.496 1 * (0.286)	0.021 7 *** (0.005)	−0.099 8 (0.298)	0.021 7 *** (0.005)	−0.831 2 *** (0.128)
lntropen	0.036 8 *** (0.011)	11.330 6 *** (0.671)	0.036 8 *** (0.011)	7.203 6 *** (0.699)	0.036 8 *** (0.011)	−4.392 8 *** (0.301)
cpi	−0.003 9 *** (0.001)	0.009 0 (0.081)	−0.003 9 *** (0.001)	−0.023 7 (0.084)	−0.003 9 *** (0.001)	−0.019 6 (0.036)
Ex	−0.002 1 *** (0.000)	0.144 0 *** (0.021)	−0.002 1 *** (0.000)	0.143 8 *** (0.021)	−0.002 1 *** (0.000)	0.004 6 (0.009)
FD	−0.049 6 (0.030)	23.397 1 *** (1.869)	−0.049 6 (0.030)	16.354 1 *** (1.946)	−0.049 6 (0.030)	−5.633 9 *** (0.837)

表4-16(续)

变量	(1)	(2)	(3)	(4)	(5)	(6)
	first stage	second stage	first stage	second stage	first stage	second stage
	lnUSEPU	GFout	lnUSEPU	GFin	lnUSEPU	netGF
lnstock	−0.004 6***	0.070 0	−0.004 6***	0.036 2	−0.004 6***	−0.044 5*
	(0.001)	(0.055)	(0.001)	(0.057)	(0.001)	(0.025)
常数	3.456 7***	−66.085 4***	3.456 7***	−15.110 1	3.456 7***	54.570 9***
	(0.104)	(11.719)	(0.104)	(12.198)	(0.104)	(5.247)
样本量	3 972	3 972	3 972	3 972	3 972	3 972
R^2	0.512	0.179	0.512	0.131	0.512	0.082

注：根据 Stata 模型结果整理；括号内为 t 值；* 表示通过10%的显著水平，** 表示通过5%的显著水平，*** 表示通过1%的显著水平。

4.6.2　更换模型的稳健性检验

由于跨境资本流动可能还会受到上期跨境资本流动的影响，故进一步采用系统 GMM 模型估计美国 EPU 指数对跨境资本流动的影响，使用跨境资本总流出（GFout）、总流入（GFin）和净流动（netGF）的滞后 2-3 阶作为 GMM 式工具变量，使用美国经济政策不确定性（lnUSEPU）的滞后 1-2 阶作为 GMM 式工具变量。回归结果如表 4-17 所示，美国经济政策不确定性（lnUSEPU）对跨境资本总流出（GFout）、总流入（GFin）以及净流动（netGF）依然呈现显著负相关。与之前的回归结果无显著差异，说明该结果具有一定稳健性。

表 4-17　替换模型

	(1) GFout	(2) GFin	(3) netGF
lnUSEPU	−2.178***	−4.945**	−2.047*
	(−4.76)	(−2.12)	(−1.90)
L. GFout	−0.181***		
	(−37.34)		
L. GFin		−0.133***	
		(−3.81)	

表4-17(续)

	（1） GFout	（2） GFin	（3） netGF
L. netGF			0.112***
			(8.85)
常数	40.778***	52.977	23.847*
	(4.95)	(0.50)	(1.75)
控制变量	是	是	是
个体固定效应	是	是	是
时间固定效应	否	否	否
N	3 926	3 926	3 926

注：根据 Stata 模型结果整理；括号内为 t 值；* 表示通过10%的显著水平，** 表示通过5%的显著水平，*** 表示通过1%的显著水平。

4.6.3 更换核心变量的稳健性检验

考虑到美国经济政策不确定性是全球经济政策不确定性（lnTEPU）的最大输出者，故将美国 EPU 指数替换为全球经济政策不确定性再次进行稳健性检验，稳健性估计结果如表4-18列（1）-列（3）所示。

同时，考虑到之前采用了简单算术平均计算美国 EPU 指数的季度数据，使得各个月度指标的影响权重都一样，容易产生经济政策不确定性的测量误差。而一般来说，美国经济政策不确定性的影响力会随着时间推移而减轻，故而参照 Gulen 和 Iron（2016）[①] 的方法，对不同月份赋予不同的权重，即越近的月份权重越高，越远的月份权重越低，具体如公式所示：

$$EPU_i = \frac{1}{2}EPU_m + \frac{1}{3}EPU_{m-1} + \frac{1}{6}EPU_{m-2} \qquad (4.3)$$

按照公式（4.3）重新计算美国 EPU 指数（lnUSEPU1），检验结果如表4-18列（4）-列（6）所示。

更换美国 EPU 指数这一核心解释变量后，全球经济政策不确定性（lnTEPU）和美国 EPU 指数（lnUSEPU1）对跨境资本总流出（GFout）、

[①] Gulen, H., Ion, M. Policy Uncertainty and Corporate Investment [J]. Review of Financial Studies, 2016, 29 (3): 523-564.

总流入（GFin）以及净流动（netGF）依然呈现显著负相关，与之前的回归结果无显著差异，说明该结果具有一定稳健性。

表 4-18　稳健性检验：替换关键变量

	（1） GFa	（2） GFli	（3） netGF	（4） GFa	（5） GFli	（6） netGF
lnTEPU	−2.219 **	−4.571 ***	−2.017 **			
	（−2.02）	（−3.35）	（−2.19）			
lnUSEPU1				−2.363 **	−4.433 ***	−2.143 ***
				（−2.15）	（−3.69）	（−3.23）
常数	−15.472	12.707	27.637 **	−15.530	12.809	27.587 **
	（−0.86）	（0.69）	（2.20）	（−0.86）	（0.70）	（2.21）
N	3 972	3 972	3 972	3 972	3 972	3 972
R^2	0.072	0.103	0.054	0.073	0.105	0.058

注：根据 Stata 模型结果整理；括号内为 t 值；* 表示通过10%的显著水平，** 表示通过5%的显著水平，*** 表示通过1%的显著水平。

4.7　本章小结

通过面板模型实证检验美国 EPU 指数对规模性跨境资本流动的影响程度，再次验证了美国 EPU 指数对规模性跨境资本流动的传导机制，并分析了美国 EPU 指数影响内容结构性跨境资本流动的异质性，最后通过构建工具变量、变换模型、更换核心解释变量等方式对模型进行了稳健性检验，本章的研究结论如下：

第一，美国 EPU 指数对跨境资本总流出、总流入以及净流动都呈现显著负向影响，且美国 EPU 指数对跨境资本总流动的负向影响远远大于跨境资本净流动，单纯探讨净资本流动可能会低估美国 EPU 指数对规模性跨境资本流动的影响。从内容结构性跨境资本流动来看，除跨境证券流出外，美国 EPU 指数对 FDI、跨境证券投资以及跨境信贷投资的影响都显著为负，但是三种不同内容结构性跨境资本流动对美国 EPU 指数的敏感程度不一样，跨境信贷投资受美国 EPU 指数影响最大，跨境证券投资受影响次之，FDI 受影响最小。

第二，从传导机制检验来看，汇率渠道和风险传染渠道是美国EPU指数影响跨境资本总流出和总流入的主要渠道，利率渠道的传导作用稍弱，资产价格渠道作用最弱；美国EPU指数通过利差影响FDI，通过汇率渠道和风险传染渠道影响跨境银行信贷的流入和流出；跨境证券流入和流出的传导机制存在较大差异，美国EPU指数通过汇率和风险传染渠道影响跨境证券流入，但四个渠道对跨境证券流出的传导作用都不明显。

第三，美国EPU指数对跨境资本总流动存在明显的非线性影响。当美国EPU指数上升，美国EPU指数对跨境资本总流动负向影响逐步减弱，当美国EPU指数超过一定值以后，对跨境资本总流动产生正向影响。同时，美国EPU指数对内容结构性跨境资本流动也存在非线性影响，主要体现在跨境证券投资和跨境银行信贷方面。

第四，异质性分析结果显示，经济发展水平不同，美国EPU指数对新兴市场国家规模性跨境资本流动都产生显著负向影响，但仅对发达国家跨境资本总流入产生显著负向影响；美国EPU指数对发达国家的跨境证券投资呈显著负向影响，对新兴国家的FDI与跨境银行信贷呈显著负向影响。金融发展程度不同，美国EPU指数对高金融发展程度国家的跨境资本总流动冲击明显更强，对低金融发展程度国家的跨境资本净流动冲击更明显。进一步探究差异性来源发现，高、低金融发展程度样本中，美国EPU指数的差异性影响主要存在于跨境证券投资和跨境银行信贷，对高金融发展程度国家的证券投资呈现显著负向影响，而对低金融发展程度国家跨境信贷投资呈现显著负向影响。

5 美国经济政策不确定性影响短期跨境资本流动的实证分析

5.1 引言

2008 年世界金融危机后，美国经济政策不确定性大幅提升，EPU 指数一路飙升至 238，随后美联储开始制定了一系列常规与非常规的经济政策，进一步推升了美国 EPU 指数。当美国经济政策不确定性增强时，全球跨境资本流动会趋于短期化，短期跨境资本流动是规模性指标风险积累的聚焦。尤其是当美国执行量化宽松政策时，全球短期跨境资本流动最为亮眼，容易形成短期跨境资本流入激增现象，加速催生了资本流入国的资产泡沫；而随着美国国内经济复苏，美联储不断释放加息缩表的政策信号，着手退出量化宽松政策，又导致资本流入国面临短期跨境资本流出压力，国内资产泡沫破裂的风险进一步增加。

2020 年新冠病毒感染疫情暴发，为了刺激经济，美国政府采取了远超产出缺口的财政手段以增加对国内企业和居民的补贴，同时美联储开启无限量化宽松政策，美国经济政策不确定性再次剧烈增长，美国 EPU 指数在 2020 年达到 400.9。随之而来的则是大量短期跨境资本流出美国，以中国为首的新兴市场国家再次成为短期跨境资本的首选目的地。随着美国国内疫情逐步得到控制，经济也开始复苏，2021 年美国 GDP 增速高达 5.7%，创下 1984 年以来的最高增速。美国强劲的经济复苏却伴随着高企的通货膨胀，自 2021 年 8 月起，美国通货膨胀一路飙升，截止到 2022 年 3 月，通胀率高达 8.5%。通胀问题促使美联储在 2022 年 3 月再次宣布进入新一轮加息周期。突发性的政策转向加大了美国经济政策不确定性，导致资本流入国再次面临短期跨境资本流出压力，极大地冲击着这些国家的金融市场安全。但美联储的货币紧缩政策的实施频率、加息程度以及效果如何，能否压制一路高涨的通货膨胀，是否会引发新一轮的经济衰退，这一切都尚未可知，这进一步增强了美国经济政策的不确定性，同时也为未来各国管理短期跨境资本流动带来了新的考验。

时间结构性指标中的长期跨境资本（FDI）稳定性较强，从之前的实证检验来看，美国经济政策不确定性对 FDI 的负向影响弱于跨境证券投资和跨境银行信贷。相反地，短期跨境资本流动投机性与易变性更强，甚至有不少学者（Kaminsky & Reinhart, 1998[①]；Calvo, 1998[②]；Chari & Kehoe, 2003[③]）认为短期跨境资本流动是导致一国金融危机的重要推手。因此，探讨跨境资本流动结构性指标中的短期跨境资本流动[④]，既能对跨境资本流动所带来的风险积累进一步聚焦，还能在一定程度上探索如何削弱美国经济政策不确定性对短期跨境资本流动带来的巨大影响。本章考察了美国 EPU 指数对短期跨境资本流动的影响程度，验证了美国 EPU 指数影响短期跨境资本流动的传导渠道，同时，从经济发展程度和金融市场发展程度两个方面分析了异质性影响，还进一步探讨了宏观审慎监管对美国 EPU 指数影响短期跨境资本流动的调节作用。

5.2　理论分析及假说

当前的研究普遍表明经济政策不确定性对跨境资本流动具有一定影响。大量学者（Kang et al., 2014[⑤]；李凤羽和杨墨竹, 2015[⑥]；Gulen &

---

① Kaminsky, G. L. Reinhart, C. M. Financial Crises in Asia and Latin America: Then and Now [J]. American Economic Review, 1998, 88 (2): 444-448.

② Calvo, G. Capital Flows and Capital-Market Crisis: The Simple Economics of Sudden Stops [J]. Journal of Applied Economics, 1998, (1): 35-54.

③ Chari, V. V., Kehoe, P. J. Hot Money [J]. Journal of Political Economy, 2003, 111 (6): 1262-1292.

④ 结构性指标中有关内容结构指标——FDI、跨境证券投资、跨境银行信贷已经融入在总规模指标的异质性分析（本书 4.4.2）中，因此本章不再着重讨论。

⑤ KANG, W., LEE K., RATTI, R. A. Economic Policy Uncertainty and Firm-Level Investment [J]. Journal of Macroeconomics, 2014, 3 (39): 42-53.

⑥ 李凤羽，杨墨竹. 经济政策不确定性会抑制企业投资吗？：基于中国经济政策不确定指数的实证研究 [J]. 金融研究, 2015, (4): 115-129.

128　美国经济政策不确定性对跨境资本流动的影响研究

Ion，2016①；饶品贵 等，2017②）实证检验了经济政策不确定性与企业投资之间的关系，并从实物期权理论、金融摩擦理论、预期理论以及预防性储蓄理论等角度揭示了两者存在负相关关系；也有一些学者证实经济政策不确定性与跨境资本存在正向关系，例如，Nguyen et al.（2018）③ 发现对外直接投资与国内的经济政策不确定性呈现正相关关系。由此可见，经济政策不确定性对跨境资本流动的影响还存在一定争议。短期跨境资本具有流动性强、投机性高等特点，当美国经济政策不确定性上升时，全球投资环境不确定性增大，受投资组合理论影响，国际投资者可以快速地改变短期跨境资本的投资方向，调整投资规模。一方面，风险厌恶型投资者会将短期跨境资本从风险较高的国家转向风险较低的国家，并进一步缩减投资规模，实现投资结构调整；另一方面，风险偏好型投资者可以在经济不确定性时抓住投资机会，提前布局，增加在某些领域的短期跨境资本投资。因此，美国经济政策不确定性与短期跨境资本流动的关系如何，还需要进一步讨论。

当美国经济政策不确定性上升时，短期跨境资本对于风险较为敏感，美国国内难以预测的投资环境会导致短期跨境资本流出美国，增加对其他国家的投资，导致全球其他国家短期跨境资本流入增加。同时，美国的经济政策不确定性会在一定程度上增加全球跨境投资的风险，导致全球投资者避险情绪增加，对跨境投资变得更加谨慎，出于避险情绪的考虑，会增加对黄金、美元债券等这类"安全资产"的投资，使得其他国家的短期跨境资本流入减少。因此，当美国经济政策不确定性上升时，美国整体的投资环境变差，一方面受"投资组合再平衡效应"的影响，美国 EPU 指数上升会导致短期跨境资本流出美国，流向除美国外的其他宏观投资环境更为稳定、投资收益相对较高的国家，使得全球的短期跨境资本流动增加；另一方面，鉴于美国经济政策不确定性对全球投资环境的溢出作用，推高了全球投资者避险情绪，降低了投资风险忍受度，受"安全资产转移效应"的影响，国际投资者会减少股票、债券等高风险资产投资，导致短期

① Gulen, H., And Ion M. Policy Uncertainty and Corporate Investment ［J］. Review of Financial Studies, 2016, 29（3）：523-564.

② 饶品贵，岳衡，姜国华. 经济政策不确定性与企业投资行为研究 ［J］. 世界经济，2017，40（2）：27-51.

③ Nguyen, Q., Kim, T., And Papanastassiou, M. Policy Uncertainty, Derivatives Use, And Firm-Level Fdi ［J］. Journal of International Business Studies, 2018, 49（1）：96-126.

跨境资本流动减少。综上分析，做出如下假说：

假说5.1a：美国经济政策不确定性上升，受"投资组合再平衡效应"的影响，短期跨境资本流出美国，全球短期跨境资本流动增加。

假说5.1b：美国经济政策不确定性上升，全球投资环境变差，受"安全资产转移效应"的影响，全球短期跨境资本流动减少。

5.3 模型设定与变量选择

5.3.1 模型设定

探讨美国经济政策不确定性对短期跨境资本流动的影响，具体的模型设置如下：

$$SGF_{it} = \alpha_{it} + \beta_{1t}\ln USEPU_t + \beta_{2t}X_{it} + \beta_{3t}G_t + \eta_i + \varepsilon_{it} \qquad (5.1)$$

其中，SGF_{it} 是被解释变量，表示国家 i 在第 t 期发生的短期跨境资本流动，包含两种不同方法测算的短期跨境资本流动——直接法测算 SGF 和间接法测算的 SGF1。$\ln USEPU_t$ 是核心解释变量，表示美国在 t 期的经济政策不确定性指数，一般来说该指数越大，表明当前美国经济政策的不确定性越高。X_{it} 是本书的控制变量，G_t 是全球层面宏观变量，η_i 是个体效应，ε_{it} 是残差项。

5.3.2 变量选择

5.3.2.1 被解释变量

被解释变量为短期跨境资本流动。学术界主要从两个角度计算短期跨境资本流动的规模，一是直接计算国际收支表中证券组合投资余额与其他投资余额两者之和，计算简单、直接，且测算结果相对较小，一般被用来当作短期跨境资本流动测算的下限；二是基于间接法，通过从外汇储备增量中扣减经常项目顺差额和外商直接投资额来测算各国短期跨境资本流动，采用扣减的方式，计算比较简便，估值结果相对准确较大，一般被用来当作跨境资本流动测算的上限。本书将采用间接法测算短期跨境资本流动（SGF），并计算短期跨境资本流动占 GDP 的比重作为代理变量，但同时将直接法作为稳健性检验列示。

5.3.2.2 解释变量

核心解释变量依然是美国经济政策不确定性，采用美国 EPU 指数；控制变量与第四章一样，选用了全球因素和国别因素，全球因素主要包括全球投资者避险情绪指数（lnVIX）、全球流动性（lnQM2）、全球利率（US-rate），国别因素主要包括经济增长水平（lnGDP）、价格水平（CPI）、利差因素（USRr）、汇率因素（lnex）、资产价格因素（lnstock）以及贸易开放程度（lntropen）。以上数据均来自于 IMF 数据库、Wind 数据库、CEIC数据库和彭博数据库。本书选择了 2000 年第 1 季度到 2020 年第 4 季度 48个跨国面板数据①，为了剔除异常值，对以上数据进行了 1% 的缩尾处理，并对一些控制变量进行对数处理。

5.4　实证结果分析

5.4.1　基础实证模型

美国 EPU 指数对短期跨境资本流动的实证回归结果如表 5-1 所示，其中列（1）和列（2）是分别加入控制变量前后的实证结果。

表 5-1　基础回归结果

	（1） SGF	（2） SGF
lnUSEPU	0.819 ***	1.320 **
	（2.58）	（1.91）
lnVIX		-1.091 *
		（-1.95）
lnQM2		-0.085 *
		（-1.98）
USrate		-0.533 ***
		（-4.62）
USRr		-0.204 **
		（-2.39）

---

① 与第 4 章选用的样本国家一致，不再赘述。

表5-1(续)

	(1) SGF	(2) SGF
lnGDP		−1.886 ***
		(−2.86)
lntropen		−0.856
		(−0.60)
cpi		0.014
		(0.24)
FD		0.018
		(1.03)
EX		−5.734
		(−1.16)
lnstock		0.107 ***
		(3.20)
常数	−6.694 ***	22.081 **
	(−4.35)	(2.50)
N	4 032	3 972
R²	0.002	0.028

注：根据 Stata 模型结果整理；括号内为 t 值；* 表示通过 10% 的显著水平，** 表示通过 5% 的显著水平，*** 表示通过 1% 的显著水平。

从表 5-1 来看，不加入控制变量时，美国 EPU 指数对短期跨境资本流动的影响显著为正，这意味着美国 EPU 指数上升，短期跨境资本流动会显著增强。这说明在样本期全球资产组合再平衡效应超过安全资产转移效应，成为美国经济政策不确定性影响短期跨境资本流动的主要渠道。加入相关控制变量后，美国 EPU 指数的系数符号并没有发生变化，都呈现显著正相关性，且回归系数有一定程度增加。当美国 EPU 指数增加 1%，短期跨境资本流动分别上升了 0.819% 和 1.320%，美国 EPU 指数的回归系数显著性变化不大，说明该结果具有一定稳健性。

与前文跨境资本总流动与净流动不同，美国 EPU 指数对短期跨境资本流动产生显著正向影响，验证了假说 5.1a。可能的解释是，一方面，当美国经济政策不确定性上升时，美国整体的投资环境变差，国际投资者会重新调整自己的投资结构，将短期跨境资本撤出美国，流向其他宏观投资环境更为稳定、投资收益相对较高的国家，使得全球的短期跨境资本流动增加，也就是说这一时期短期跨境资本流动增加主要受"投资组合再平衡效应"的影响。另一方面，由于短期跨境资本流动具有明显的投机性，当美国EPU指数上升时，对于风险偏好者来说，受增长期权效应的影响，为了获得高风险背后的高收益可能采取较为激进的投资方式，增加短期跨境资本投资，实现低位时重新布局全球投资结构的目的，导致这一时期短期跨境资本规模有所增加。

5.4.2 基于面板固定效应模型的传导机制再检验

如第四章的传导机制检验步骤所述，首先，将美国EPU指数对四个传导机制变量进行回归，检验美国EPU指数是否会影响国内外利差、汇率、资产价格以及全球投资者避险情绪；其次，将美国EPU指数对短期跨境资本流动的影响做基准回归分析，确定美国EPU指数对短期跨境资本流动的影响；最后，将美国EPU指数与四个传导机制变量分别纳入短期跨境资本流动的回归方程，并比较该回归方程与基准回归中美国EPU指数的系数变化，包括显著性变化及大小变化。若显著性发生显著变化（由显著变为不显著）或美国EPU系数的大小发生较大变化，则机制检验成立，说明美国EPU指数通过利差、汇率、资产价格和风险传染四个渠道影响短期跨境资本流动。

由于美国EPU指数与四个传导机制变量的回归结果与4.4.3节中表4-4的结果一致，故不再列示此部分回归结果，仅展示将利差、汇率、资产价格和风险传染四个传导机制变量依次剔除后的实证检验结果。回归结果如表5-2所示，其中列(1)-列(4)依次为剔除利差、汇率、资产价格和风险传染指标后的回归结果，列(5)是纳入了所有机制变量的回归结果。从表5-2来看，列(1)-列(4)的结果表明，不纳入机制变量时，美国EPU指数对短期跨境资本流动的影响依然显著为正，但列(5)美国EPU的回归系数与列(1)-(4)的回归系数相比明显下降，且显著性也均有所降低。其中，不纳入利差时，美国EPU指数增加1%，短期跨境资本流动增加1.925，而纳入利差后，则仅增加1.306，回归系数下降约32.15%；不纳入汇率时，美国EPU指数增加1%，短期跨境资本流动增加1.999，纳入汇率后，回归系数下降约34.67%；不纳入资产价格因素时，美国EPU指数增加1%，短期跨境资本流动增加2.069，纳入资产价格之后，回归系数下降约

36.88%；不纳入全球投资者避险情绪时，美国 EPU 指数增加 1%，短期跨境资本流动增加 1.927，纳入该变量后，回归系数下降约 32.23%。

表 5-2　渠道回归结果

	(1) SGF	(2) SGF	(3) SGF	(4) SGF	(5) SGF
lnUSEPU	1.925 ***	1.999 ***	2.069 ***	1.927 ***	1.306 **
	(2.92)	(3.10)	(3.60)	(2.92)	(2.18)
控制变量	是	是	是	是	是
是否纳入 机制变量	不纳入 USRr	不纳入 lnex	不纳入 lnstock	不纳入 lnVIX	全部纳入
常数	−13.833	−16.304	−13.867	−14.581	−21.060 *
	(−1.02)	(−1.23)	(−1.02)	(−1.13)	(−1.84)
个体固定效应	是	是	是	是	是
时间固定效应	否	否	否	否	否
N	3 972	3 972	3 972	3 972	3 972
R^2	0.056	0.054	0.055	0.056	0.054

注：根据 Stata 模型结果整理；括号内为 t 值；* 表示通过 10% 的显著水平，** 表示通过 5% 的显著水平，*** 表示通过 1% 的显著水平。

从系数变化结果来看，美国 EPU 指数影响短期跨境资本流动渠道依次是资产价格、汇率、风险传染和利差。这意味着世界其他国家可以通过完善金融市场、完善汇率制度、推进利率市场化等方式尽可能地防范美国 EPU 指数对短期跨境资本流动的影响。

5.4.3　异质性分析

从国家经济发展程度以及金融市场发展程度两个方面，探究美国 EPU 指数对短期跨境资本流动的异质性影响，考虑到对分组子样本回归结果比较的规范性，对核心解释变量进行了费舍尔组合检验，检验的 P 值如表 5-3 最后一行所示。回归结果如表 5-3 的列（1）-列（2）所示。

表 5-3 异质性分析回归结果

	经济发展程度		金融市场发展程度	
	（1）	（2）	（3）	（4）
	新兴市场国家	发达国家	高金融发展程度	低金融发展程度
lnUSEPU	1.896***	0.732	1.248**	1.735**
	（2.87）	（1.33）	（2.30）	（2.59）
控制变量	是	是	是	是
常数	-7.629	29.676**	24.112**	-3.470
	（-1.11）	（2.60）	（2.15）	（-0.46）
N	1 956	2 016	2 016	1 956
R^2	0.094	0.114	0.089	0.078
P 值	0.072*		0.272	

注：根据 Stata 模型结果整理；括号内为 t 值；* 表示通过 10% 的显著水平，** 表示通过 5% 的显著水平，*** 表示通过 1% 的显著水平。

将样本国家区分为发达国家和新兴市场国家两个子样本，从表 5-3 来看，美国 EPU 指数对新兴市场国家的短期跨境资本流动呈现显著正向影响，对发达国家短期跨境资本流动影响为正却不显著，这意味着美国 EPU 指数对短期资本流动的影响主要体现在新兴市场国家。当美国 EPU 指数上升时，全球金融市场投资环境动荡，短期跨境资本受安全资产转移效应和投资组合再平衡效应的影响，倾向于转换投资方向。但与之前预想不同的是，安全转移地主要是新兴市场国家，这可能是由于新兴市场国家的金融市场开放程度较低，且国家的宏观调控和金融监管措施更加严厉，受国际金融市场的冲击相对较小，同时新兴市场国家的经济增长态势良好，金融资产价格也呈现良好的增长态势，成为国际投资者的主要选择。可见，美国经济政策不确定性增大，大量短期跨境资本主要流入新兴市场国家。这与当前全球跨境资本流动的格局及发达国家的经济政策有关，当美国经济政策不确定性增强，普遍会采用更为宽松的货币政策，全球流动性增加，大多数新兴市场国家往往是短期跨境资本流动的被动接受者。因此，相较发达国家，新兴市场国家受美国经济政策不确定性影响较大，常面临短期跨境资本流动的大进大出，极大地增加了金融市场的风险。

根据样本国家金融市场的发展程度，利用中位数将样本国家区分为高金融发展程度国家和低金融发展程度国家，进行分组回归，考虑到分组回归结果的可比性，采用了费舍尔组合检验，如表5-3最后一行所示，列(3)-列(4)分别表示高、低金融发展程度下，美国EPU指数对短期跨境资本流动的异质性影响。从结果来看，美国EPU指数上升，不同金融发展程度国家的短期跨境资本流动均呈显著正向影响。当美国EPU指数增加1%，高金融发展程度国家的短期跨境资本流动会上升1.248%，低金融发展程度国家则上升1.735%。但通过进一步的费舍尔组合检验发现，两组子样本之间的系数差异并不显著，与之前的预想不同，金融发展程度越高，并不能削弱美国经济政策不确定性对短期跨境资本流动带来的正向冲击。因此，各国若想要进一步削弱美国EPU指数对短期跨境资本流动的冲击，还应考虑其它的管制措施。

5.4.4 稳健性检验

5.4.4.1 更改关键变量

采用直接法计算短期跨境资本流动（SGF1），同时计算直接法与间接法两者的均值（SGF2），将这两者作为间接法短期跨境资本流动的代理变量。回归结果如表5-4所示。从表5-4的检验结果来看，美国EPU指数对两种不同算法下的短期跨境资本流动的影响依然显著为正，说明回归结果稳健。

表5-4　稳健性检验：更换短期跨境资本流动变量

	（1）SGF1	（2）SGF1	（3）SGF2	（4）SGF2
lnUSEPU	1.795***	1.925***	1.307***	1.623***
	(6.21)	(2.92)	(7.41)	(3.95)
控制变量	否	是	否	是
常数	−8.482***	−13.833	−7.588***	4.124
	(−6.06)	(−1.02)	(−8.89)	(0.66)
N	4 032	3 972	4 032	3 972
R^2	0.010	0.056	0.014	0.090

注：根据 Stata 模型结果整理；括号内为 t 值；* 表示通过10%的显著水平，** 表示通过5%的显著水平，*** 表示通过1%的显著水平。

同时，再将算术平均法计算的美国 EPU 指数（lnUSEPU），替换为几何平均法计算的美国 EPU 指数（lnUSEPU1），回归结果如表 5-5 所示。从表 5-5 的检验结果来看，几何平均法下的美国 EPU 指数依然对短期跨境资本流动存在显著正向影响，说明回归结果稳健。

表 5-5　稳健性检验：改变美国 EPU 指数计算方法

	（1） SGF	（2） SGF
lnUSEPU1	1.743 ***	1.980 ***
	(4.88)	(3.15)
控制变量	否	是
	(−4.76)	(−2.30)
N	4 032	3 972
R^2	0.006	0.053

注：根据 Stata 模型结果整理；括号内为 t 值；* 表示通过10%的显著水平，** 表示通过5%的显著水平，*** 表示通过1%的显著水平。

5.4.4.2　更换模型

由于短期跨境资本流动可能还会受到上期短期跨境资本流动的影响，故进一步采用系统 GMM 模型估计美国 EPU 指数对短期跨境资本流动的影响，使用短期跨境资本总流动（SGF）的滞后 2~3 阶作为 GMM 式工具变量，使用美国经济政策不确定性（lnUSEPU）的滞后 1~3 阶作为 GMM 式工具变量。回归结果如表 5-6 所示，美国 EPU 指数对短期跨境资本流动依然保持显著正向影响，说明回归结果依然稳健。

表 5-6　替换模型：系统 GMM 模型

	SGF
lnUSEPU	3.291 *
	(1.81)
L. SGF	0.082 ***
	(7.14)
常数	−32.202 *
	(−1.67)
控制变量	是
个体固定效应	是

表5-6(续)

	SGF
时间固定效应	否
N	3 926

注：根据Stata模型结果整理；括号内为 t 值；* 表示通过10%的显著水平，** 表示通过5%的显著水平，*** 表示通过1%的显著水平。

5.5　进一步分析：宏观审慎监管的调节作用

一国的短期跨境资本流入增加，可以促进该国经济金融的发展，但短期跨境资本波动性强、规模大，也极易对宏观经济和金融市场造成负向冲击。从实证分析结果可知，美国经济政策不确定性会增加短期跨境资本流动。若美国经济政策逆转，会带来短期跨境资本大进大出，冲击金融市场的稳定性，甚至引发系统性金融风险。虽然经济发展程度都可以在一定程度上减少短期跨境资本流动的正向冲击作用，但经济发展本身是一项长期的任务，需要较长时间去经营改善，难以在短时间内起到调节作用。同时根据上述实证检验可知，金融发展程度并不直接左右美国经济政策不确定性对短期跨境资本流动的影响。因此，需要进一步防范美国经济政策不确定性对短期跨境资本流动带来的影响。

本节将进一步分析宏观审慎政策对美国经济政策不确定性影响短期跨境资本流动的调节作用，探讨在不同国家引起宏观审慎政策效果差异的原因。

5.5.1　理论分析

2008 年世界金融危机之后，各国在对跨境资本流动的管理方面基本达成共识，纷纷采用宏观审慎政策工具作为跨境资本流动的有效补充，以减轻跨境资本流动波动对经济和金融市场带来的负面影响。短期跨境资本流动具有投机性强、敏感度高、风险性高和流动性强的特点，是造成跨境资本波动的主要因素，因此利用宏观审慎政策加强对短期跨境资本流动的管理显得尤为重要。

从实证检验结果可知，美国 EPU 指数上升会造成短期跨境资本流动增加，虽然大量短期跨境资本流入可以在一定程度上促进经济发展，但随着美国经济政策逆转，美国经济政策不确定性企稳，又极易造成短期跨境资本大幅流出。短期跨境资本的大进大出对资本流入国的金融市场造成极大负面冲击。各国必须合理运用宏观审慎监管政策，防止大规模短期跨境资本流动引发系统性金融风险。紧缩的宏观审慎政策一方面可以抑制短期跨境资本大幅流出，另一方面也可以有效控制短期跨境资本大规模流入（Akdogan，2020[①]），这种具有事前预防性质的宏观审慎监管政策可以有效地减少短期跨境资本过度流入，降低可能诱发的金融风险。但是也有学者质疑宏观审慎政策对短期跨境资本流动的影响，比如 Forbes et al.（2015）指出宏观审慎政策并不能显著影响跨境资本流动，但确实可以降低金融风险[②]；另外一些学者（Lim et al.，2013[③]）则认为宏观审慎政策的执行效果有限，其效果会受到金融发展程度以及国家制度质量的影响。基于以上分析，提出如下假说：

假说 5.2：宏观审慎政策可以在一定程度上抑制美国经济政策不确定性对短期跨境资本流动的影响；

假说 5.3：宏观审慎政策的抑制作用受一国金融发展程度和制度质量影响。

5.5.2　模型设计及变量选择

在原有的模型（5.1）的基础上，加入宏观审慎监管政策（Mapp）与美国经济政策不确定性的交互项（lnUSEPU * Mapp），具体的模型结构如下所示：

$$SGF_{it} = \alpha_{it} + \beta_{1t}\ln USEPU_t + \beta_{2t}\ln USEPU_t * Mapp_{it} + \beta_{3t}Mapp_{it} + \beta_{4t}X_{it} + \beta_{5t}G_t + \eta_i + \varepsilon_{it}$$

$$(5.2)$$

其中，SGF_{it} 是被解释变量，表示国家 i 在第 t 期发生的短期跨境资本流动，

---

①　Akdogan, I. U. The Effects of Macroprudential Policies on Managing Capital Flows [J]. Empirical Economics, 2020, 58 (2): 583-603.

②　Forbes, K. J., Fratzscher, M., Straub, R. Capital-Flow Management Measures: What are They Good For? [J]. Journal of International Economics, 2015, 96: 76-97.

③　Lim, C. H., Krznar, M. I., Lipinsky M F, et al. The Macroprudential Framework: Policy Responsiveness and Institutional Arrangements [R]. IMF Working Paper, 2013.

$lnUSEPU_t$ 是核心解释变量，表示美国在 t 期的经济政策不确定性指数，Mapp_{it} 是国家 i 在 t 期执行宏观审慎监管政策。X_{it} 是国别控制变量，G_t 是全球性控制变量，η_i 是个体效应，ε_{it} 是残差项。

被解释变量与其余控制变量与上一节选择相同，此处增加了各国宏观审慎监管政策指标。该指标选自当前最权威的 IMF 宏观审慎数据库（iMaPP 数据库），该数据库最早由 Alam et al.（2019）创立，他研究测算得到了 134 个国家在 1990—2018 年包含资本类工具、信贷类工具、流动性工具和其他审慎工具在内的 17 项宏观审慎数据[①]。此后由 IMF 根据各国的宏观审慎政策进行定期更新。该数据库将宏观审慎指标区分为宽松型的宏观审慎政策（MaPP_L）和紧缩型宏观审慎政策（MaPP_T）。当一国执行紧缩的宏观审慎政策工具，则 MaPP_T 取值为 1，反之执行宽松的宏观审慎政策工具，MaPP_L 取值为 -1，若期间未采取任何措施则取值 0，通过加总各项宏观审慎工具的取值得到宏观审慎监管政策（MaPP）的最终值，也即 MaPP 是 MaPP_T 与 MaPP_L 之和。一般来说，MaPP 值越大意味着宏观审慎政策趋于紧缩，管控力度越大，反之则趋于宽松，管控力度减小。

量化处理后的宏观审慎政策，可以通过 17 项不同宏观审慎政策工具的使用情况来表明当前该国执行宏观审慎监管的状态，刻画该国宏观审慎政策的总体导向是趋于紧缩还是宽松。该数据受制于各国语言障碍以及政府工作报告差异，也并没有囊括所有宏观审慎政策工具，但目前该指标是国内外学者们（Lim et al.，2011[②]；Cerutti et al.，2017[③]；刘志洋和马亚娜，2022[④]；陈中飞 等，2022[⑤]）最常采用的宏观审慎数据库。

---

① Alam, Z., Alter, M. A. Eiseman, J. Digging Deeper-Evidence on the Effects of Macroprudential Policies from a New Database [R]. IMF Working Paper, 2019.

② Lim, C. H., Costa, A., Columba, F., et al. Macro-prudential policy：what instruments and how to use them? Lessons from country experiences. IMF Working Papers. 2011, No. 238.

③ Cerutti, E., Claessens, S., Laeven, L. The use and effectiveness of macro-prudential policies：new evidence [J]. Journal of Financial Stability, 2017, 28 (2)：203-224.

④ 刘志洋, 马亚娜. 宏观审慎监管工具调控信贷的有效性检验：基于全球 40 个国家的实证分析 [J]. 金融论坛, 2022, 27 (4)：42-51.

⑤ 陈中飞, 刘思琦, 李珂欣. 宏观审慎政策减少了资本异常流动吗?：基于跨国经验分析 [J]. 国际金融研究, 2022 (1)：39-49.

参考刘志洋和马亚娜（2022）[①] 和陈中飞等（2022）[②] 的研究，从 iMaPP 数据库中选择了 7 类数据搜集较为完整的宏观审慎政策工具变量，并通过简单算术加总的方式将其从月度数据转变为季度数据。根据这 7 类宏观审慎工具的类型将其划分为资本类工具、信贷类工具、流动性工具，其中资本类工具包括资本缓冲要求和资本充足率要求；信贷类工具包括贷款限制和贷款价值比；流动性工具包括流动性监管和准备金要求；其他工具则是系统重要性金融机构的风险监管要求（如表 5-7 所示）。

表 5-7　新兴市场与发达国家短期跨境资本回归结果

工具类型	宏观审慎工具变量	iMaPP 指标
资本类工具（capital）	资本缓冲要求	conservation
	资本充足率要求	capital
信贷类工具（credit）	贷款限制	LoanR
	贷款价值比	LTV
流动性工具（liquidity）	流动性监管	Liquidity
	准备金要求	RR
其他工具（other）	系统重要性金融机构监管	SIFI

数据来源：IMF 宏观审慎数据库。

5.5.3　实证结果分析

5.5.3.1　基础回归结果

加入宏观审慎监管政策与美国经济政策不确定性的交互项（lnUSEPU * Mapp）后，实证结果如表 5-8 所示[③]。其中列（1）是美国 EPU 指数与宏观审慎政策工具（MaPP）的交互项回归结果，列（2）是美国 EPU 指数与资本类工具（capital）的交互项回归结果，列（3）是美国 EPU 指数与信贷类工具（credit）的交互项回归结果，列（4）是美国 EPU 指数与流动性工具（liquidity）的交互项回归结果。

---

① 刘志洋，马亚娜. 宏观审慎监管工具调控信贷的有效性检验：基于全球 40 个国家的实证分析 [J]. 金融论坛，2022，27（4）：42-51

② 陈中飞，刘思琦，李珂欣. 宏观审慎政策减少了资本异常流动吗？：基于跨国经验分析 [J]. 国际金融研究，2022（1）：39-49.

③ 由于其他工具（other）几乎没有变化，故不再单列它的回归结果。

从表 5-8 来看，美国 EPU 指数对短期跨境资本流动的影响依然显著为正，但从交互项的系数来看，美国 EPU 指数与 MaPP 的交互项系数显著为负，这意味着宏观审慎政策确实可以在一定程度上削弱美国 EPU 指数引起的短期跨境资本流动增加，假说 5.2 得到验证。同时，从不同类别的宏观审慎政策工具来看，美国 EPU 指数与资本类工具、信贷类工具的交互项都显著为负，这意味着实施紧缩的资本类宏观审慎工具和信贷类宏观审慎工具可以有效地削弱美国 EPU 指数对短期跨境资本流动的正向影响。

表 5-8　加入宏观审慎政策的回归结果

	（1） SGF1	（2） SGF1	（3） SGF1	（4） SGF1
lnUSEPU	1.378 **	1.273 *	1.361 *	1.374 *
	(2.02)	(1.86)	(1.98)	(1.99)
lnUSEPU * MaPP	-2.497 **			
	(-2.38)			
lnUSEPU * capital		-3.597 **		
		(-2.06)		
lnUSEPU * credit			-5.138 **	
			(-2.60)	
lnUSEPU * liquidity				-0.781
				(-0.53)
lnVIX	-1.156 **	-1.158 **	-1.156 **	-1.059 *
	(-2.15)	(-2.11)	(-2.07)	(-1.96)
lnQM2	-0.097 **	-0.103 **	-0.088 **	-0.083 *
	(-2.13)	(-2.24)	(-2.09)	(-1.90)
USrate	-0.530 ***	-0.532 ***	-0.521 ***	-0.538 ***
	(-4.71)	(-4.61)	(-4.64)	(-4.69)
USRr	-0.202 **	-0.198 **	-0.200 **	-0.206 **
	(-2.36)	(-2.31)	(-2.37)	(-2.41)
lnGDP	-2.016 ***	-1.964 ***	-1.908 ***	-1.930 ***
	(-3.09)	(-3.00)	(-2.89)	(-2.97)
lntropen	-0.987	-0.927	-0.994	-0.818
	(-0.71)	(-0.65)	(-0.72)	(-0.57)

表 5-8（续）

	（1） SGF1	（2） SGF1	（3） SGF1	（4） SGF1
CPI	0.013	0.017	0.014	0.011
	(0.22)	(0.29)	(0.26)	(0.20)
lnex	0.020	0.019	0.020	0.018
	(1.20)	(1.13)	(1.18)	(1.08)
FD	−5.346	−5.289	−5.571	−5.699
	(−1.11)	(−1.08)	(−1.15)	(−1.16)
lnstock	0.107***	0.113***	0.104***	0.105***
	(3.21)	(3.32)	(3.08)	(3.18)
MaPP	−13.283**			
	(−2.56)			
capital		−17.652**		
		(−2.01)		
credit			−27.241**	
			(−2.65)	
liquidity				−5.181
				(−0.73)
常数	23.498***	23.248**	22.568**	21.996**
	(2.77)	(2.66)	(2.56)	(2.56)
N	3 972	3 972	3 972	3 972
R²	0.031	0.029	0.031	0.029

注：根据 Stata 模型结果整理；括号内为 t 值；* 表示通过 10% 的显著水平，** 表示通过 5% 的显著水平，*** 表示通过 1% 的显著水平。

5.5.3.2　不同经济发展水平的异质性分析

发达国家与新兴市场国家在宏观审慎政策的执行效果可能会存在一些差异，因此根据 IMF 的标准将样本划分为发达国家组与新兴市场国家组，回归结果如表 5-9 和表 5-10 所示。其中表 5-9 是发达国家组的回归结果，表 5-10 是新兴市场国家的回归结果。列（1）-列（4）分别是美国 EPU 指数与宏观审慎政策工具（MaPP）、资本类工具（capital）、信贷类工具（credit）、流动性工具（liquidity）的交互项回归结果。

从表 5-9 来看，在发达国家组，除了流动性工具外，美国 EPU 指数与其他宏观审慎政策工具的交互项均显著为负，这意味着当美国 EPU 指数上升时，发达国家执行紧缩的宏观审慎政策可以在一定程度上削弱美国 EPU 指数对短期跨境资本流动的影响，尤其是资本类和信贷类宏观审慎政策工具最为有效，可以避免短期跨境资本的大幅波动。

表5-9　发达国家宏观审慎政策的回归结果

	(1) SGF	(2) SGF	(3) SGF	(4) SGF
lnUSEPU	1.045 (1.04)	1.027 (1.39)	1.109 (1.08)	1.067 (1.04)
lnUSEPU * MaPP	-4.113* (-1.96)			
lnUSEPU * capital		-4.459* (-1.76)		
lnUSEPU * credit			-8.040* (-1.82)	
lnUSEPU * liquidity				-3.753 (-0.96)
MaPP	-21.811* (-2.03)			
capital		-22.145 (-1.63)		
credit			-42.470* (-1.84)	
liquidity				-19.202 (-1.04)
常数	31.446 (1.67)	31.415** (2.53)	29.874 (1.55)	30.561 (1.63)
N	2 016	2 016	2 016	2 016
R^2	0.048	0.046	0.048	0.044

注：根据 Stata 模型结果整理；括号内为 t 值；* 表示通过10%的显著水平，** 表示通过5%的显著水平，*** 表示通过1%的显著水平。

从表5-10来看，在新兴市场国家组，美国 EPU 指数与不同宏观审慎政策工具的交互项均为负，但只有与信贷类工具的交互项系数依然显著，这意味着当美国 EPU 指数上升时，新兴市场国家只有执行紧缩的信贷类宏观审慎政策才能在一定程度上削弱美国 EPU 指数对短期跨境资本流动的影响，避免短期跨境资本的大幅波动。

表 5-10　新兴市场国家宏观审慎政策的回归结果

	（1） SGF1	（2） SGF1	（3） SGF1	（4） SGF1
lnUSEPU	1.339	1.199**	1.257	1.304
	(1.70)	(2.05)	(1.66)	(1.66)
lnUSEPU * MaPP	−1.075			
	(−1.52)			
lnUSEPU * capital		−2.290		
		(−1.21)		
lnUSEPU * credit			−3.209**	
			(−2.32)	
lnUSEPU * liquidity				0.705
				(0.57)
MaPP	−6.065*			
	(−1.73)			
capital		−11.255		
		(−1.15)		
credit			−16.869**	
			(−2.55)	
liquidity				−2.075
				(−0.34)
常数	15.288*	15.386**	15.276*	14.014
	(1.79)	(2.07)	(1.82)	(1.65)
N	1 956	1 956	1 956	1 956
R^2	0.040	0.039	0.040	0.041

注：根据 Stata 模型结果整理；括号内为 t 值；* 表示通过10%的显著水平，** 表示通过5%的显著水平，*** 表示通过1%的显著水平。

5.5.3.3　产生异质性的原因分析

对比发达国家组与新兴市场国家组可知，宏观审慎监管政策在不同经济发展程度下存在显著差异，为了进一步厘清政策执行效果差异的原因，将从金融市场发展程度、国家制度质量两个方面进行分析。同样，为了分组子样本回归结果比较的规范性，对核心解释变量进行了费舍尔组合检验，检验的 P 值如表 5-11 和表 5-12 最后一行所示。

表 5-11　不同金融发展程度的回归结果

	样本 1 SGF1	样本 2 SGF1
lnUSEPU	0.808	1.719*
	(0.68)	(2.07)
lnUSEPU * MaPP	−5.742**	−1.004
	(−2.76)	(−1.18)
MaPP	−29.379**	−5.767
	(−2.72)	(−1.38)
常数	18.587	17.728*
	(0.89)	(1.95)
N	1 676	1 616
R²	0.064	0.038
P 值	0.068*	

注：根据 Stata 模型结果整理；括号内为 t 值；* 表示通过 10% 的显著水平，** 表示通过 5% 的显著水平，*** 表示通过 1% 的显著水平。

　　首先将以金融发展程度的中位数为划分依据，高于金融发展程度中位数的称之为高金融发展程度组，反之为低金融发展程度组。为了进一步明晰发达国家组和新兴市场组之间的差异性，将同时属于发达国家组和高金融发展程度组作为样本 1，将同时属于新兴市场国家组和低金融发展程度组作为样本 2，回归结果如 5-11 所示。从回归结果来看，美国 EPU 指数与宏观审慎政策的交互项都为负，但是样本 1 的系数显著，而样本 2 不再显著，这说明对于经济发展程度高且具有高金融发展水平的国家来说，宏观审慎政策可以显著削弱美国 EPU 指数对短期跨境资本流动的正向影响，也进一步说明金融发展程度对宏观审慎政策遏制短期跨境资本流动存在显著差异。

　　同样地，为区分不同经济发展程度下制度质量产生的差异性，选用WGI 数据库中的制度质量作为一国制度执行效率的代理变量，将以制度质量的中位数为划分依据，高于制度质量中位数的称之为高制度质量组，反之为低制度质量组。为了进一步明晰发达国家组和新兴市场组之间的差异性，将同时属于发达国家组和高制度质量组作为样本 1，将同时属于新兴市场国家组和低制度质量组作为样本 2，回归结果如 5-12 所示。从表 5-12 来看，样本 1 中美国 EPU 指数与宏观审慎政策的交互项为显著为负，但是样本 2 中交互项系数为正且显著。这说明对于经济发展程度高且具有高制度质量的国家来说，宏观审慎政策可以显著削弱美国EPU指数对短期跨境资本流动的影响，但对于经济发展程度低且制度质量较低的国家来说，即使执行宏观审慎政策，受政府政策质量和执行力度的影响，也会使该政策流于形式，甚至可能给国际投资者创造投机空间，导致反向效果，即增强美国EPU指数对短期跨境资本流动的促进作用，也进一步说明制度质量确实对宏观审慎政策影响短期跨境资本流动存在显著差异。

表5-12　不同制度质量的回归结果

	样本 1 SGF1	样本 2 SGF1
lnUSEPU	2.094	1.892*
	(1.53)	(1.87)
lnUSEPU * MaPP	-4.870*	0.176
	(-1.80)	(0.16)
MaPP	-25.002*	-0.518
	(-1.83)	(-0.10)
常数	26.070	18.020*
	(1.58)	(2.03)
N	990	965
R²	0.080	0.075
P 值	0.036**	

注：根据 Stata 模型结果整理；括号内为 t 值；* 表示通过10%的显著水平，** 表示通过5%的显著水平，*** 表示通过1%的显著水平。

5.6　本章小结

短期跨境资本具有高投机性、高流动性等特点，美国经济政策不确定性通过投资组合再平衡效应和安全资产转移效应引发短期资本在国际流动，增加短期国际资本的波动性，主要结论如下：

第一，美国EPU指数对短期跨境资本流动的影响显著为正，这意味着美国EPU指数上升，会显著增加短期跨境资本流动规模，这说明美国经济政策不确定性主要通过投资组合再平衡效应影响短期资本流动。

第二，从传导机制来看，美国经济政策不确定性影响短期跨境资本流动的渠道按重要性依次为资产价格渠道、汇率渠道、风险传染渠道和利差渠道。

第三，从异质性分析来看，美国 EPU 指数对短期资本流动的显著正向影响主要体现在新兴市场国家；美国 EPU 指数上升时，金融发展程度并不会直接左右美国 EPU 指数对短期跨境资本流动的影响。

第四，考察宏观审慎政策对美国 EPU 指数影响短期跨境资本流动的调节作用发现，宏观审慎政策可以在一定程度上削弱美国 EPU 指数引起的短期跨境资本流动增加，尤其是紧缩的资本类宏观审慎工具和信贷类宏观审慎工具的作用明显。同时，对比发达国家组与新兴市场国家组，宏观审慎监管政策的调节作用在不同经济发展水平下存在显著差异，导致宏观审慎政策执行效果差异的原因主要体现在金融市场发展程度和制度质量。

6 美国经济政策不确定性影响跨境资本异常流动的实证分析

6.1 引言

　　2008 年世界金融危机之前，各国普遍出现了跨境资本流入激增的现象，危机时跨境资本流动出现萎缩，甚至发生了跨境资本流动突停。世界金融危机之后发达国家普遍执行量化宽松政策，全球流动性大幅增加，大量资金借由跨境资本流入各国市场，全球跨境资本流入激增现象增加。2020 年新冠病毒感染疫情暴发，跨境资本流动再次呈现了"大逆转"。IMF《2020 年全球金融稳定报告》显示，新冠病毒感染疫情以来，约 1000 亿美元资本流回美国，占到了新兴经济体 GDP 的 0.4% 左右。新冠病毒感染疫情后美国执行的零利率政策和无限量化宽松政策促使大量美元外流，中国作为率先控制住疫情的新兴市场国家，成为了新冠病毒感染疫情后最具外资吸引力的国家，大量跨境资本流入极大地冲击着我国金融市场。2021 年疫情逐步得到控制，美联储宣布加息缩表，开始退出量化宽松政策又再次引起跨境资本大幅回流，造成跨境资本异常流动。近年来美国频繁地调整货币、财政与贸易政策，极大地推高了美国经济政策不确定性，不断攀升的美国经济政策不确定性会在一定程度上影响跨境资本流动的规模与方向，导致跨境资本异常流动进一步加剧。

　　跨境资本异常流动凸显了跨境资本流动风险的国际传染性，也更易触发各国乃至全球金融系统失衡。本章将聚焦跨境资本流动的波动性指标——跨境资本异常流动，探讨美国经济政策不确定性对跨境资本异常流动的影响。这不仅有助于防范因美国经济政策不确定性带来的跨境资本异常流动，也有助于应对跨境资本异常流动对宏观经济和金融市场带来的冲击。采用 2000 年 1 季度到 2019 年 4 季度的 48 个国家的跨国面板数据，构建 Logit 模型实证检验美国经济政策不确定性对跨境资本异常流动的影响，探究两者之间的传导渠道，从不同类型经济政策不确定性、不同类别的跨境资本异常流动以及经济发展程度三个方面进行异质性分析，还进一步探讨了金融市场的调节作用。

6.2　理论分析与假说

根据 Forbes 和 Warnock（2012）① 对跨境资本异常流动的分类，将跨境资本异常流动划分为激增、突停、外逃和撤回。激增和突停是从总资本流入角度测算，其中激增是指来自外国投资者的跨境资本流入大幅增加，突停是指来自外国投资者的跨境资本总流入大幅减少；外逃和撤回是从总资本流出角度测算，其中外逃是指本国投资者的跨境资本总流出大幅增加，撤回是指本国投资者的跨境资本总流出大幅下降。下面将从实物期权理论、风险规避理论和资本本土化理论三个方面分析美国经济政策不确定性对跨境资本异常流动产生的影响。

第一，实物期权理论。投资利润受未来投资活动带来的选择权影响，未来投资决策又受到投资者对未来市场的预期影响。美国经济政策不确定性增加，意味着未来美国执政当局可能会调整自身政策，且调整政策后的实施效果存在较大不确定性，进一步提升了全球投资的不确定性，影响着国际投资者对未来投资收益的预期。国际投资者们面临较大不确定性时，大都持观望态度（wait to see），倾向于采取延迟、减少甚至中止一些尚未开展的海外投资计划。同时，相较于本国投资者，境外投资者面临着更大的信息不对称，对东道国未来投资收益的负面预期也会增强，进而选择延迟或暂停尚未开展的海外投资计划，并进一步控制或缩小现有的投资规模。故当美国经济政策不确定性上升时，跨境资本流入激增现象减少、跨境资本突停现象增加。

基于以上分析，提出第一个假说：

---

① FORBES, K. J., WARNOCK, F. E. Capital Flow Waves：Surges, Stops, Flight and Retrenchment [J]. Journal of International Economics，2012，88（2）：235-251.

假说6.1：美国经济政策不确定性上升会增加跨境资本突停的可能性，降低跨境资本激增可能性。

第二，风险规避理论。国际投资者对风险的敏感性越强，受美国经济政策不确定性影响越大。当美国经济政策不确定性增加时，出于风险规避情绪，本国投资者会选择重新配置全球投资结构，选择从风险性比较大的国家撤回，投资到一些金融市场更加完善、风险抵御能力更强的国家，"逃向安全资产"（flight to safty）的风险规避行为，导致国际资本的撤回现象增加。

第三，资本本土化理论。资本本土化理论是指投资于该经济体的所有资本，不论是本国投资还是海外投资，都会对当地产生较大的投资粘性，不会轻易产生流出的现象（刘场 等，2020①）。因此，面临美国经济政策不确定性上升，虽然投资收益存在较大波动性，但本土所有投资者会因投资不可逆性原因等待观望，在政策明朗化以后再做出后续决策。此时所有资本都呈现一定的本土化倾向，即美国经济政策不确定性在一定程度上抑制了现有跨境资本流出。投资者一方面会撤回尚未开展海外投资计划，将资本留在国内，导致国际资本撤回增加；另一方面，出于投资本土化倾向，投资者继续维持当前现有跨境投资规模，导致国际资本外逃现象下降。

基于以上分析，提出第二个假说：

假说6.2：美国经济政策不确定性上升会增加跨境资本撤回的可能性，降低跨境资本外逃的可能性。

6.3 模型设定与变量选择

6.3.1 模型设定

本章主要研究跨境资本异常流动，包括激增、突停、外逃和撤回四种状态，根据测算和识别各国总资本流动（总流入和总流出），将发生了资本激增、资本突停、资本外逃和资本撤回的情况赋值为1，未发生时赋值

---

① 刘场，徐晓萌，王学龙. 政策不确定性、隐性市场干预与资本异常流动：基于15个新兴经济体面板数据的研究［J］. 世界经济研究，2020（5）：123-134，137.

为 0。由于被解释变量属于二元选择变量，参考刘旸等（2020）的模型设定，构建面板 Logit 模型进行回归分析：

$$\text{Prob}(flows_{it}) = \alpha + \beta_1 \ln USEPU_t + \beta_2 X_{it} + \eta_i + \varepsilon_{it} \qquad (6.1)$$

为探讨金融市场对美国经济政策不确定性影响跨境资本异常流动的调节作用，进一步在公式（6.1）引入了美国经济政策不确定性与金融市场指标的交互项，具体的模型设定如下所示：

$$\text{Prob}(flows_{it}) = \alpha + \beta_1 \ln USEPU_t + \beta_2 \ln USEPU_t \times \text{FIN}_{it} + \beta_3 X_{it} + \eta_i + \varepsilon_{it}$$

$$(6.2)$$

其中，$flows_{it}$ 是被解释变量，表示国家 i 在第 t 期发生了跨境资本异常流动，包含激增（surge）、突停（stop）、外逃（flight）和撤回（retrenchment），当发生了以上四种情况时，取值 1，否则取值 0。$\ln USEPU_t$ 是核心解释变量，表示美国在 t 期的经济政策不确定性指数。FIN_{it} 是调节变量，表示金融市场发展程度（FD）与资本账户开放程度（kaopen），一般该数值越大，则代表金融市场发展程度越高，资本账户开放程度越高。X_{it} 是控制变量，η_i 是个体效应，ε_{it} 是残差项。

6.3.2 变量选择及来源

6.3.2.1 被解释变量及来源

被解释变量为跨境资本异常流动，主要包括总资本异常流动、FDI 异常流动、跨境证券资本异常流动和跨境银行信贷异常流动，基础数据来源于 IMF 的 BOP 数据库，借用 Forbes 和 Warnock（2012）[①] 的方法计算得出总资本异常流动和不同类型跨境资本异常流动的数据[②]。

6.3.2.2 核心解释变量及来源

核心解释变量为美国经济政策不确定性（lnUSEPU）。有关政策不确定性的衡量，依然采用 Baker et al.（2016）所构建的美国经济政策不确定性指数，采用简单算术平均的方法测算其季度平均值作为代理指标，在稳健性检验中则采用了几何平均数作为代理变量。该指标来自经济政策不确定性网站。

---

① FORBES, K. J., AND WARNOCK, F. E. Capital Flow Waves：Surges, Stops, Flight and Retrenchment [J]. Journal of International Economics, 2012, 88（2）：235-251.

② 具体参考 3.2.1.3 波动性跨境资本流动的测算结果。

6.3.2.3 其他控制变量及来源

为防止出现遗漏变量问题，还选择了以下控制变量：

全球流动性（GLQ）。全球流动性是将美国、日本、英国、欧洲四个国家和地区广义货币供应量①进行 GDP 加权，作为全球流动性的代理指标。一般来说，全球流动性越大，则全球资本越充裕，用于国际投资的资本越多，越容易引起跨境资本异常流动。数据来自于 CEIC 数据库。

经济规模（lnGDP）采用 GDP 的增长率来衡量，一般来说，一国经济的规模作为拉动因素，其规模增长速度越快，跨境资本流入的可能性越大。

通货膨胀率（CPI）反映各个国家价格水平的变化情况，采用消费者价格指数（CPI）来代理，一般情况下，通货膨胀率越高，投资的成本也越高，此时跨境资本流入的规模会减小。

汇率因素（EX），采用各国实际有效汇率来衡量，当一国实际汇率水平提升，标志着该国货币升值，则国际投资者对其产生升值预期，越倾向于投资该国，反之则会撤出该国。

利率因素（rate），采用各国货币市场利率来代理，一般来说该利率越高说明投资该国获取的投资收益越高，国际资本越倾向于投资该国。

金融发展程度（FD）采用 Svirydzenka（2016）构建的金融市场综合指标来衡量各国金融市场发展程度。一般来说该值越大，表明该国的金融发展程度越高，可以减轻信息不对称和融资约束问题，越有可能吸引跨境资本流入。

贸易开放程度（Tropen）采用进出口总额占 GDP 的比重来衡量，一般来说贸易开放程度越高，跨境资本流入量越大。

资本账户开放程度（kaopen）采用 Chinn 和 Ito（2008）② 提出的资本账户开放程度来代理，更新到 2019 年，该值越大，意味着资本账户开放程度越高。

资产价格（lnstock）将采用样本国家代表性股票市场大盘指数来衡量，计算代表性股票市场大盘指数的增速作为该国资产价格的代理变量。

---

① 注意这 4 个国家和地区的广义货币供应量指标有所不同，美国和日本为 M2，英国为 M4，欧元区为 M3，此处统称"广义货币供应量"，其中欧元区已剔除英国的相关数据。

② Chinn, M. D., Ito, H. A New Measure of Financial Openness [J]. Journal of Comparative Policy Analysis Research & Practice, 2008, 10（3）：309-322.

一般来说，一国股票市场大盘指数增加，意味着资产价格上升，则跨境资本流入增加。

以上数据均来自 IMF 数据库、Wind 数据库、CEIC 数据库和彭博数据库。本书选择了 2000 年第 1 季度到 2019 年第 4 季度 48 个跨国面板数据①。由于跨境资本异常流动的计算会损失约 17 期数据，故模型中的样本期实际为 2004 年第 3 季度到 2019 年第 4 季度。为了剔除异常值，对以上数据进行了 1% 的缩尾处理，并对一些控制变量进行对数处理，数据描述性统计如表 6-1 所示。

表 6-1 描述性统计

变量	数量	均值	标准差	最小值	最大值
lnUSEPU	2 976	4.785 6	0.346 6	3.953 0	5.459 9
lnGLQ	2 976	1.279 5	2.700 2	−5.528 3	8.150 1
lnGDP	2 976	11.540 9	1.511 6	8.023 5	15.175 8
CPI	2 976	3.557 3	3.911 1	−1.403 3	27.910 0
rate	2 976	3.688 4	4.137 7	−0.500 0	25.900 0
EX	2 976	99.181 8	12.843 0	54.265 5	140.855 8
FD	2 976	0.564 2	0.210 1	0.149 8	0.955 6
lntropen	2 952	4.312 6	0.534 6	3.116 6	5.895 6
kaopen	2 976	0.715 2	0.331 4	0.000 0	1.000 0
lnstock	2 976	0.693 7	4.725 9	−15.773 9	14.530 8

6.4 实证结果分析

6.4.1 基础回归结果分析

美国 EPU 指数对跨境资本异常流动的实证回归结果如表 6-2 所示，其中列（1）是资本激增，列（2）是资本突停，列（3）是资本外逃，列（4）是资本撤回。总体上来看，美国 EPU 指数对跨境资本异常流动都产

---

① 与第五章选用的样本国家一致，不再赘述。

生了显著影响，美国 EPU 指数与资本激增、外逃呈现显著负相关，与资本突停、撤回呈显著正相关。美国 EPU 指数上升时，所有投资者的收益都将受到不确定冲击。此时，受现有投资不可逆程度的影响，不论是国内还是国际投资者都呈现"资本本土化"倾向，具体表现为外部投资者减少国际投资，总资本流入减少，内部投资者进一步减少资本流出①。这一研究结果与刘旸等（2020）的结论一致。

　　具体来看，列（1）和列（2）说明，从资本总流入角度看，当美国 EPU 指数上升时，一国资本激增的概率下降，而资本突停的概率加大。这是由于跨境投资的不确定性较大时，投资者处于"等待观望"状态，倾向于延迟海外投资计划，因此降低了各国资本流入激增的概率，增加资本流入突停的概率。同时，列（3）和列（4）说明，从资本总流出角度看，当美国 EPU 指数上升时，全球投资不确定性都普遍增强，跨境资本外逃的可能性下降，资本撤回的概率有所增加。这是由于面对高企的美国经济政策不确定性，受资本本土化影响，投资者们都倾向于将资本留在国内，使得这一时期资本外逃的概率降低。同时，受"逃向安全资产"的影响，本国投资者倾向于撤回对高风险国家的投资，增加资本撤回的可能性。

表 6-2　基础回归结果

	(1) surge	(2) stop	(3) flight	(4) retrenchment
lnUSEPU	−1.644***	1.365***	−1.949***	1.126***
	(−6.55)	(6.72)	(−7.36)	(5.58)
kaopen	1.919***	−0.358	0.959	0.702
	(2.74)	(−0.66)	(1.35)	(1.18)
lnGLQ	0.045*	−0.056***	0.035	−0.033
	(1.92)	(−2.78)	(1.45)	(−1.61)
rate	−0.090***	0.067***	0.034	0.034
	(−2.68)	(2.78)	(1.12)	(1.26)
lnGDP	−1.536***	−1.714***	−0.962***	−2.031***
	(−4.41)	(−5.86)	(−2.73)	(−6.52)

---

① 这里的外部投资者是指尚未进入该国投资的国际投资者，内部投资者是指已经进入该国的国际投资者，既包括本国也包括外国的投资者。

表6-2(续)

	(1) surge	(2) stop	(3) flight	(4) retrenchment
lntropen	−0.987	−2.608***	1.985***	−4.069***
	(−1.58)	(−5.04)	(3.01)	(−7.56)
CPI	0.073**	0.083***	0.083***	0.073***
	(2.44)	(3.59)	(2.67)	(2.72)
EX	0.027***	0.033***	0.018*	0.037***
	(2.60)	(4.47)	(1.90)	(4.71)
FD	2.219	3.067*	3.269	4.797***
	(1.19)	(1.81)	(1.62)	(2.75)
lnstock	−0.006	−0.015	0.024	−0.024**
	(−0.39)	(−1.30)	(1.52)	(−1.97)
N	2 270	2 850	2 478	2 952

注：根据 Stata 模型结果整理；括号内为 t 值；* 表示通过 10%的显著水平，** 表示通过 5%的显著水平，*** 表示通过 1%的显著水平。

6.4.2 基于 Logit 模型的传导机制再检验

与第四章和第五章有关传导机制再检验一样，将美国 EPU 指数对四个传导机制变量进行回归，检验美国 EPU 指数是否会影响国内外利差、汇率、资产价格以及全球投资者避险情绪，由于样本期发生了变化，故列示美国 EPU 与传导机制变量的回归结果，具体如表 6-3 所示。美国 EPU 指数对国内外利差和汇率存在显著负向影响，对资产价格和全球投资者避险情绪呈显著正向影响，四个回归的系数符号与第五章一致，进一步证明该结果具有稳健性。

表 6-3 美国 EPU 与传导机制变量的回归结果

	(1) USRr	(2) EX	(3) lnstock	(4) lnVIX
lnUSEPU	−0.855***	−8.804***	0.741***	0.498***
	(−5.22)	(−6.00)	(2.95)	(51.79)
控制变量	是	是	是	是

表6-3(续)

	(1) USRr	(2) EX	(3) lnstock	(4) lnVIX
常数	40.808***	-9.551	53.700***	5.813***
	(3.24)	(-0.39)	(9.87)	(17.12)
个体固定效应	是	是	是	是
时间固定效应	否	否	否	否
N	3 972	3 972	3 972	3 972
R²	0.186	0.250	0.119	0.498

注：根据 Stata 模型结果整理；括号内为 t 值；* 表示通过 10% 的显著水平，** 表示通过 5% 的显著水平，*** 表示通过 1% 的显著水平。

将利差、汇率、资产价格和风险传染四个传导机制变量依次剔除资本激增、资本突停、资本外逃和资本撤回的回归方程，回归结果如表 6-4 所示，其中列(1)-列(4)依次为剔除利差、汇率、资产价格和风险传染后的回归结果，列(5)是纳入了所有机制变量的回归。

从资本激增的渠道检验结果来看（表 6-4），美国 EPU 指数对资本激增的影响依然显著为负，且除列(4)外回归系数均略有下降。其中，不纳入利差变量时，美国 EPU 指数上升 1%，资本激增的概率下降 0.596，而纳入后，资本激增概率减少为 0.552，回归系数下降约 7.38%；不纳入汇率变量时，美国 EPU 指数上升 1%，资本激增的概率下降 0.939，纳入后，回归系数下降 41.21%；不纳入资产价格变量时，美国 EPU 指数上升 1%，资本激增的概率下降 0.553，纳入后，回归系数下降约 0.181%；不纳入全球投资者避险情绪，回归系数不显著，而纳入后，回归系数显著为负。由此可见，美国 EPU 指数主要通过汇率渠道影响资本激增，利差渠道的传导作用次之，资产价格的传导作用最弱，而风险传染渠道几乎没有呈现传导作用。

从资本突停的渠道检验结果来看（表 6-4），美国 EPU 指数对资本突停的影响显著为正，且除列(2)、列(3)外，回归系数均有明显下降。具体来看，当不纳入利差时，美国 EPU 指数上升 1%，资本突停的概率上升 9.605，纳入利差后，资本突停概率为 8.11，回归系数下降约 15.56%；当不纳入汇率时，美国 EPU 指数上升 1%，资本突停概率上升 7.938，纳入全球投资者情绪变量后，回归系数增加约 2.17%；当不纳入资产价格时，美国 EPU 指数上升 1%，资本突停概率上升 8.062，纳入全球投资者情绪后，回归系数增加约 0.60%；当不纳入全球投资者情绪变量时，美国 EPU 指数上升 1%，资本突停概率则会上升 13.602，纳入全球投资者情绪变量后，回归系数下降约 40.38%。由此可见，美国 EPU 影响资本突停的渠道中，风险传染渠道的作用最显著，汇率渠道的作用次之，利差渠道和资产价格渠道的传导作用并不明显。

表6-4　渠道回归结果

	（1）	（2）	（3）	（4）	（5）
surge					
lnUSEPU	−0.596**	−0.939***	−0.553**	−0.074	−0.552**
	（−2.27）	（−3.87）	（−2.11）	（−0.28）	（−2.11）
N	2 418	2 418	2 418	2 418	2 418
stop					
lnUSEPU	9.605***	7.938***	8.062***	13.602***	8.110***
	（3.39）	（2.79）	（2.80）	（4.77）	（2.84）
N	3 034	3 034	3 034	3 034	3 034
flight					
lnUSEPU	−0.661**	−0.878***	−0.672**	−0.324	−0.661**
	（−2.52）	（−3.60）	（−2.54）	（−1.18）	（−2.52）
N	2 704	2 704	2 704	2 704	2 704
retrenchment					
lnUSEPU	10.610***	9.893***	10.076***	14.884***	10.044***
	（3.64）	（3.36）	（3.41）	（4.49）	（3.41）
N	3 144	3 144	3 144	3 144	3 144
控制变量	是	是	是	是	是
是否纳入机制变量	不纳入 USRr	不纳入 EX	不纳入 lnstock	不纳入 lnVIX	全部纳入

注：根据 Stata 模型结果整理；括号内为 t 值；* 表示通过 10% 的显著水平，** 表示通过 5% 的显著水平，*** 表示通过 1% 的显著水平。

　　从资本外逃的渠道检验结果来看（见表6-4），除列（4）外，美国

EPU 指数对资本突停的影响显著为负，且回归系数略有下降。具体来看，纳入利差变量前后，美国 EPU 上升 1%，资本外逃概率均会下降 0.661，基本无差异，说明利差渠道的传导作用并不明显；当不纳入汇率变量时，美国 EPU 指数上升 1%，资本外逃概率则会下降 0.878，纳入汇率变量后，回归系数下降约 24.72%；当不纳入资产价格时，美国 EPU 指数上升 1%，资本外逃概率则会下降 0.672，纳入资产价格变量后，回归系数下降约 1.64%；当不纳入全球投资者情绪变量时，美国 EPU 指数上升 1%，资本外逃概率则会下降 0.324，但结果并不显著。因此，美国 EPU 指数影响资本外逃的渠道中，汇率渠道的传导作用最为显著，资产价格渠道的传导作用较弱，利差渠道和风险传染渠道的作用并不明显。

从资本撤回的渠道检验结果来看（见表 6-4），美国 EPU 指数对资本撤回的影响显著为正，且除列（2）外，回归系数均有明显下降。具体来看，当不纳入利差变量时，美国 EPU 指数上升 1%，资本撤回概率则会上升 10.610，纳入利差变量后，资本撤回概率下降为 10.044，回归系数下降约 5.33%；当不纳入汇率变量时，美国 EPU 上升 1%，资本撤回概率上升 9.893，纳入汇率变量后，回归系数增加约 1.53%；当不纳入资产价格时，美国 EPU 上升 1%，资本撤回概率则会上升 10.076，纳入资产价格变量后，回归系数增加约 0.32%；当不纳入全球投资者情绪变量时，美国 EPU 上升 1%，资本撤回的概率则会上升 14.884，纳入利差变量后，回归系数下降约 32.52%。由此可见，美国 EPU 指数影响资本撤回的渠道中，风险传染渠道的作用最显著，利差渠道的作用次之，汇率渠道和风险传染渠道的传导作用并不明显。

6.4.3 异质性分析

6.4.3.1 不同类别经济政策不确定性的异质性分析

为了进一步探讨不同类别的美国经济政策不确定性对跨境资本异常流动的影响，本节使用美国财政政策不确定性指数（F-USEPU）、货币政策不确定性（M-USEPU）和贸易政策不确定性（T-USEPU）分别进行回归检验。表 6-5 分别展示了财政政策不确定性、货币政策不确定性以及贸易政策不确定性对跨境资本异常流动的影响，其中列（1）是资本激增，列（2）是资本突停，列（3）是资本外逃，列（4）是资本撤回。

表 6-5　不同类型经济政策不确定性回归结果

	(1) surge	(2) stop	(3) flight	(4) retrenchment
lnF-USEPU	-0.853 ***	0.440 ***	-1.258 ***	0.418 ***
	(-5.79)	(4.09)	(-7.30)	(3.87)
lnM_ USEPU	-0.217	0.610 ***	-0.775 ***	0.617 ***
	(-1.29)	(4.52)	(-4.32)	(4.43)
lnT_ USEPU	0.034	-0.206 ***	0.108	-0.183 ***
	(0.40)	(-3.08)	(1.20)	(-2.61)
控制变量	是	是	是	是
N	2 270	2 850	2 478	2 952

注：根据 Stata 模型结果整理；括号内为 t 值；* 表示通过 10% 的显著水平，** 表示通过 5% 的显著水平，*** 表示通过 1% 的显著水平。

从实证检验结果来看，美国财政政策不确定性对资本激增和外逃的影响显著为负，说明财政政策不确定性上升会显著降低跨境资本激增和外逃的概率。美国的财政政策不确定性对资本突停和资本撤回的影响显著为正，说明财政政策不确定性上升会显著增加跨境资本突停和撤回的概率。美国财政政策不确定性主要反映的是税收和政府支出的不确定性，尤其是税收的不确定性直接影响跨境资本投资规模。一般来说，若投资者预期一国未来会增税，则会减少对该国的跨境投资，导致跨境资本流入减少，即资本激增概率下降，同时，为了防止未来承担高昂的税费，国际投资者会逐步缩小现有的投资规模，导致跨境资本撤回概率增加；反之，如果预期未来会减税，国际投资者倾向于政策透明化以后再进行投资，以享受优惠税率，使得当前跨境资本流入减少，可能出现跨境资本流入突停。因此，财政政策不确定性会大幅缩减当前的跨境资本流入规模，增加跨境资本流出规模，进而出现资本激增和资本外逃概率下降，资本突停和资本撤回概率上升。

货币政策不确定性对跨境资本突停和撤回的影响显著为正，对跨境资本外逃的影响显著为负，但对跨境资本激增的负向影响不再显著。美国货币政策不确定性主要体现美联储对利率、公开市场操作、量化宽松的执行与退出等方面的调整，美元流动性的多寡直接影响跨境资本的大进大出。样本期内美联储大致执行了四轮量化宽松政策，分别是在 2008—2010 年金融危机期间，2010—2011 年和 2012—2014 年欧债危机期间，2020—2021

年新冠病毒感染疫情期间。随着美国国内经济恢复和新冠病毒感染疫情逐步得到控制，美联储又着手退出量化宽松政策。这期间美国货币政策不确定性高涨，每一轮量化宽松政策都会导致大量美元流出美国，导致各国跨境资本流入增加，使得跨境资本激增概率增加、突停概率下降；随着美联储退出量化宽松又会导致新一轮跨境资本大幅流出，全球投资环境不确定增强，投资者更加谨慎，使得跨境资本外逃减少、撤回增加。美联储如此反复的货币政策增强了跨境投资的不确定性，也增强了跨境资本流动的波动性。

与其他两类政策不确定性相比，贸易政策不确定性对跨境资本异常流动的影响具有较大差异。实证结果显示，美国贸易政策不确定性对跨境资本激增和外逃呈正向影响，但不显著；对跨境资本突停和撤回呈现显著负向影响。这主要反映由于贸易政策不确定性，美国政府对于进出口关税、进口壁垒、出口补贴以及贸易协定等方面的调整与改变。特朗普政府时期美国在全球范围内主动挑起了贸易战，尤其是 2018 年中美两个大国之间的贸易战，重伤了各国进出口贸易，极大地增强了世界贸易的不确定性，也导致全球避险情绪飙升。传统贸易理论认为国际贸易与国际投资具有相互替代性，当美国贸易政策不确定性上升时，国际贸易规模会减少，进而导致跨境资本投资规模增加。为了尽可能地规避贸易政策不确定性带来的风险，一些企业会选择直接在海外投资建厂，扩大现有海外直接投资规模，进而提高跨境资本激增和外逃概率，同时，也会导致跨境资本突停和撤回的概率下降。

6.4.3.2 不同类型资本异常流动的异质性分析

美国经济政策不确定性对一些投资不可逆程度较高的跨境投资的影响程度相对较小，而对易变性和投机性强的跨境证券投资影响较大。因此，不同类型的跨境资本流动受美国经济政策不确定性影响可能出现异质性。本节主要探讨美国 EPU 指数对不同类型跨境资本异常流动的异质性影响，实证结果如表 6-6 所示，其中列（1）、列（2）、列（3）和列（4）分别表示不同类型跨境资本流动的激增、突停、外逃和撤回。

表 6-6　不同类型跨境资本异常流动回归结果

	（1） FDIsurge	（2） FDIstop	（3） FDIflight	（4） FDIretrenchment
lnUSEPU	−0.800 ***	0.645 ***	−1.949 ***	1.126 ***
	（−3.75）	（2.63）	（−7.36）	（5.58）
控制变量	是	是	是	是
N	2 766	2 208	2 478	2 952
	SECsurge	SECstop	SECflight	SECretrenchment
lnUSEPU	0.093	0.445 **	−0.489 **	0.518 ***
	（0.38）	（2.02）	（−2.14）	（2.60）
控制变量	是	是	是	是
N	2 394	2 642	2 478	2 850
	CREsurge	CREstop	CREflight	CREretrenchment
lnUSEPU	−1.249 ***	1.736 ***	−0.270	1.150 ***
	（−5.02）	（7.94）	（−0.99）	（5.50）
控制变量	是	是	是	是
N	2 146	2 706	2 416	2 666

注：根据 Stata 模型结果整理；括号内为 t 值；* 表示通过 10% 的显著水平，** 表示通过 5% 的显著水平，*** 表示通过 1% 的显著水平。

从表 6-6 可知，美国 EPU 指数对 FDI、跨境证券投资、跨境银行信贷的异常流动存在异质性影响。从 FDI 异常流动实证结果来看，它与总资本异常流动的结果类似，美国 EPU 指数对 FDI 激增、FDI 外逃的影响显著为负，对 FDI 突停和撤回的影响显著为正，这意味着美国 EPU 指数上升，会降低 FDI 激增、FDI 外逃的发生概率，但会增加 FDI 突停和撤回的发生概率。这是由于 FDI 的投资规模大、期限长，受全球宏观环境影响较大，美国经济政策不确定性增加，导致全球宏观投资环境恶化。为规避可能存在的投资风险，投资者都处于观望状态，减少 FDI 投资，导致 FDI 流入与流出均下降，增加了 FDI 突停的风险，降低了 FDI 激增和 FDI 外逃的可能性。同时，若美国 EPU 指数较高，引发全球性投资风险，跨境投资者会将投资转向安全地带，即出现"逃向安全资产"，导致跨境资本撤回增加。

从跨境证券投资异常流动的实证结果来看，美国 EPU 指数对跨境证券投资突停和撤回的影响显著为正，这意味着美国 EPU 指数增加会显著增加跨境证券投资突停和撤回的概率，这是由于跨境证券投资时间短、投机性强，受到冲击时可以快速改变投资规模和方向。因此，当美国 EPU 指数上升时，跨境证券投资会立刻停止投资、撤回现有投资，造成跨境资本突停和撤回大幅增加。同时，美国 EPU 指数对跨境证券投资外逃的影响显著为负，当国际投资环境不明朗时，国内投资者出于避险考虑，会减少跨境证券投资流出，降低跨境证券投资外逃的概率，但美国 EPU 指数对跨境证券激增的影响为正且不显著，可能的解释是，证券投资具有期限短、投机性较强的特征。当美国 EPU 指数上升时，针对一些风险承受能力较强的证券投资者可能出于投机动机快速在合适的国家布局短期证券投资，导致一些国家的跨境证券投资激增，但也存在对风险较为敏感的投资者，面对不断增强的投资不确定性，他们选择大幅减少跨境证券投资，逃向安全资产，一正一负的影响最终导致美国 EPU 指数对跨境证券投资激增的影响并不显著。

从跨境银行信贷异常流动的实证结果来看，美国 EPU 指数对跨境银行信贷突停和撤回的影响显著为正，对跨境银行信贷激增的影响显著为负，但对跨境银行信贷外逃的影响并不显著。这意味着，美国经济政策不确定性上升，会显著增加跨境银行信贷突停和撤回的概率，显著降低跨境银行信贷激增的概率，但对跨境银行信贷外逃的概率影响并不明显。这可能是由于，跨境银行信贷一般期限长、规模大，且与世界经济增长前景息息相关，当美国 EPU 指数上升时，世界经济前景不确定性加强，跨境投资者的避险情绪上升，进而减少对世界各国的贷款和贸易信贷业务，甚至会逐步撤出原来的信贷投资，尽可能降低信用风险，规避信贷损失，导致跨境银行信贷减少、撤回增加，进而增加了跨境银行信贷突停概率和撤回概率，减少了激增的概率。

6.4.3.3 不同经济发展程度的异质性分析

一国经济发达程度不同，抵御外来风险的能力也不一样。一般来说经济发展程度越高，跨境资本流入和流出的规模越大，当美国经济政策不确定性增加时，跨境资本流动的波动性也越大。为验证这一情况，通过区分发达国家和新兴市场国家进一步探讨不同经济发展程度产生的异质性影响，结果如表 6-7 所示。

表 6-7　不同经济发展程度的回归结果

发达国家	(1) surge	(2) stop	(3) flight	(4) retrenchment
lnUSEPU	−2. 146 ***	2. 155 ***	−3. 473 ***	1. 666 ***
	(−4. 82)	(6. 46)	(−6. 46)	(5. 47)
控制变量	是	是	是	是
N	1 054	1 426	1 116	1 488
新兴国家	surge	stop	flight	retrenchment
lnUSEPU	−1. 600 ***	0. 908 ***	−1. 644 ***	0. 763 **
	(−4. 82)	(3. 20)	(−4. 73)	(2. 48)
控制变量	是	是	是	是
N	1 216	1 424	1 362	1 464
P 值	0. 513	0. 039 **	0. 032 **	0. 148

注：根据 Stata 模型结果整理；括号内为 t 值；* 表示通过10%的显著水平，** 表示通过5%的显著水平，*** 表示通过1%的显著水平。

从表 6-7 来看，美国 EPU 指数对发达国家和新兴市场国家的跨境资本激增、外逃影响都显著为负，对突停和撤回的影响也都显著为正，但通过费舍尔组合检验来看，美国 EPU 指数对跨境资本激增和撤回的影响在发达国家组和新兴市场国家组之间并无显著差异，但美国 EPU 指数对跨境资本突停和外逃的影响在发达国家组和新兴市场国家组之间存在显著差异。美国 EPU 指数每上升 1%，发达国家发生资本突停的概率上升 2.155，而新兴市场国家资本突停的概率仅上升 0.908；美国 EPU 指数每上升 1%，发达国家发生资本外逃的概率降低 3.473，而新兴市场国家发生资本外逃概率仅降低 1.644。这说明美国 EPU 指数对发达国家跨境资本突停概率和外逃概率的影响显著高于新兴市场国家。这意味着经济发展程度越高，跨境资本流动波动性越大，当美国经济政策不确定性增加时，发生跨境资本异常流动的可能性越大，这也再次佐证发达国家依然主导着当前全球的跨境资本流动规模与方向。

6.5 稳健性检验

Probit 模型也是实证研究常用的离散选择模型，本书将 Logit 模型更换为 Probit 模型进行稳健性检验。但由于 Probit 模型不能采用固定效应，故选用了随机效应。同时，用美国经济政策不确定性的新闻统计指标（lnEPUnews）替换关键变量美国经济政策不确定性（lnUSEPU），利用 Probit 模型回归结果如表 6-8 所示，美国经济政策新闻不确定性指数对跨境资本异常流动的影响在显著性和符号方面均无明显变化，说明该结果具有稳健性。

表 6-8 更换 Probit 模型的回归结果

	（1） surge	（2） stop	（3） flight	（4） retrenchment
lnEPUnews	−1.092***	0.376***	−1.205***	0.228**
	（−9.53）	（3.93）	（−10.70）	（2.35）
kaopen	0.258	0.044	0.060	0.280*
	（0.95）	（0.32）	（0.31）	（1.68）
lnGLQ	0.033***	−0.019*	0.027**	−0.005
	（2.66）	（−1.75）	（2.15）	（−0.48）
rate	−0.029*	0.027**	0.015	0.009
	（−1.69）	（2.25）	（1.07）	（0.68）
lnGDP	−0.219**	−0.018	−0.065	−0.130**
	（−2.22）	（−0.39）	（−1.04）	（−2.04）
lntropen	0.027	0.047	0.308**	−0.260*
	（0.13）	（0.45）	（2.08）	（−1.66）
CPI	0.047***	0.048***	0.053***	0.042***
	（3.07）	（4.18）	（3.69）	（3.23）
EX	0.011***	0.009***	0.002	0.011***
	（2.80）	（3.33）	（0.62）	（3.58）
FD	−0.172	0.884***	0.116	1.265***
	（−0.31）	（3.09）	（0.28）	（3.43）
lnstock	0.005	−0.008	0.014*	−0.011*
	（0.63）	（−1.23）	（1.70）	（−1.71）

表6-8(续)

	（1） surge	（2） stop	（3） flight	（4） retrenchment
常数	4.712 ***	-4.630 ***	2.964 **	-1.838
	(2.79)	(-4.83)	(2.36)	(-1.53)
lnsig2u	-1.059 ***	-3.493 ***	-2.216 ***	-2.687 ***
	(-2.78)	(-5.52)	(-5.16)	(-5.34)
N	2 952	2 952	2 952	2 952

注：根据 Stata 模型结果整理；括号内为 t 值；* 表示通过 10%的显著水平，** 表示通过 5%的显著水平，*** 表示通过 1%的显著水平。

6.6 进一步分析：金融市场的调节作用

6.6.1 金融发展程度的调节作用

一般来说，一国金融发展程度越高，意味着该国的金融市场成熟度、金融市场深度以及金融机构的效率与灵活性越高，那么跨境资本流动规模会越大，也越容易受到跨境资本异常流动的冲击（Nier et al., 2014）[①]。同时，金融发展程度越高意味着跨境资本流入与流出越容易，当美国经济政策不确定性上升时，可能进一步恶化美国 EPU 指数对跨境资本异常流动的影响。为了进一步验证这一关系，本节在回归模型中加入了美国 EPU 指数与金融发展程度的交互项，回归结果如表 6-9 所示。

表 6-9 金融发展程度的调节作用回归结果

	（1） surge	（2） stop	（3） flight	（4） retrenchment
lnUSEPU	-0.571	1.740 ***	0.387	0.081
	(-0.96)	(3.43)	(0.58)	(0.16)
交互项	-2.056 **	-0.624	-4.372 ***	1.713 **
	(-1.97)	(-0.81)	(-3.74)	(2.20)

---

① NIER, E., SEDIK, T. S., MONDINO, T. Gross Private Capital Flows to Emerging Markets: Can the Global Financial Cycle be Tamed? [J]. Imf Working Papers, 2014, 14 (196).

表6-9(续)

	（1） surge	（2） stop	（3） flight	（4） retrenchment
控制变量	是	是	是	是
N	2 270	2 850	2 478	2 952

注：根据 Stata 模型结果整理；括号内为 t 值；* 表示通过 10% 的显著水平，** 表示通过 5% 的显著水平，*** 表示通过 1% 的显著水平。

从表 6-9 交互项的回归结果来看，美国 EPU 指数对跨境资本激增的影响依然为负但不显著，美国 EPU 指数与金融发展程度的交互项显著为负，这意味着金融发展程度进一步降低了美国 EPU 指数对跨境资本激增概率的影响。金融发展程度越高，当美国 EPU 指数上升时，跨境资本流入受到的负向冲击越大，导致跨境资本激增的概率进一步降低；美国 EPU 指数对跨境资本突停的影响显著为正，但交互项的结果并不显著，说明金融发展程度无法对美国 EPU 指数影响跨境资本突停起到调节作用；美国 EPU 指数对跨境资本外逃的影响变为正但并不显著，交互项显著为负，这说明金融发展程度会进一步弱化美国 EPU 指数对跨境资本外逃的正向冲击；美国 EPU 指数对跨境资本撤回的影响依然为正但不再显著，交互项则显著为正，这意味着金融发展程度进一步加强了美国 EPU 指数对跨境资本撤回的正向冲击，即金融发展程度越高，当美国 EPU 指数上升时，发生跨境资本撤回的概率越大。这主要是由于高度发达的金融市场可以使跨境资本快速调整投资规模和投资方向。

进一步探讨金融发展程度对美国 EPU 指数的调节作用在不同类型的跨境资本异常流动之间是否存在异质性，回归结果如表 6-10 所示。从回归结果来看，对 FDI 异常流动来说，金融发展程度越高，会越弱化美国 EPU 指数对 FDI 外逃的正向冲击，还会进一步增强美国 EPU 指数对 FDI 撤回的正向冲击，但对 FDI 激增和突停影响不大。这意味着金融发展程度越高，美国 EPU 指数对 FDI 外逃概率的影响越小，但对 FDI 撤回概率的影响会增强。这是由于美国 EPU 指数上升，世界经济发展的不确定性都会有所增加，处在高程度金融发展国家的投资者会减少对海外的 FDI 输出，导致 FDI 外逃的可能性下降，FDI 撤回的可能性增加。对跨境证券投资异常流动来说，仅跨境证券外逃的交互项显著为正，其余交互项均不显著。也即金融发展程度越高，会显著削弱美国 EPU 指数对跨境证券投资外逃的影响，有利于遏制跨境证券投资大幅流出。同时，对跨境银行信贷异常流动来说，仅跨境银行信贷突停交互项显著为正，其余交互项均不显著。这意味着金融发展程度越高，反而会越增强美国 EPU 指数对跨境银行信贷突停的影响，会导致更多的跨境银行信贷流入减少。

表 6-10　金融发展对不同类型跨境资本异常流动的调节作用

资本类型	变量	(1)	(2)	(3)	(4)
		FDIsurge	FDIstop	FDIflight	FDIretrenchment
FDI	lnUSEPU	−0.558	0.661	0.387	0.081
		(−1.04)	(1.11)	(0.58)	(0.16)
	交互项	−0.405	−0.027	−4.372***	1.713**
		(−0.49)	(−0.03)	(−3.74)	(2.20)
	控制变量	是	是	是	是
	N	2 766	2 208	2 478	2 952
跨境证券投资		SECsurge	SECstop	SECflight	SECretrenchment
	lnUSEPU	0.371	−1.019*	−0.317	1.106**
		(0.62)	(−1.76)	(−0.57)	(2.13)
	交互项	1.154	−0.396	3.341***	−0.408
		(1.15)	(−0.44)	(3.16)	(−0.49)
	控制变量	是	是	是	是
	N	2 394	2 642	2 478	2 850
跨境信贷投资		CREsurge	CREstop	CREflight	CREretrenchment
	lnUSEPU	−1.589***	0.194	−1.807***	0.528
		(−3.04)	(0.45)	(−3.35)	(1.10)
	交互项	−0.077	1.599***	−0.198	0.763
		(−0.12)	(3.07)	(−0.30)	(1.36)
	控制变量	是	是	是	是
	N	2 146	2 706	2 416	2 666

注：根据 Stata 模型结果整理；括号内为 t 值；* 表示通过 10% 的显著水平，** 表示通过 5% 的显著水平，*** 表示通过 1% 的显著水平。

6.6.2　资本账户开放程度的调节作用

除金融发展程度外，资本账户的开放程度决定了跨境资本的流入与流出自由度。一般情况下，资本账户开放程度越高，跨境资本流入流出越自由，发生跨境资本异常流动的可能性也越大。美国经济政策不确定性上升，资本账户开放程度会在一定程度上恶化美国 EPU 指数对跨境资本异常流动的影响。因此，在回归中加入了资本账户开放程度与美国 EPU 指数的交互项，回归结果如表 6-11 所示。

表 6-11　资本账户开放程度的调节作用

	（1） surge	（2） stop	（3） flight	（4） retrenchment
lnUSEPU	-1.589***	0.194	-1.807***	0.528
	（-3.04）	（0.45）	（-3.35）	（1.10）
交互项	-0.077	1.599***	-0.198	0.763
	（-0.12）	（3.07）	（-0.30）	（1.36）
控制变量	Yes	Yes	Yes	Yes
N	2 270	2 850	2 478	2 952

注：根据 Stata 模型结果整理；括号内为 t 值；* 表示通过 10% 的显著水平，** 表示通过 5% 的显著水平，*** 表示通过 1% 的显著水平。

从表 6-11 的回归结果来看，资本账户开放程度仅影响美国 EPU 指数对跨境资本突停的作用，资本账户开放程度越高，美国 EPU 指数上升时，跨境资本突停的概率会进一步增加。考虑到美国经济政策不确定性对全球经济政策不确定性的溢出作用，美国经济政策不确定性增强会加大全球投资环境的不确定性，导致全球投资者的避险情绪增强，使得跨境资本突停的可能性增加。同时，鉴于新兴市场国家是跨境资本流入的主要目的地，这一结果意味着，当美国 EPU 指数上升时，新兴市场国家的跨境资本突停概率会大幅上升。

同样地，进一步考察资本账户开放程度对不同类型跨境资本异常流动的调节作用，实证结果如表 6-12 所示。

表 6-12　资本账户开放程度对不同类型资本异常流动的调节作用

资本 类型	变量	（1） FDIsurge	（2） FDIstop	（3） FDIflight	（4） FDIretrenchment
FDI	lnUSEPU	-1.540***	0.115	-1.807***	0.528
		（-3.30）	（0.21）	（-3.35）	（1.10）
	交互项	0.978*	0.703	-0.198	0.763
		（1.79）	（1.07）	（-0.30）	（1.36）
	控制变量	Yes	Yes	Yes	Yes
	N	2 766	2 208	2 478	2 952

表6-10(续)

资本类型	变量	（1）	（2）	（3）	（4）
		FDIsurge	FDIstop	FDIflight	FDIretrenchment
跨境证券投资	变量	SECsurge	SECstop	SECflight	SECretrenchment
	lnUSEPU	0.115	−0.196	0.016	1.589 ***
		(0.23)	(−0.42)	(0.03)	(3.50)
	交互项	−0.031	0.876	−0.698	−1.383 ***
		(−0.05)	(1.56)	(−1.24)	(−2.64)
	控制变量	Yes	Yes	Yes	Yes
	N	2 394	2 642	2 478	2 850
跨境信贷投资	变量	CREsurge	CREstop	CREflight	CREretrenchment
	lnUSEPU	−2.336 ***	1.334 ***	−1.288 **	1.572 ***
		(−4.42)	(2.90)	(−2.36)	(3.33)
	交互项	1.488 **	0.550	1.424 **	−0.549
		(2.36)	(0.99)	(2.16)	(−1.00)
	控制变量	Yes	Yes	Yes	Yes
	N	2 146	2 706	2 416	2 666

注：根据 Stata 模型结果整理；括号内为 t 值；* 表示通过 10% 的显著水平，** 表示通过 5% 的显著水平，*** 表示通过 1% 的显著水平。

结果表明，资本账户开放程度显著降低了美国 EPU 指数对 FDI 激增的负向冲击，这意味着美国 EPU 指数上升时，一国的资本账户开放程度高，会在一定程度上缓解美国 EPU 指数对 FDI 激增带来的负向影响；资本账户开放程度也可以进一步抑制美国 EPU 指数对跨境证券投资撤回的正向影响，即美国 EPU 指数上升时，资本账户开放程度越高，跨境证券投资撤回的概率越低；资本账户开放程度还可以进一步抑制美国 EPU 指数对跨境银行信贷激增的负向影响，即美国 EPU 指数上升时，资本账户开放程度越高，跨境银行信贷激增概率进一步减小，同时资本账户开放程度越高，美国 EPU 指数对跨境信贷外逃概率的负向影响会进一步减小。

6.7 本章小结

本章采用 48 个国家在 2000 年 1 季度到 2019 年 4 季度期间的跨境资本流动数据，测算了跨境资本异常流动情况，并构建 Logit 模型实证检验了美国经济政策不确定性以及不同类型的美国经济政策不确定性对跨境资本异常流动的影响。主要结论如下：

第一，受实物期权理论、风险规避理论和资本本土化倾向等原因影响，美国 EPU 指数会降低跨境资本激增和外逃的概率，增加资本突停和资本撤回的概率；且不同类型的政策不确定性影响也存在一定差异。其中，财政政策不确定性会导致资本激增和资本外逃概率下降，资本突停和资本撤回概率上升；货币政策不确定性对跨境资本突停和撤回的影响显著为正，对跨境资本外逃的影响显著为负，但对跨境资本激增的负向影响不再显著；与其它两类政策不确定性相比，贸易政策不确定性对跨境资本异常流动的影响具有较大差异，对跨境资本激增和外逃呈正向影响，但不显著，对跨境资本突停和撤回呈现显著正向影响。

第二，从传导渠道来看，对于资本激增和资本外逃来说，汇率渠道的传导作用最强，资产价格的传导作用较弱，利差渠道对资本激增有一定传导作用，但对资本外逃不明显，而风险传染渠道作用不明显；对于资本突停和资本撤回来说，风险传染渠道的传导作用最明显，汇率对资本突停仍具一定传导作用，但对资本撤回作用不明显，同时利差渠道对资本撤回具有一定传导作用，但对资本突停的传导作用则不明显。

第三，美国 EPU 指数对 FDI、跨境证券投资和跨境信贷投资的异常流动存在异质性影响。美国 EPU 指数对 FDI 激增、FDI 外逃的影响显著为负，对 FDI 突停和撤回的影响显著为正；对跨境证券投资突停和撤回的影响显著为正；对跨境信贷突停和跨境信贷撤回的影响显著为正，对跨境信贷激增的影响显著为负，但对跨境信贷外逃的影响并不显著。

第四，美国 EPU 指数对发达国家和新兴市场国家的跨境资本激增、外逃影响都显著为负，对突停和撤回的影响也都显著为正。美国 EPU 指数对跨境资本激增和撤回的影响在发达国家组和新兴市场国家组之间并无显著差异；对跨境资本突停和外逃的影响在发达国家组和新兴市场国家组之间存在显著差异。

第五，高度发达的金融市场会在一定程度上调节美国 EPU 指数对跨境资本异常流动的作用。当美国 EPU 指数上升时，金融发展程度越高，跨境资本激增的概率越小，资本外逃的概率越低，资本撤回的概率越高；同时，从不同类别跨境资本异常流动来看，当美国 EPU 指数上升时，金融发展程度越高，FDI 外逃的概率越低，FDI 撤回的概率越高，但跨境银行信贷突停的概率会更高，跨境证券投资外逃的概率也会更高。

第六，资本账户开放程度可以调节美国 EPU 指数对跨境资本异常流动的影响。具体来看，当美国 EPU 指数上升时，资本账户开放程度越高，跨境资本突停的概率会进一步增加，FDI 激增、跨境银行信贷激增的负向冲击越小，跨境信贷外逃的负向影响也会进一步减小，同时还会减少跨境证券投资撤回的正向影响。

7 美国经济政策不确定性对中国跨境资本流动的时变影响

7.1 引言

    2020 年年初新冠病毒感染疫情暴发时，美国不断调整自身经济政策，推高美国经济政策不确定性，跨境资本流动的波动性显著增强。2021 年年底，受美国国内通货膨胀高企以及货币紧缩预期的影响，美联储将加息缩表提上日程，而中国这一时期依然坚持"稳字当头、以我为主"的原则，发挥货币政策工具总量与结构的双重功能，与美国的货币政策背道而驰。随着美国国内市场利率不断走高，中美利差扩大，跨境资本流入中国的势头减弱，短期跨境资本流出的势头有所增强。尤其是中国在 2021 年的政府工作报告中再次强调"推进高水平对外开放，促进外贸外资稳中提质。实现更大范围、更宽领域、更深层次对外开放"。国际资本流动的渠道将进一步拓宽，跨境资本流动的规模和波动性也将进一步增大，中国宏观经济和金融稳定也面临着更加严峻的考验。美国经济政策不确定性必然会对我国相关经济开放领域造成无意识、非主观性波动，跨境资本流动又是我国对外开放程度较高的经济领域之一（严佳佳 等，2022[①]）。因此，中国应进一步提高风险预见能力，加大对美国经济政策不确定性这一重要外部风险的防控。

    跨境资本流动对经济政策的依赖度较强，当前中美经济政策的错位态

[①] 严佳佳，曾紫怡，张晨燕. 应对美国经济政策不确定性的对策研究 [J]. 财政科学，2022 (4)：129-143.

势也可能进一步扩大，中国国内的宏观经济政策质量以及金融市场发展程度直接决定了中国跨境资本流动受美国经济政策不确定性冲击的程度。在2020年新冠病毒感染疫情初期，中国非储备性金融账户连续出现季度逆差，其中跨境证券投资与其它投资这类短期跨境资本波动尤其剧烈。随着美国经济政策不确定性增强，中国跨境资本流出形势较严峻，尤其是跨境资本流动的波动性过大、方向逆转过于频繁，极易对实体经济与金融市场造成负面冲击。因此，深入探究新形势下美国经济政策不确定性这一外部风险对我国跨境资本流动的时变影响，加强对自身跨境资本流向和规模的监测，积极制定防范措施，具有极大的紧迫性和重要性。跨境资本流动中的国际直接投资稳定性较高，其波动会影响中国实体经济的转型发展与价值链攀升；短期跨境资本流动的投机性和波动性更强，对金融市场的冲击更大（严佳佳 等，2022①），本章主要从国际直接投资以及短期跨境资本流动两个方面考察美国经济政策不确定性对中国跨境资本流动的时变影响。为了兼顾总量与方向，国际直接投资主要从国际直接投资流入和国际直接投资流出两个方面进行测算；中国短期跨境资本流动规模则根据前述的间接法测算，同时将其进一步区分为跨境证券投资与跨境银行信贷两个部分。

7.2 中国跨境资本流动的典型事实分析

7.2.1 国际直接投资的事实及特征分析

中国国际收支平衡表数据显示（如图 7-1 所示），中国的国际直接投资净额在 2008 年金融危机之前规模相对较小，尤其是 2005 年之前波动幅度较小，但在金融危机之后国际直接投资呈现较大波动，且在 2016 年出现触底，净流量为-306.76 亿美元。2000 年 1 季度到 2021 年 4 季度期间，中国的国际直接投资大体可分为以下四个阶段。①2000 年 1 季度到 2004 年 4 季度，小幅增长期：这期间中国的国际直接投资净额均在 200 亿美元以下，小幅缓慢增长且波动性小；②2005 年 1 季度到 2009 年 3 季度，波动增强

---

① 严佳佳，曾紫怡，张晨燕. 应对美国经济政策不确定性的对策研究［J］. 财政科学，2022
(4)：129-143.

期：这一时期经历了 2005 年人民币汇率形成机制改革以及金融危机前的繁荣发展，中国国际直接投资净额迎来迅猛增长，2007 年 4 季度其规模约达到 470 亿美元，但随着 2008 年金融危机爆发，国际直接投资净额下跌，到 2009 年 3 季度仅为 150 亿美元，波动性较强；③2009 年 4 季度到 2014 年 4 季度，繁荣增长期：这一时期中国国际直接投资净额的规模大幅上升，波动性也有所增加，2013 年 4 季度达到 848.83 亿美元；④2015 年 1 季度—2021 年 4 季度，剧烈波动期：这一时期经历了 2015 年 "8·11" 汇改、2018 年中美贸易摩擦、2020 年新冠病毒感染疫情的冲击，中国国际直接投资净额的规模有所下降，但波动更加剧烈，最小值为－306.76 亿美元，最大值为 757 亿美元。

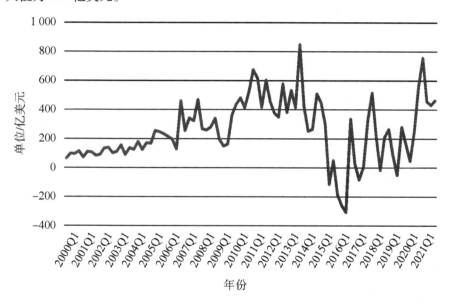

图 7-1　2000—2021 年中国的国际直接投资净额

数据来源：IMF 的 BOP 数据库，通过整理计算得出。

从国际直接投资的方向来看（如图 7-2 所示），中国国际直接投资流入与流出的增长趋势大体一致，且流入规模大都高于流出规模，表明中国的国际直接投资以流入为主，这与中国近年来经济持续稳定增长的实际情况相符合。从 2020 年开始国际直接投资流入与流出规模出现分化，流入规模依然大幅增加且波动性明显，但流出规模则增长不大，波动性较小。

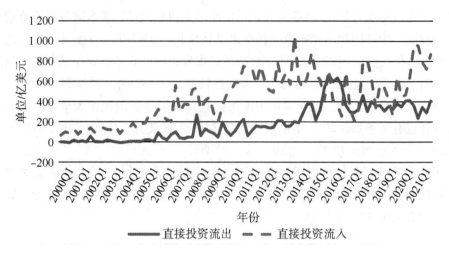

图 7-2 2000—2021 年中国的国际直接投资流入与流出额

数据来源：IMF 的 BOP 数据库，通过整理计算得出。

从国际直接投资流出的增长趋势来看，2000—2015 年是国际直接投资稳步增长期，截止到 2015 年 4 季度，直接投资流出额高达 666 亿美元；2016—2021 年直接投资流出额开始下降，且大都维持在 400 亿美元，波动幅度不大。从国际直接投资流入的增长趋势来看，2000—2008 年直接投资流入额持续增长，在 2006 年 4 季度达到 561 亿美元，但在金融危机期间跌落至约 198 亿美元；2009—2015 年，直接投资流入额迎来快速增长期，规模大都在 600 亿美元以上，2015 年 4 季度达到 716 亿美元，但整体的波动性明显增强；2016—2021 年，直接投资流入额的波动较大，2017 年 2 季度仅为 211 亿美元，但在 2020 年新冠疫情暴发后，国际直接投资流入额大幅增长，这主要得益于中国率先控制住疫情，良好的宏观经济政策环境吸引大量国际直接投资流入中国。

7.2.2 短期跨境资本流动的事实及特征分析

7.2.2.1 短期跨境资本流动的总量特征分析

参照前述的短期跨境资本流动的间接法，测算了中国短期跨境资本流动的规模（如图 7-3 所示）。从总量上看，金融危机之前中国短期跨境资本流动的规模和波动性都相对较小，金融危机之后其规模有所增加，且波动性骤升。按照中国短期跨境资本流动的总量特征，大致可分为三个阶段：

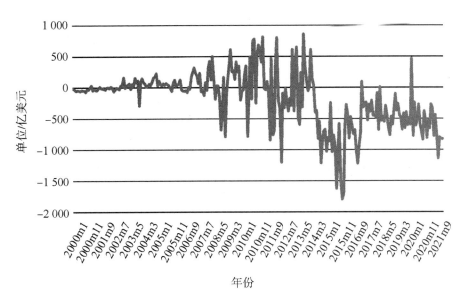

图 7-3 2000 年 1 月到 2021 年 12 月中国的短期跨境资本流动

数据来源：IMF 的 BOP 数据库，通过整理计算得出。

第一阶段，2000—2006 年为规模平稳期。这一时期短期跨境资本流动规模相对较小，且波动性不明显，月度最大流入量为 225 亿美元，月度最大流出量为 291 亿美元，总流入约为 2 871 亿美元，总流出约为 1 681 亿美元。这一时期虽以短期跨境资本流入为主，但短期跨境资本总流出与总流入的规模差异不大。

第二阶段，2007—2014 年，双向波动期。2008 年美国次贷危机爆发，大量短期跨境资本撤出中国，导致 2008 年第 2 季度到 2009 年第 1 季度中国出现了短期跨境资本持续流出的现象；而中国政府推出"4 万亿"救市计划，使得 2009 年 2 季度到 4 季度开始出现大量短期跨境资本流入；2011 年 2 季度到 2012 年末欧洲爆发主权债务危机，大量短期跨境资本再次流出中国。经历了 2008 年世界金融危机、2012 年欧债危机，全球经济不确定性加剧，各国为拯救经济，纷纷出台了一系列经济政策，导致中国短期跨境资本流动的波动性显著增强，月度最大流出量 1 202 亿美元，月度最大流入量为 860 亿美元，总流出规模 11 874 亿美元，总流入规模约为 17 157 亿美元。中国的短期跨境资本流动开始呈现明显的双向流动特征，且总流入与总流出规模差异开始陡然增加。

第三阶段，2015—2021 年，持续流出阶段，短期跨境资本流动的月度最大流出量 1 797 亿美元，月度最大流入量 464 亿美元，总流出量高达 56 046亿美元，总流入量仅为 563 亿美元。这一时期随着中国经济增长速度放缓，进入了"新常态"，欧美经济从金融危机和欧债危机中逐渐恢复，导致中国短期跨境资本流动呈现明显的外流趋势。2015 年"8·11"汇改之后，相较于其它新兴市场国家，人民币贬值幅度较小，在一定程度上遏制了 2014 年 2 季度以来的短期跨境资本外流，但从 2016 年 1 季度开始，中国的短期跨境资本净流出的局势依然未能逆转，2016 年 7 月中国外汇储备也出现连续负增长，意味着短期跨境资本外流的压力有所增加。

7.2.2.2　短期跨境资本流动的结构特征分析

按照前文的叙述，从跨境证券投资和跨境银行信贷两个部分进一步考察 2000 年 1 季度到 2021 年 4 季度期间中国短期跨境资本流动的结构性特征，具体如图 7-4 所示。

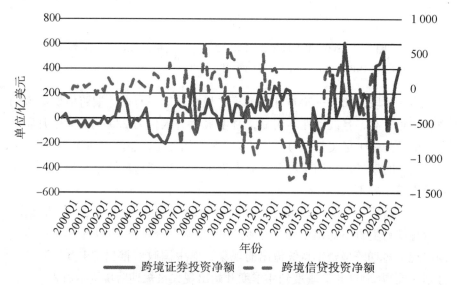

图 7-4　2000—2021 年中国的短期跨境资本流动结构分布

数据来源：IMF 的 BOP 数据库，通过整理计算得出。

从整体上看，跨境证券投资与跨境银行信贷资本在 2008 年世界金融危机之前规模较小、波动性不大，但跨境银行信贷净流量规模明显高于跨境证券投资，说明这期间的短期跨境资本流动依然以跨境银行信贷为主，且两者有明显的反向变动趋势。

在金融危机之后，两者不论是规模还是波动性都明显增强，且变动趋势开始呈现明显的同向变动。具体来看，2008—2014 年，跨境银行信贷的规模及波动仍明显高于跨境证券投资，其间跨境银行信贷的季度最大净流量为683.19亿美元，跨境证券投资的季度最大净流量为329.27亿美元；2015—2018年，跨境证券投资的规模开始超过跨境银行信贷，成为这一时期中国短期跨境资本流动的主导力量，其中，跨境证券投资的季度最大净流量为609.91亿美元，跨境银行信贷的季度最大净流量为404.44亿美元，两者在2015年因中国股市崩盘纷纷触底，波动性也开始呈现明显的同向变动；2019—2021年两者的波动依然强烈，但总体上看跨境银行信贷较之跨境证券投资的变动具有明显滞后性，因此图形上呈现明显的反向变动，尤其是在2020年年初突然暴发新冠病毒感染疫情，中国经济出现极大不确定性，大量跨境证券投资迅速撤出中国市场，导致跨境证券投资规模触底，跌落为-531.91亿美元。但由于跨境银行信贷大都投资于实体经济，受不确定性影响时具有明显的"观望"特征，因此在2020年4季度才触底，跨境银行信贷规模为-1 279.67亿美元，而此时跨境证券投资因中国对新冠病毒感染疫情控制得当，不确定性稍微降低，已经快速触底反弹至541.84亿美元。

从跨境证券投资流入与流出的趋势图来看（如图7-5所示），2015年之前跨境证券投资流入与流出的规模较小，且波动幅度响度不高，但2015年后两者在规模和波动性上都有大幅提升。

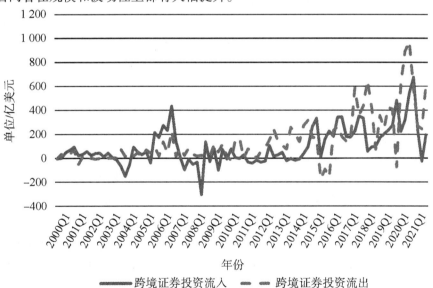

图7-5　2000—2021年中国的国际证券投资流入流出额

数据来源：IMF的BOP数据库，通过整理计算得出。

具体来看，跨境证券投资流出规模在 2015 年之前大都在 200 亿美元以下，在 2012—2014 年期间迎来一段黄金增长期，这主要是因为经历了 2008 年世界金融危机之后，国外大量优良证券资产遭受重创，中国证券资金快速布局实施海外证券资产收购。随后在 2015 年下半年美联储进入加息周期，大量投机性资本从新兴市场国家撤出，流回美国，同期中国执行"8·11"汇改，人民币汇率不再盯住单一美元，也对这一时期的跨境证券投资造成冲击，跨境证券投资流出额大幅锐减，跌至 -174 亿美元。2016—2019 年期间跨境证券投资流出额出现反复波动，季度平均流出规模在 303 亿美元左右，但 2020 年新冠病毒感染疫情暴发，跨境证券投资流出额再度锐减，跌至 -74 亿美元。随着国内疫情控制得当，经济增长企稳，此时跨境证券流出额再度飙升至 974.87 亿美元。跨境证券投资流入的波动趋势与流出大体相当，在 2005—2006 年经历了一次大的波动，跨境证券投资流入总额一度高达 434.36 亿美元。这主要是由于这期间中国执行人民币汇率形成机制改革，前后汇率波动较大，大批跨境资本出于套汇动机涌入国内。随着国内汇率企稳，证券投资热钱逐渐恢复平稳；同时 2008 年金融危机期间，大量跨境资本回流救市，导致这期间中国跨境证券投资流入额跌至 304.40 亿美元，创下样本期内最小金额。

从跨境银行信贷的流入流出的趋势图来看（如图 7-6 所示），在 2008 年金融危机前跨境银行信贷的流入和流出规模差异不大，但跨境银行信贷资本流入的波动性更大；2008 年金融危机之后跨境银行信贷资本流入与流出的规模有所增加，且波动性大幅提升。

具体来看，跨境银行信贷资本流出在 2008 年 4 季度、2012 年 3 季度和 2015 年 1 季度出现四次探底，并在 2015 年 4 季度一度锐减至 -1 181 亿美元，这四次探底分别对应了 2008 年金融危机、2012 年欧债危机以及 2015 年中国股灾，极大地打击了跨境银行信贷流出的积极性。跨境银行信贷流入仅在 2009 年 2 季度出现一次探底，流入规模跌至 -431.27 亿美元，但分别在 2007 年 4 季度、2012 年 2 季度、2014 年 2 季度、2016 年 4 季度和 2021 年 2 季度出现了峰值，最高达到 1 612.88 亿美元。前两次基本对应了两次危机来临前，后两次则分别是股灾后的恢复期以及 2020 年新冠疫情后的恢复期。

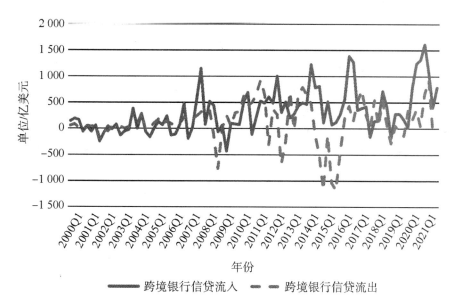

图 7-6　2000—2021 年中国的跨境银行信贷流入流出额

数据来源：IMF 的 BOP 数据库，通过整理计算得出。

7.3　理论分析与假说

　　美国经济政策不确定性上升使得国内投资环境恶化，投资前景及投资收益的不确定性加强，将从以下角度影响中国的跨境资本流动，具体如图 7-7 所示。

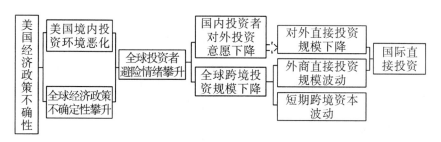

图 7-7　理论分析

　　美国高企的经济政策不确定性使得金融资产风险溢价增加，国际投资者不断调低在美国的投资收益预期，同时还进一步降低对风险的容忍度，为减少风险投资头寸，将美国现有的投资进行跨境转移，这部分可以快速转移投资方向的资金大都为短期跨境资本，极易对一国金融稳定造成负向冲击。中国近年来宏观经济增长环境良好，疫情控制管理得当，大量短期跨境资本涌入中国金融市场，冲击着中国金融体系的稳定性。尤其是2021年年底美国开启加息缩表，中国依然执行稳健中性货币政策，中美的利差逐步拉大，大量短期跨境资本外流。同时，美国等发达国家疫情逐渐控制良好，国内经济政策不确定性逐渐稳定，短期跨境资本开始流出中国。基于此，做出如下假说：

假说7.1：美国经济政策不确定性会影响中国短期跨境资本流动的稳定性。

一般来说，国际投资者出于风险规避和投资收益的考虑，大都倾向投资于宏观经济政策稳定、经济政策不确定性相对较低的国家和地区。美国作为跨境资本的重要投资地，当美国经济政策不确定性上升，美国政府的政策更倾向于保护本土投资者，美国境内的国际投资者相较于美国本土投资者更容易遭受融资约束和政策性管制。在"外来者劣势"的影响下，中国投资者的等待成本和机会成本均会增加，同时投资信心与收益率也进一步降低（严佳佳 等，2022①），将延迟或逐步减少对美国的跨境直接投资。同时，受预期理论影响，美国经济政策不确定性增强，企业高管对美国国内投资的悲观预期增加，还可能进一步影响企业的国际化战略规划，进而对对外直接投资产生深度影响。比如近年来新冠病毒感染疫情反复，美国颁布了《外商投资风险审核现代法案》，明显加强了对外来投资者的资格审查，抑制外来直接投资。基于此，提出如下假说：

假说7.2：美国经济政策不确定性会抑制中国国际直接投资流出规模。

另外，核心大国美国的经济政策不确定性上升，势必会对全球经济政策不确定性产生溢出作用，导致国际投资者避险情绪增加，对未来投资的悲观预期增强，进一步抑制全球跨境资本的投资规模。中国作为全球最大的外商直接投资国，面对美国不断高企的经济政策不确定性，国际直接投资流入规模必然会受到一定冲击。2008年世界金融危机暴发后，美国率先执行各种非常规经济政策拯救国内经济，全球外商直接投资规模大幅下

---

① 严佳佳，曾紫怡，张晨燕. 应对美国经济政策不确定性的对策研究 [J]. 财政科学，2022（4）：129-143.

降，中国首当其冲，这一时期以"安全资产转移效应"为主，中国国际直接投资流入规模出现下降趋势。但这一负向冲击在2020年新冠疫情爆发后有所改变，美国经济政策不确定性依然高企，但中国对新冠病毒感染疫情的防控得当，率先恢复生产，并坚持执行稳健中性的货币政策，使得中国外商投资环境稳定。中国凭借完善的产业配套能力吸引大量外商直接投资流入，这一时期以"投资组合再平衡效应"为主，中国国际直接投资流入规模出现递增趋势。基于此，做出如下假说：

假说7.3：美国经济政策不确定性对中国国际直接投资流入的影响呈现非线性影响。

7.4 模型设定及变量选择

Sims（1980）提出的VAR模型解决了主观区分内生及外生变量的问题，但要求残差项服从正态独立同分布，且该模型设定中其系数及随机扰动项的方差不具有时变特征。然而，短期跨境资本流动与世界主要发达国家的经济政策以及流入国的宏观经济基本面息息相关。伴随着中国对资本账户的逐步开放以及美国经济政策的频繁调整，采用随机扰动项时变参数随机波动率向量自回归模型（简称TVP-VAR模型）更为符合现实，可以同时考虑模型系数及随机扰动项方差的时变特征。

7.4.1 TVP-VAR 模型推导及设定

利用TVP-VAR模型研究美国经济政策不确定性对中国跨境资本流动（包括国际直接投资、短期跨境资本）的时变性影响，并进一步模拟了不同间隔期、不同时点美国经济政策不确定性对中国跨境资本流动的时变影响。具体的TVP-VAR模型推导如下所示。

假定最基础的结构向量自回归模型（简称SVAR模型）为

$$Ay_t = B_1 y_{t-1} + B_2 y_{t-2} + \cdots + B_p y_{t-p} + \mu_t, \ t = p+1, \ \cdots, \ n \quad (7.1)$$

其中，y_t 为 m×1 维向量，即 $y_t = \{y_{1t}, \ y_{2t}, \ \cdots, \ y_{mt}\}'$，A 和 B_i 均为 m×m 维系数矩阵，μ_t 为 m×1 维结构性冲击扰动项。

根据 Stock 和 Watson（2001）[①] 的设定，为了估计公式（7.1），假定 μ_t 是不可观测的均值为零的白噪声，即 μ_t 满足 $N(0, \sum \sum)$，其中 $\sum$ 的对角线元素为 $\{\alpha_1, \alpha_2, \cdots, \alpha_m\}$，其余元素均为 0，具体如下所示：

$$\sum = \begin{bmatrix} \alpha_1 & \cdots & 0 \\ \vdots & \ddots & \vdots \\ 0 & \cdots & \alpha_m \end{bmatrix} \tag{7.2}$$

同时，假定同期系数矩阵 A 为下三角矩阵，其中主对角线的元素为 1，主对角线上侧的系数均为 0，具体如下所示：

$$A = \begin{bmatrix} 1 & \cdots & \cdots & 0 \\ a_{21} & \ddots & \ddots & \vdots \\ \vdots & \ddots & \ddots & \vdots \\ a_{m1} & \cdots & a_{m,\,m-1} & 1 \end{bmatrix} \tag{7.3}$$

因此，公式（7.1）可以进一步转化为

$$y_t = F_1 y_{t-1} + F_2 y_{t-2} + \cdots + F_p y_{t-p} + A^{-1} \sum \mu_t \tag{7.4}$$

其中，$\mu_t \sim N(0, I_m)$，$F_i = A_t^{-1} B_i$，$i = 1, \cdots, p$。设 $X_t = I_p \otimes (y_{t-1}, \cdots, y_{t-p})$，其中 $\otimes$ 为克罗内克积（Kronecker 积）。由此 F 中的每行元素可写为 β，公式（7.4）可进一步改写为

$$y_t = \beta X_t + A^{-1} \sum \mu_t \tag{7.5}$$

公式（7.5）中所有的参数 β、A^{-1} 与 $\sum$ 均非时变参数，不会随着时间变动，无法捕捉因美国经济政策不确定性频繁变化对中国跨境资本流动的时变影响。为了捕捉该影响随时间变化而产生的变动，借鉴 Primiceri（2005）[②] 的研究将公式（7.5）进一步修正为时变参数的 TVP–VAR 模型，具体如公式（7.6）所示：

$$y_t = \beta_t X_t + A_t^{-1} \sum_t \mu_t \tag{7.6}$$

其中，$t = p + 1, \cdots, n$，所有的参数 β_t、A_t^{-1} 与 $\sum_t$ 均时变参数，可随时间变

① Stock, J. H., Watson, M. W. Generalized shrinkage methods for forecasting using many predictors [J]. Journal of Business and Economic Statistics, 2012, 30 (4)：481–493.

② Primiceri, G. E. Time Varying Structural Vector Autoregressions and Monetary Policy [J]. The Review of Economic Studies, 2005, 72 (3)：821–852.

动。同时参考 Nakajima（2011）[①] 的研究，令对数堆积波动率矩阵 $h_t = (h_{1t}, \cdots, h_{kt})'$，设 $h_{jt} = \ln\sigma_{jt}^2$，其中 $j = 1, \cdots, k$，下三角矩阵 A_t 中的非 0 和 1 元素拉直为列向量，模型中的所有参数服从随机游走过程，具体如下所示：

$$
\begin{aligned}
\beta_{t+1} &= \beta_t + \mu_{\beta t} \\
\alpha_{t+1} &= \alpha_t + \mu_{\alpha t}, \\
h_{t+1} &= h_t + \mu_{ht}
\end{aligned}
\begin{pmatrix} \varepsilon_t \\ \mu_{\beta t} \\ \mu_{\alpha t} \\ \mu_{ht} \end{pmatrix} \sim N \left(0, \begin{pmatrix} 1 & 0 & 0 & 0 \\ 0 & \sum_{\beta} & 0 & 0 \\ 0 & 0 & \sum_{\alpha} & 0 \\ 0 & 0 & 0 & \sum_{h} \end{pmatrix} \right) \tag{7.7}
$$

$\beta_{s+1} \sim N(\mu_{\beta_0}, \sum_{\beta_0})$，$\alpha_{s+1} \sim N(\mu_{\alpha_0}, \sum_{\alpha_0})$，$h_{s+1} \sim N(\mu_{h_0}, \sum_{h_0})$，时变参数的方差协方差矩阵 $\sum_{\beta}$、$\sum_{\alpha}$ 和 $\sum_{h}$ 均为对角矩阵，且扰动项 $\mu_{\beta t}$、$\mu_{\alpha t}$ 和 μ_{ht} 不相关。

采用 VAR 参考 Nakajima（2011）的方法构建 TVP-VAR 模型，假设 β、α 和 h 的先验分布均值为 0，协方差矩阵则服从 $10I$ 的正态分布，即有 $\mu_{\beta t} = \mu_{\alpha t} = \mu_{ht} = 0$，$\sum_{\beta} = \sum_{\alpha} = \sum_{h} = 10I$，且时变参数协方差矩阵的第 i 条对角线满足如下条件：

$$
\begin{aligned}
\left(\sum_{\beta} \right)_i^{-2} &\sim Gamma(20, 0.01) \\
\left(\sum_{\alpha} \right)_i^{-2} &\sim Gamma(2, 0.01) \\
\left(\sum_{h} \right)_i^{-2} &\sim Gamma(2, 0.01)
\end{aligned}
\tag{7.8}
$$

为进一步检验 TVP-VAR 模型的适用性，采用马尔科夫链蒙特卡洛（MCMC）方法，对公式（7.7）中的参数进行估计，在确定先验分布的情况下，参数的高维后验分布带来的 MCMC 算法的样本，其中包含未观测的潜在变量，可以将潜在参数的时变参数加入进来，构成了状态空间（Chib et al.，2002[②]；李博瑞，2020[③]）。

---

① Nakajima J. Time-Varying Parameter VAR Model with Stochastic Volatility: An Overview of Methodology and Empirical Ap-plications [J]. Monetary and Economic Studies, 2011, 29 (1): 107-142.

② Chib S. Estimation and comparison of multiple change-point models [J]. Journal of Econometrics, 1998, 86 (2): 221-241.

③ 李博瑞. 中国资本账户开放与跨境资本流动的经济影响 [D]. 长春：吉林大学, 2020.

假设 $y = \{y_t\}_{t-1}^n$，$\omega = \left(\sum_\beta, \sum_\alpha, \sum_h \right)$，$\pi(\omega)$ 是 ω 的先验密度。由此，在取得可观测数据 y 的相关数据后，通过 MCMC 方法从条件先验分布 $\pi(\beta, \alpha, h \mid y)$ 中抽样。其中，MCMC 算法的具体步骤如图 7-8 所示。

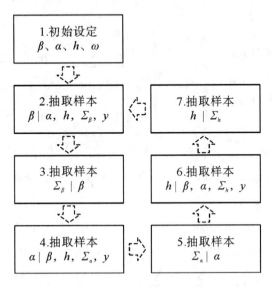

图 7-8　MCMC 抽样步骤

7.4.2　变量选择

中国跨境资本流动可分为国际直接投资（FDI）和短期跨境资本（scf）。考虑到中国跨境资本流动总量与流动方向，分别从净流动、流出以及流入三个方面计算国际直接投资，则有国际直接投资净流动（netFDI）、直接投资流出（FDIout）、直接投资流入（FDIin）。短期跨境资本流动（scf）则采用间接法计算，为进一步考察不同类别短期跨境资本流动的差异，将短期跨境资本流动再次区分为国际证券投资（SEC）与跨境银行信贷投资（CRE），同样从净流动、流出和流入三个角度考虑，则有国际证券投资净流动（netSEC）、证券投资流入（SECin）、证券投资流出（SECout）、跨境银行信贷投资净流动（netCRE）、跨境银行信贷投资流入（CREin）、跨境银行信贷投资流出（CREout）。其中短期跨境资本流动（scf）为月度数据，将其除以 M2 月度增量获得变化率（张明和谭小芬，

2013①），即 scf＝（外汇储备增量－经常项目顺差额－外商直接投资额）/
M2；其它跨境资本流动均为季度数据，分别除以当期的 GDP 总额。

美国经济政策不确定性依然采用 Baker et al.（2015）构建的美国经济
政策不确定性指数的变化率（lnUSEPU）衡量，同时参考第四章论证的美
国经济政策不确定性影响跨境资本流动的渠道，选取人民币贬值预期（汇
率因素）、利差（利率因素）、资产价格指标、VIX 指数的变化率（lnVIX）
作为汇率渠道、利差渠道、资产价格渠道和风险传染渠道的代理变量。人
民币贬值预期采用人民币实际有效汇率的变化率（lnex）、利差因素采用人
民币 1 年期定期利率与美国联邦基金利率差值的变动率来衡量（lnRca）、
资产价格指标选用了上证 A 股综合指数的变动率（lnstock）作为股票价格
的代理变量。

7.5　实证结果及分析

7.5.1　对中国短期跨境资本流动的实证结果分析

参考张明和谭小芬（2013）的测算方法，得到 2000 年 1 月到 2021 年
12 月的短期跨境资本流动，并对样本期所有变量进行单位根检验，所有变
量均为平稳性时间序列，具备构建 TVP－VAR 模型的前提。同时，根据
VAR 多种信息准则确定 TVP－VAR 最优的滞后阶数为 4 阶，信息准则最优
滞后阶数的结果如表 7-1 所示。

表 7-1　滞后阶数信息准则

滞后阶数	LL	LR	df	p	FPE	AIC	HQIC	SBIC
0	−1 315.6				86.458 8	10.135 4	10.146 4	10.162 8
1	−1 132.44	366.33	4	0.000 0	21.790 5	8.757 23	8.790 26	8.839 4
2	−1 116.41	32.055	4	0.000 0	19.865 1	8.664 71	8.719 77	8.801 66*
3	−1 108.39	16.054	4	0.003 0	19.259 5	8.633 73	8.710 81*	8.825 46
4	−1 103.06	10.645*	4	0.031 0	19.065 1*	8.623 56*	8.722 66	8.870 07

---

① 张明，谭小芬. 中国短期资本流动的主要驱动因素：2000～2012 [J]. 世界经济，2013，
36（11）：93-116.

运用 Matlab R2021a 软件，实施 MCMC 重复抽样 10 000 次，预烧值设为 1 000。TVP-VAR 模型估计的后验分布均值、标准差、95%置信区间、Geweke 收敛诊断值及无效因子（Inef）如表 7-2 所示。由 Geweke 诊断值来看，Geweke 诊断值均小于 1.96（5%的临界值），无法拒绝参数收敛于后验分布的原假设。而无效影响因子最大为 75.36，均小于 100，这意味着 10 000 次 MCMC 抽样可以满足样本要求。

表 7-2　模型估计结果

Parameter	Mean	Stdev	95%U	95%L	Geweke	Inef
sb1	0.002 3	0.000 3	0.001 8	0.002 9	0.309	20.47
sb2	0.002 1	0.000 2	0.001 7	0.002 5	0.437	15.53
sa1	0.005 6	0.001 6	0.003 5	0.009 4	0.511	54.85
sh1	0.005 3	0.001 3	0.003 3	0.008 5	0.995	75.36
sh2	0.220 8	0.049 3	0.142 5	0.335 3	0.025	52.70

此外，由图 7-9 所示的 MCMC 模拟结果局部参数估计可知，第一行的自相关函数图从高位迅速下降，并趋于稳定，最终保持在 0 附近，这意味着 MCMC 抽样方法产生的样本是不相关的；第二行动态模拟路径显示取值路径上下波动，但极值较少，取值路径基本平稳；第三行后验分布的密度函数图显示，图形基本类似正态分布。因此，结合表 7-2 与图 7-9 可知，利用 MCMC 算法取值抽样是有效的。

TVP-VAR 模型提供两种不同的脉冲响应图，分别是不同间隔脉冲响应图和不同时点脉冲响应图，下面（见图 7-10）将利用 TVP-VAR 提供的脉冲响应图进一步刻画不同时期美国 EPU 指数对中国短期跨境资本流动的动态影响。

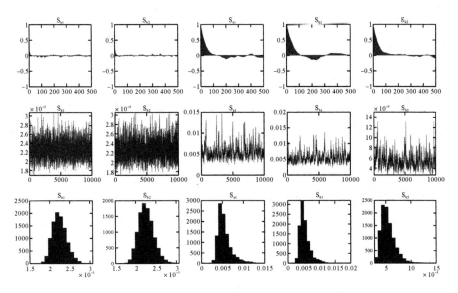

图 7-9　MCMC 模拟结果局部参数分布情况①

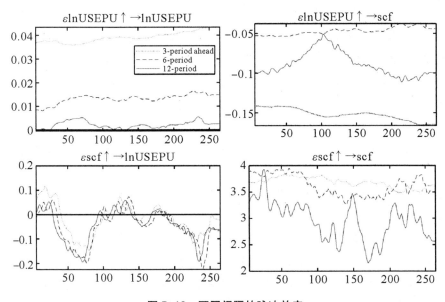

图 7-10　不同间隔的脉冲效应

---

① 此处仅展示模型前两个变量的参数分布情况，后面加入渠道变量的 TVP-VAR 模型的均按此方式进行判断，不再展示。

等间隔冲击反映函数主要是分析样本期内变量当前的状态对固定滞后期的其它变量所造成的影响，以分析不同时期的美国 EPU 指数对中国短期跨境资本流动的时滞影响，这里设置了提前 3 期、6 期和 12 期分别作为美国经济政策不确定性与中国短期跨境资本流动的短期、中期及长期时变效应。从图 7-10 来看，美国 EPU 指数对短期跨境资本流动（lnUSEPU→scf）的冲击均呈现显著的负向冲击，但却具有明显的短期效应。这主要是因为短期跨境资本流动的投机性和易变性较高，当美国经济政策不确定性增强时，受"安全资产转移效应"影响，短期跨境资本快速调整投资方向和规模，非常容易出现超调现象，导致短期内的短期跨境资本流动下降。随着美国经济政策不确定性逐步稳定，从中长期来看，短期跨境资本则受"投资组合再平衡效应"影响慢慢调整和恢复，呈现在中长期时短期跨境资本流动下降幅度减小的现象。由此可见，美国经济政策不确定性会严重影响中国短期跨境资本流动的稳定性，在短期和中长期带来较大的波动，这也验证了假说 7.1。

其它的脉冲响应分析如下，美国经济政策不确定性对自身冲击（lnUSEPU→lnUSEPU）的响应程度具有明显的短期效应，短期冲击的响应程度也明显高于中长期，且中长期响应的波动程度明显高于短期。短期跨境资本流动对美国经济政策不确定性（scf→lnUSEPU）冲击在 t = 80 期（2006 年 6 月）之前的短期效应较为明显，这之后短期、中期和长期的脉冲响应程度及走势基本一致。总体来看不同时期的脉冲响都应具有较强波动性，尤其是在金融危机期间和欧债危机期间。短期跨境资本流动对自身冲击（scf→scf）的响应具有明显的时变特征，且呈现较强的波动性。其中，中短期的脉冲响应程度明显高于长期，但长期的脉冲响应波动性则明显高于中短期。

时点冲击响应图就是根据样本期的主要标志性事件以及美国经济政策不确定性的变动特征设置了不同特定时点冲击，利用 TVP-VAR 模型进一步刻画美国经济政策不确定性以及短期跨境资本流动在不同时点的脉冲效应图。本书选取了四个具有代表性的脉冲时点进行分析，分别是 t = 105（即 2008 年 9 月）、t = 140（即 2011 年 8 月）、t = 229（即 2019 年 1 月）和 t = 245（即 2020 年 5 月），分别对应 2008 年金融危机、欧债危机、中美贸易摩擦以及新冠病毒感染疫情，分析不同时点短期跨境资本流动对美国 EPU 指数冲击的脉冲响应（如图 7-11 所示）。

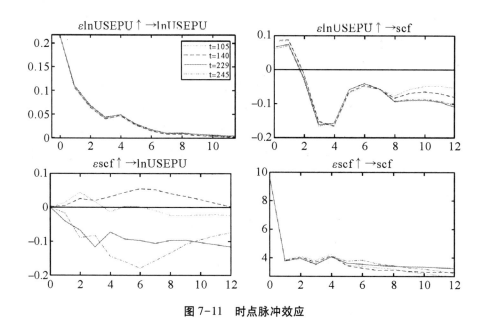

图7-11 时点脉冲效应

从图7-11来看，在4个不同的时点，不论是美国EPU指数对自身冲击（lnUSEPU→lnUSEPU）的响应，还是短期跨境资本流动对美国EPU指数冲击（lnUSEPU→scf）的响应，其脉冲响应图的变化趋势都不具有明显差异。具体来看，美国EPU指数对自身的冲击响应持续为正，且随着时间的推移逐步趋于0；中国短期跨境资本流动对美国EPU指数的冲击响应则呈现一定的波动性，在第1-2期均为正向响应，且在第1期达到最大正向响应，在第2期由正向响应转为负向响应，从第8期开始不同时点的脉冲响应开始呈现一定差异，其中时点t=229（即2019年1月）的负向响应明显高于其它三个时点，但不同时点的脉冲响应随着时间推移逐渐稳定在-0.1。这说明美国EPU指数对中国短期跨境资本流动具有持续影响力。美国EPU指数对短期跨境资本冲击（scf→lnUSEPU）的脉冲响应具有明显的时变特征，主要是由于经历了金融危机之后，作为最具增长潜力的新兴市场国家，中国迅速恢复并稳定经济发展，短期跨境资本流动活跃。其中时点t=229（即2019年1月）和时点t=245（即2020年5月）均呈现持续的负向响应，时点t=140（即2011年8月）的脉冲响应则持续为负，时点t=105（即2008年9月）的脉冲响应存在由正向响应转为负向响应，并持续为负。短期跨境资本流动对自身冲击（scf→scf）的响应在4个时点都呈现一定波动，但整体表现差异不大；4个时点的脉冲响应均呈现正向响应，随着时间的推移，t = 229（即 2019 年 1 月）和 t = 245（即 2020 年 5 月）时点脉冲响应程度明显高于其它两个时点，这意味着中美贸易摩擦和新冠病毒感染疫情这两个时点所带来的影响较为深远。

同时，为了进一步区分美国 EPU 指数对不同类别和不同流向的短期跨境资本流动的动态影响，继续利用 TVP-VAR 模型提供的不同间隔脉冲响应和特定时点脉冲响应刻画不同时期短期跨境资本流动的脉冲响应情况。同样地，根据 VAR 模型的最优滞后准则，不同类别和流向的短期跨境资本流动均构建滞后 1 阶的 TVP-VAR 模型，分别表示为 TVP-VAR（netSEC）、TVP-VAR（SECin）、TVP-VAR（SECout）、TVP-VAR（netCRE）、TVP-VAR（CREin）和 TVP-VAR（CREout）。

由于不同类别和不同流向的中国短期跨境资本流动的数据均为季度数据，故将提前 1 期、2 期和 4 期分别作为美国 EPU 指数与中国短期跨境资本流动的短期、中期及长期时变效应。同时选取了四个具有代表性的脉冲时点进行分析，分别是 t = 34（即 2008 年 2 季度）、t = 44（即 2010 年 4 季度）、t = 74 即 2018 年 2 季度）和 t = 81（即 2020 年 1 季度），分别对应着 2008 年金融危机、欧债危机、中美贸易摩擦以及新冠病毒感染疫情，分析不同时点中国短期跨境资本流动对美国 EPU 指数冲击的响应。

跨境证券投资的不同间隔脉冲响应如图 7-12 所示，从总体来看，美国 EPU 指数对中国跨境证券投资的冲击都呈现明显的短期效应，即短期冲击明显高于中长期。分别来看，受到来自美国 EPU 指数的冲击，中国跨境证券投资净流动和跨境证券投资流出都呈现持续正向响应，但跨境证券投资净流动的响应程度更强；相反，中国跨境证券投资流入呈现持续的负向响应。这主要是由于当美国 EPU 指数上升时，国际投资环境有所恶化，跨境证券这类投机资本倾向于流向金融市场更为发达，风险抵御能力更强的发达国家，使得这一时期中国的跨境证券投资呈现净流出现象。

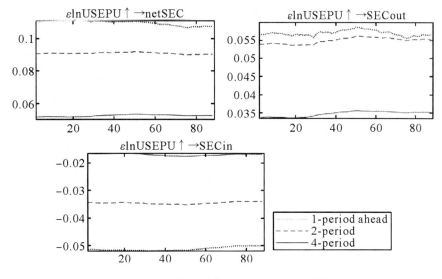

图 7-12　跨境证券投资不同间隔脉冲响应

　　跨境证券投资的不同时点脉冲响应如图 7-13 所示，从总体来看，不同时点下美国 EPU 指数对中国跨境证券投资净流动、流出和流入的冲击并没有呈现较大的差异。细分来看，受到来自美国 EPU 指数的冲击，中国跨境证券投资净流动与流出的脉冲响应均在第 1 期达到最大，随后开始逐渐下降；相反地，跨境证券投资流入呈现持续为负向响应，且随着时间的推移逐渐降低。

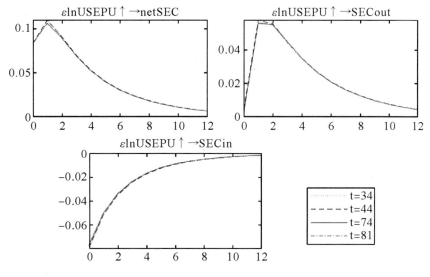

图 7-13　跨境证券投资的时点脉冲响应

跨境银行信贷的不同间隔脉冲响应如图 7-14 所示，从总体来看，中国的跨境银行信贷并未呈现明显的时变效应。细分来看，受到美国 EPU 指数的冲击，跨境银行信贷净流动的脉冲响应在长短期具有明显差异，短期脉冲响应呈现明显的负向响应，中期和长期则呈现明显的正向响应；跨境银行信贷流出和跨境银行信贷流入均呈现持续负向响应，且都具有明显短期效应，即短期的响应程度明显高于中期和长期的响应程度。

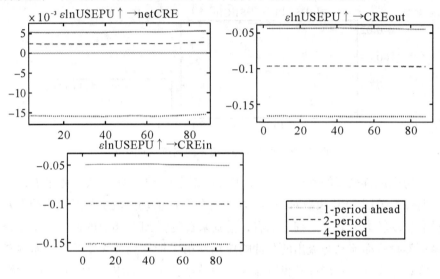

图 7-14　跨境银行信贷不同间隔脉冲响应

跨境银行信贷的不同时点的脉冲响应如图 7-15 所示，从总体来看，四个不同时点下，美国 EPU 指数对跨境银行信贷净流动、流入和流出的冲击并未呈现较大差异。细分来看，中国跨境信贷净流动在四个时点的脉冲响应都在第 2 期由负转为正，且达到最大，随后呈现持续正向响应，在第 12 期逐渐趋于 0；跨境银行信贷流出与流入的脉冲响应则呈现持续负向响应，且随着时间的推移逐渐趋于 0。可见，在 2008 年世界金融危机、欧债危机、中美贸易摩擦以及新冠病毒感染疫情这四个具有代表性的关键时点，美国 EPU 指数都对中国跨境银行信贷都形成了较强的冲击。

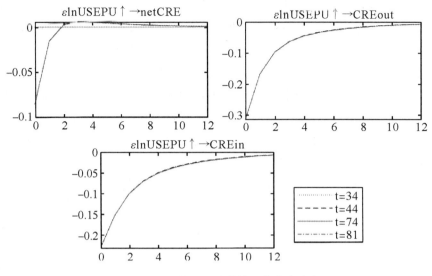

图 7-15　跨境银行信贷的时点脉冲响应

7.5.2　对中国国际直接投资的实证结果及分析

考虑到中国国际直接投资的总量与流动方向，从净流动、流出以及流入三个方面分析国际直接投资，即分别从国际直接投资净流动（netFDI）、流出（FDIout）和流入（FDIin）的冲击来分析美国 EPU 指数对中国国际直接投资的脉冲响应。同样的，由于中国国际直接投资的数据均为季度数据，故与不同类别短期跨境资本一样，将提前 1 期、2 期和 4 期分别作为短期、中期及长期时变效应。同时选取了四个具有代表性的脉冲时点进行分析，分别是 t＝34（即 2008 年 2 季度）、t＝44（即 2010 年 4 季度）、t＝74（即 2018 年 2 季度）和 t＝81（即 2020 年 1 季度），分别对应着 2008 年金融危机、欧债危机、中美贸易摩擦以及新冠病毒感染疫情，分析不同时点中国国际直接投资对美国 EPU 指数冲击的响应程度。

从图 7-16 来看，美国 EPU 指数对国际直接投资流出则呈现持续的负向响应，也具有明显的短期效应。这意味着当美国 EPU 指数上升时，短期内中国国际直接投资流入会有所增加，国际直接投资流出则会减少。这也验证了假说 7.2，即美国经济政策不确定性会抑制中国国际直接投资流出规模。这主要是由于国际直接投资一般具有较强的不可逆性，当美国 EPU 指数增加时，国际投资环境随之恶化，受实物期权效应和投资本土化效应影响，中国国内的投资者与全球的国际投资者均持"观望"态度，导致国际直接投资流出下降。不同时期的国际直接投资流入呈现持续的正向响应，且具有明显的短期效应，呈现一定的波动性，具有时变效应，这一结果验证了假说7.3。可能的原因是，国际直接投资期限长、规模大，除了受到美国经济政策不确定性这类全球因素的影响之外，还会受到国别宏观因素影响。中国近几十年来宏观经济增长良好，且在新冠病毒感染疫情下迅速稳定住局面，率先恢复生产，展现出极为稳定的营商环境，促使大量国际直接投资进一步流入中国。

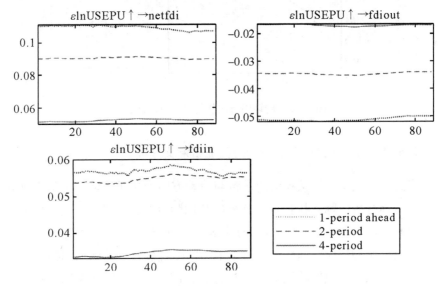

图 7-16　中国国际直接投资的不同间隔脉冲响应

从图 7-17 不同时点的脉冲响应来看，中国国际直接投资净流动、流出和流入的脉冲响应并未表现出较大差异。受到美国 EPU 指数冲击，不同时点下国际直接投资净流动和流入均呈现持续正向响应，且都在第 1 期达到最大值，响应程度则随着时间的推移逐步趋于 0；不同时点下国际直接投资流出的脉冲响应呈现持续负向响应，且随着时间的推移不断趋于 0。

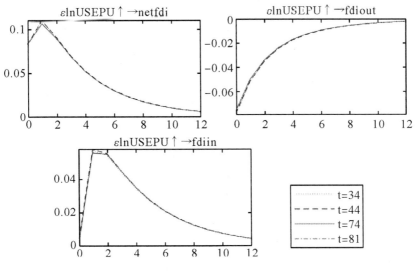

图 7-17　中国国际直接投资的时点脉冲响应

7.6　基于 TVP-VAR 模型的传导机制再检验

7.6.1　影响中国短期跨境资本的渠道检验

美国经济政策不确定性会通过汇率、利差、资产价格以及风险传染四个渠道对中国短期跨境资本流动产生影响，因此，将在 TVP-VAR 模型中依次加入风险传染指标（VIX）、汇率指标（lnex）、利差指标（lnRca）以及资产价格指标（lnstock）分别构建四个基于渠道变量的 TVP-VAR 模型，以下分别简称 TVP－VAR（lnVIX）、TVP－VAR（lnex）、TVP－VAR（lnRca）、TVP-VAR（lnstock）。按照 TVP-VAR 模型的最优滞后准则，四个模型的滞后阶数分别为 4 阶、4 阶、3 阶、4 阶。具体的 TVP-VAR 模型参数估计结果如表 7-3 所示，其中 Geweke 的诊断收敛值均小于 5% 的临界值 1. 96，仅有 1 个无效影响因子大于 200，基本符合 TVP-VAR 模型的要求。说明这几个模型的抽样样本均足以支持相关实证研究。

表 7-3　模型估计结果

模型	Parameter	Mean	Stdev	95%U	95%L	Geweke	Inef
TVP-VAR (lnVIX)	sb1	0.002 3	0.000 2	0.001 9	0.002 6	0.084	4.52
	sb2	0.002 3	0.000 2	0.001 9	0.002 7	0.052	10.52
	sa1	0.005 5	0.001 6	0.003 4	0.010 0	0.597	59.1
	sh1	0.005 5	0.001 6	0.003 3	0.010 0	0.223	61.49
	sh2	0.005 4	0.001 4	0.003 4	0.008 7	0.147	71.66
TVP-VAR (lnex)	sb1	0.002 3	0.000 2	0.001 9	0.002 7	0.819	7.98
	sb2	0.002 3	0.000 2	0.001 9	0.002 7	0.852	8.71
	sa1	0.005 3	0.001 4	0.003 3	0.008 6	0.027	71.07
	sh1	0.005 4	0.001 4	0.003 3	0.009	0.063	69.83
	sh2	0.006 2	0.002 3	0.003 6	0.012 2	0.400	107.18
TVP-VAR (lnRca)	sb1	0.002 3	0.000 3	0.001 8	0.002 9	0.395	17.49
	sb2	0.002 3	0.000 3	0.001 8	0.002 9	0.036	16.74
	sa1	0.034 5	0.073 8	0.003 7	0.231	0.910	33.3
	sh1	0.008	0.006 9	0.003 5	0.028 6	0.314	97.89
	sh2	1.146 9	0.176 8	0.817 7	1.494 2	0.028	262.54
TVP-VAR (lnstock)	sb1	0.002 3	0.000 3	0.001 8	0.002 9	0.938	11.11
	sb2	0.002 2	0.000 2	0.001 8	0.002 8	0.025	16.26
	sa1	0.005 4	0.001 6	0.003 4	0.009 8	0.893	65.97
	sh1	0.005 5	0.001 6	0.003 4	0.009 7	0.293	78.63
	sh2	0.005 9	0.001 9	0.003 5	0.010 9	0.509	119.61

　　同样地，根据模型的自相关函数图、动态模拟路径图以及后验分布的密度函数图，利用 MCMC 算法取值抽样是有效的。下面将利用 TVP-VAR 提供的脉冲响应图进一步刻画不同时期美国经济政策不确定性、传导渠道变量以及中国短期跨境资本流动的动态变化情况。

7.6.1.1　风险传染渠道的脉冲效应分析

　　中国短期跨境资本流动为月度数据，故设置了提前 3 期、6 期和 12 期分别作为短期、中期及长期时变效应；选取了四个具有代表性的脉冲时点进行分析，$t = 105$（即 2008 年 9 月）、$t = 140$（即 2011 年 8 月）、$t = 229$（即 2019 年 1 月）和 $t = 245$（即 2020 年 5 月），分别对应着 2008 年金融危机、欧债危机、中美贸易摩擦以及新冠病毒感染疫情，分析不同时点短期跨境资本流动对美国 EPU 指数冲击的响应。如图 7-18 所示，第一列是美国 EPU 指数对全球投资者情绪指数的冲击（lnUSEPU→VIX），第二列则是全球投资者情绪指数对短期跨境资本流动的冲击（VIX→scf）。

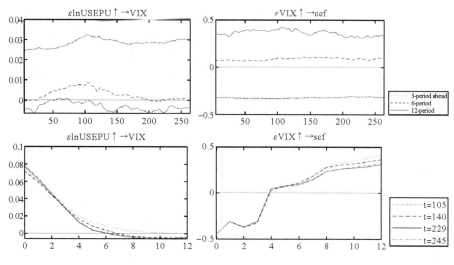

图 7-18　风险传染渠道的脉冲响应（lnUSEPU-VIX-scf）

从不同间隔脉冲响应来看（图 7-18 第一行），受到美国 EPU 指数一个标准差冲击时，VIX 的脉冲响应具有一定的时变性，在 t = 100（2008 年3 月）之前，脉冲响应冲击有上升趋势，随后则开始有所下降最后趋于平稳。这说明金融危机之前，VIX 对美国 EPU 指数的响应逐渐增强，金融危机之后，美国 EPU 指数的冲击逐渐常态化。从短期、中期和长期的脉冲响应图走势来看，短期和中期的波动趋势大体相当，但短期呈现持续正向冲击，中期大约在 t = 200（2016 年 8 月）转为负向影响；长期则呈现持续为负向影响，且具有较强波动性。从 scf 对 VIX 的间隔脉冲响应来看，短期跨境资本流动在整个样本期并不具备显著的时变效应，中长期呈现较为持续的正向冲击响应，且长期的正向响应更强；短期则呈现持续的负向冲击响应。

从不同时点的脉冲响应图来看（图 7-18 第二行），受到美国 EPU 指数一个标准差冲击时，在四个不同时点 VIX 的脉冲响应走势大体相当，第3 期之后，四个时点的脉冲响应开始呈现细微差异，且 t = 105（2008 年 5月）金融危机之后美国 EPU 指数对 VIX 的正向冲击明显高于其它三个时点。这意味着金融危机之后，美国 EPU 指数对 VIX 的影响逐渐加强。随着时间的推移，四个时点的脉冲响应不断衰减。其中，t = 140（即 2011 年 8月）在第 7 期，t = 229（即 2019 年 1 月）和 t = 245（即 2020 年 5 月）在第 6 期开始呈现负向响应，t = 105（2008 年 5 月）在第 10 期后不再有显著响应。同样地，scf 对 VIX 的脉冲响应四个时点的走势也大体一致，且具有明显的时变效应，在第 4 期之前均为负向响应，之后呈现正向响应，且不同时点脉冲响应开始出现明显分化，其中 $t=105$（2008 年 5 月）的脉冲响应最为强烈。这意味着金融危机之后，短期跨境资本流动受全球投资者情绪波动的影响更大。

7.6.1.2 汇率渠道的脉冲效应分析

同样地，图 7-19 的第一列图是美国 EPU 指数对汇率（lnex）的冲击，第二列则是汇率（lnex）对短期跨境资本流动的冲击。

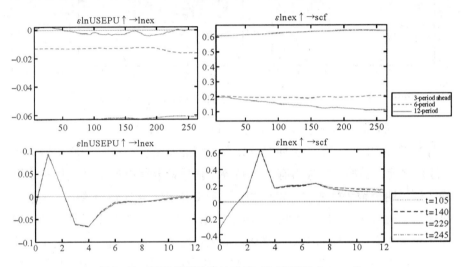

图 7-19　汇率渠道的脉冲响应（lnUSEPU-lnex-scf）

从不同间隔脉冲响应来看（图 7-19 第一行图），受到美国 EPU 指数一个标准差冲击时，样本期内汇率的脉冲响应呈现先平稳后扩大的态势，且短期和中期的脉冲响应持续为负，而长期的脉冲响应在 $t=68$（2005 年 7 月）前为正，随后虽有波动但基本为负向响应。这主要是由于 2005 年开始人民币汇率机制基本形成，开始对美国 EPU 指数的冲击更加敏感，美国经济政策不确定性增大，美元具有贬值预期，此时人民币则出现升值预期。同时，人民币汇率对短期跨境资本流动的冲击在样本期内总体上呈现持续正向响应，但具有明显的短期效应。这主要是由于 2015 年 "8·11" 汇改再次优化了人民币汇率的中间价形成机制，市场化程度更高，导致其对短期跨境资本流动的传导机制更加畅通，汇率变动对短期跨境资本流动的影响逐渐增加，这也意味着维持汇率的稳定有助于在一定程度上缓解其带来的短期跨境资本流动。

从不同时点脉冲响应来看（图 7-19 第二行图），受到美国 EPU 指数一个标准差冲击时，四个时点的脉冲响应不论是趋势还是结构都基本一致，具有明显的时变特征。在第 2 期后四个时点的脉冲响应均由正转为负，随着时间的推移逐渐趋于 0。同时，不同时点 scf 对 lnex 的脉冲响应走势也大体一致，大概在 8 期后才呈现微弱的差异。短期跨境资本流动仅在第 1 期对汇率呈现负向响应，第 2 期则呈出正向响应，且具有明显的时变特征。这意味着当美国 EPU 指数上升时，中国的实际有效汇率会先上升后下降，导致流入中国的短期跨境资本流呈现先下降后上升的趋势，产生较强波动性，这也再次验证了假说 7.3。

7.6.1.3 利差渠道的脉冲效应分析

从不同间隔的脉冲响应来看（图 7-20 第一行图），受到美国 EPU 指数一个标准差冲击时，样本期内利差的脉冲响应有着明显的时变特征，且中长期的脉冲响应明显高于短期。

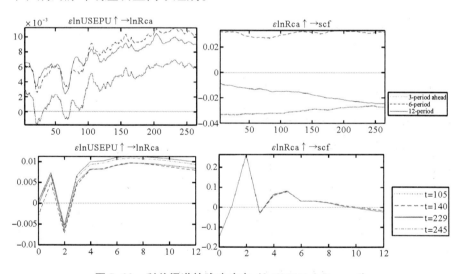

图 7-20　利差渠道的脉冲响应（lnUSEPU-lnRca-scf）

具体来看，在 $t = 105$ 之前中期与长期的脉冲响应大致相当，但之后中期脉冲响应程度明显高于长期；而短期的脉冲响应在 $t = 35$ 由负转为正，随后呈现增长趋势。同时，scf 对 lnRca 的脉冲响应则不存在明显时变特征，但不同时期的脉冲响应存在较大差异。具体来看，短期和长期呈现持续的负向响应，而中期则呈现明显正向响应。这意味着对于利率渠道来说，美国 EPU 指数在短期效应起到负向影响，且中期的正向影响具有明显的时滞。

从不同时点脉冲响应来看（图 7-20 第二行图），当给美国经济政策不确定性一个标准差冲击时，四个时点的脉冲响应在变化趋势上具有明显的时变特征，但四个时点的趋势大体相同。在第 2 期出现反转，随后都维持在正向响应，并随着时间的推移，脉冲响应程度逐渐下降。总体上看，$t = 140$ 这一时点的脉冲响应强于其他三个时点。而利差对短期跨境资本流动的冲击在四个时点的脉冲响应则不具备明显差异，总体走势大体相当，在第 2 期出现最大冲击响应，第 6 期之后响应程度逐渐趋于 0。

7.6.1.4 资产价格渠道的脉冲效应分析

从不同间隔脉冲响应来看（图 7-21 第一行），受到美国 EPU 指数一个标准差冲击时，样本期内资产价格（lnstock）的脉冲响应不具备明显的时变特征，短期的负向冲击强度明显高于中长期，即具有明显的短期效应。

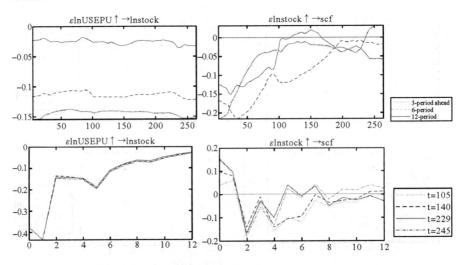

图 7-21 资产价格渠道的脉冲响应 （lnUSEPU-lnstock-scf）

同时，scf 对 lnstock 的脉冲响应具有明显的时变特征，呈现波动变化的趋势。其中，中期和短期的脉冲响应持续为负，且响应程度在 $t = 105$（2008 年 5 月）之前脉冲响应程度持续增加，金融危机之后响应程度有所回落，但随着美国量化宽松政策的刺激，大量短期跨境资本流入中国，使中国股市在 2010—2015 年之间经历了一段繁荣期；而长期的脉冲响应在

$t = 100$ 之前呈现正向响应,其余大都为负向响应。

从不同时点脉冲响应来看(图 7-21 第二行图),受到美国 EPU 指数一个标准差冲击时,四个时点的脉冲响应并不存在显著差异,而 scf 对 lnstock 的脉冲响应呈现明显的时变特征,时点 $t = 105$ (即 2008 年 9 月)和 $t = 140$ (即 2011 年 8 月)在第 1 期之后都呈现持续负相响应,而时点 $t = 229$ (即 2019 年 1 月)和 $t = 245$ (即 2020 年 5 月)则出现较大波动,出现多次正负反转的情况。这意味着美国 EPU 指数通过资产价格渠道会显著增强短期跨境资本流动的波动性,且在金融危机之后该冲击效应也更加明显。

7.6.2 影响中国国际直接投资的渠道检验

同样地,按照影响中国短期跨境资本流动的渠道检验的方法,将四个渠道变量加入美国 EPU 指数与中国国际直接投资的 TVP-VAR 模型中,构建 3 个加入渠道变量后的 TVP-VAR 模型,以下分别简称 "TVP-VAR (netFDI)" "TVP-VAR (FDIout)" "TVP-VAR (FDIin)"。按照 VAR 模型的最优滞后准则,三个模型的滞后阶数均为 1 阶。具体的 TVP-VAR 模型参数估计结果如表 7-4 所示,其中 Geweke 的诊断收敛值均小于 5% 的临界值 1.96,无效影响因子均小于 100,符合 TVP-VAR 模型的要求。说明这三个模型的抽样样本均足以支持相关实证研究。

表 7-4 模型估计结果

模型	Parameter	Mean	Stdev	95%U	95%L	Geweke	Inef
TVP-VAR (netFDI)	sb1	0.002 3	0.000 3	0.001 8	0.002 8	0.027	5.51
	sb2	0.002 3	0.000 2	0.001 8	0.002 8	0.017	5.24
	sa1	0.005 5	0.001 6	0.003 4	0.009 4	0.01	19.25
	sh1	0.005 5	0.001 7	0.003 3	0.009 9	0.036	33.46
	sh2	0.005 6	0.001 7	0.003 4	0.01	0.857	24.81
TVP-VAR (FDIout)	sb1	0.002 3	0.000 3	0.001 8	0.002 9	0.357 0	7.34
	sb2	0.002 3	0.000 3	0.001 8	0.002 9	0.973 0	7.72
	sa1	0.005 4	0.001 5	0.003 3	0.009 0	0.822 0	25.41
	sh1	0.005 6	0.001 5	0.003 4	0.009 1	0.413 0	19.77
	sh2	0.005 7	0.002 0	0.003 4	0.010 7	0.000 0	37.08
TVP-VAR (FDIin)	sb1	0.002 3	0.000 3	0.001 8	0.002 9	0.330 0	5.66
	sb2	0.002 3	0.000 3	0.001 8	0.002 9	0.180 0	5.59
	sa1	0.005 5	0.001 7	0.003 4	0.009 8	0.366 0	29.07
	sh1	0.005 7	0.001 8	0.003 4	0.010 2	0.882 0	22.96
	sh2	0.005 6	0.001 6	0.003 4	0.009 6	0.000 0	28.09

同样地，根据模型的自相关函数图、动态模拟路径图以及后验分布的密度函数图，利用 MCMC 算法取值抽样是有效的。下面将利用 TVP-VAR 提供的脉冲响应图进一步刻画不同时期美国经济政策不确定性、渠道变量以及中国国际直接投资的动态变化情况。

7.6.2.1 影响国际直接资本净流动的渠道脉冲效应

中国国际直接投资为季度数据，故设置了提前 1 期、2 期和 4 期分别作为短期、中期及长期时变效应；取了四个具有代表性的脉冲时点进行分析，分别是 $t=34$（即 2008 年 2 季度）、$t=44$（即 2010 年 4 季度）、$t=74$（即 2018 年 2 季度）和 $t=81$（即 2020 年 1 季度），分别对应 2008 年金融危机、欧债危机、中美贸易摩擦以及新冠病毒感染疫情，分析不同时点中国国际直接投资对美国 EPU 指数冲击的响应程度。如图 7-22 所示，第一列是美国 EPU 指数对全球投资者情绪指数的冲击（lnUSEPU→VIX），第二列则是全球投资者情绪指数对中国国际直接投资的冲击（VIX→FDI）。

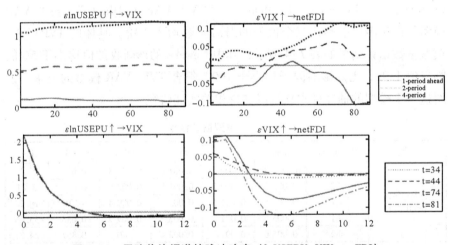

图 7-22　风险传染渠道的脉冲响应（lnUSEPU-VIX-netFDI）

从不同间隔脉冲响应来看（图 7-22 第一行图），受到美国 EPU 指数一个标准差冲击时，VIX 的脉冲响应均呈现正向响应，且具有明显短期效应，这意味着美国 EPU 指数在短期对 VIX 产生较大冲击，在中长期该正向冲击逐渐降低。这主要是由于国际投资者对国际宏观形势较为敏感，当美国 EPU 指数增加时，全球投资环境会有一定恶化，导致全球投资者情绪波动较大。

从 VIX 与 netFDI 的间隔脉冲响应来看，不同间隔期的脉冲响应呈现较大差异。从短期来看，间隔脉冲响应呈现明显的正向响应，且随着时间推移该正向响应有所上升。这可能是由于，当美国 EPU 指数增大时，全球投资环境不稳定性增加，短期内国际投资者情绪波动较大，受实物期权理论的影响，国际投资者选择延迟或减少对国际直接投资，导致中国国际直接投资流入减少，而国内投资者受投资本土化倾向的影响，国际直接投资流出基本保持现有状态，使得这一时期的国际直接投资净流动有所增加。从中期来看，间隔脉冲响应在 $t=33$（2008 年 1 季度）由负转为正，该正向响应随着时间推移缓慢增加，在 $t=80$（2020 年 1 季度）有所回落。这可能是由于金融危机之前，中国宏观经济增长态势良好，国内投资环境进一步改善，成为国际直接投资的优选之一。当美国经济政策不确定性增加，全球投资环境恶化时，考虑到中国经济的增长潜力，国际直接投资流入增加，流出减少，导致这一时期的国际直接投资净流动下降；随着中国近年来劳动力成本攀升，资源环境保护要求提高，国际直接投资的成本也逐步增加，当美国 EPU 指数上升时，全球投资情绪波动导致国际直接投资流出增加，流入减少，使得这一时期国际直接投资净流动增加。从长期来看，间隔脉冲响应则在 2008 年金融危机期间出现过正负响应波动，金融危机前和金融危机后均呈现负向响应。这可能是因为金融危机期间，全球投资环境恶化，国际投资者本身较为敏感，不断减少对中国的国际直接投资，导致净流动增加。

从不同时点冲击响应图来看（图 7-22 第二行图），受到美国 EPU 指数一个标准差冲击时，VIX 在四个不同时点的脉冲响应走势基本一致，均在初期达到最大正向响应，在第 5 期由正转负，随后逐渐趋于稳定。netFDI 对 VIX 的脉冲响应呈现较大差异，其中，第三个时点（$t=74$）在第 1 期的正向脉冲响应明显高于其他三个时点；第四个时点（$t=81$）的脉冲响应则在第 2 期由正转负，随后一直维持在负向响应；第一和第三个时点（$t=34$ 和 $t=74$）的脉冲响应则在第 3 期由正转负，随后一直维持在负向响应；第二个时点（$t=44$）的脉冲响应在第 5 期由正转负，随后维持在较低的负向响应水平，但第二个时点的负向响应明显低于第三个时点。

总体来看，美国 EPU 指数确实可以通过风险传染渠道对中国国际直接投资净流动产生影响，且具有一定的时变特征。

从汇率对美国 EPU 指数的间隔脉冲响应来看（图 7-23 第一行图），受到美国 EPU 指数一个标准差冲击时，人民币有效汇率（lnex）在不同间隔期的脉冲响应均呈现负向响应，且存在明显的短期效应，而 netFDI 对 lnex 的脉冲响应则在不同时期呈现显著的正向响应，也具有明显的短期效应。这意味着，美国 EPU 指数上升，中国人民币有效汇率会下降，进而导致这一时期中国国际直接投资净流出增加，这一传导性作用在短期体现更加突出。这可能是由于当美国 EPU 指数增加时，受美国经济政策不确定性的溢出作用影响，人民币实际汇率下降，人民币贬值会进一步削弱中国国际直接投资的盈利水平，减少中国国际直接投资流入。同时，由于国际直接投资的不可逆程度较高，国际投资者持观望态度，故这一时期中国国际直接投资流入大幅下降，国际直接投资净流动也会出现下降。

从不同时点的脉冲响应来看（图 7-23 第二行图），四个时点的脉冲响应在第 1 期之前不存在较大差异，但在第 1 期后 lnex 对美国 EPU 指数时点脉冲响应由正转负，且出现明显差异，其中第四个时点（t = 81）的负向响应程度最高、第三个时点（t = 74）次之、第一个时点（t = 34）与第二个时点（t = 44）的脉冲响应程度最低。相应地，四个不同时点 netFDI 对 lnex 的脉冲响应基本一致，在第 1 期出现最大正向响应，随着时间推移响应程度逐渐趋于 0。这可能是由于在经历了 2008 年金融危机和 2012 年欧债危机之后，人民币汇率在 2015 年完成 "8 · 11" 汇改，市场化程度进一步增大，对美国 EPU 指数冲击的响应更加明显，汇率在美国 EPU 指数与国际直接投资净流动之间的渠道作用更加显著。

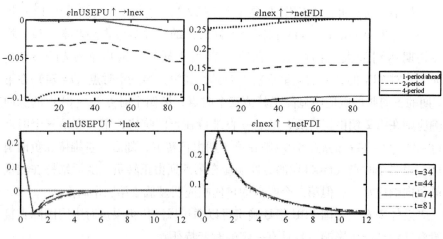

图 7-23　汇率渠道的脉冲响应（lnUSEPU-lnex-netFDI）

从利差对美国 EPU 指数的间隔脉冲响应来看（图 7-24 第一行图），受到美国 EPU 指数一个标准差冲击时，lnRca 在不同间隔期的脉冲响应均呈现微弱的正向响应，但在 $t=78$ 呈现由正转负，且短期的脉冲响应大都低于中长期的脉冲响应程度。同时，netFDI 对 lnRca 的脉冲响应也呈现正向响应，且中期脉冲响应最高，短期次之，长期最低。这意味着利差这一渠道因素在美国 EPU 指数与国际直接投资净流动之间的传导作用较小，这可能是由于国际直接投资本身具有较强的稳定性和不可逆性，更加注重东道国的宏观经济潜力，受利差这类驱动因素的影响较小。

从不同时点的脉冲响应来看（图 7-24 第二行图），四个时点脉冲响应存在较大差异，第一个时点（$t=34$）和第二个时点（$t=44$）的脉冲响应走势大体一致，在第 2 期达到最大正向响应，随后开始下降并在第 7 期由正转负，最终呈现较低水平的负向响应；而第三个时点（$t=74$）和第四个时点（$t=81$）的脉冲响应走势大体一致，均第 1 期迅速由正转为负，在第 6 期又由负向转正向响应。同时，netFDI 对 lnRca 的脉冲响应在四个时点的走势大体一致，且在第 2 期之后开始呈现较大差异，其中，第一个时点（$t=34$）与第二个时点（$t=44$）的脉冲响应程度最高，第三个时点（$t=74$）次之，第四个时点（$t=81$）的负向响应程度最低。这意味着在经历了金融危机之后，中国国际直接投资净流动受利差的影响越来越小。

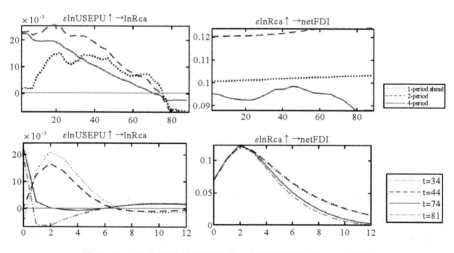

图 7-24　利差渠道的脉冲响应（lnUSEPU-lnRca-netFDI）

从 lnstock 对美国 EPU 指数的间隔脉冲响应来看（图 7-25 第一行图），受到美国经济政策不确定性一个标准差冲击时，lnstock 在不同间隔期的脉冲响应都呈现负向响应，且中期和短期效应明显。与此同时，netFDI 对 lnstock 的冲击呈现明显的正向响应，且长期脉冲响应程度最高，具有明显时滞。这意味着美国 EPU 指数增加，受全球投资者避险情绪影响，中国的资产价格水平会有所下降，股票市场的晴雨表作用也会传递到实体经济领域，整体投资情绪较为悲观，导致这一时期中国国际直接投资净流动也会有所下降。

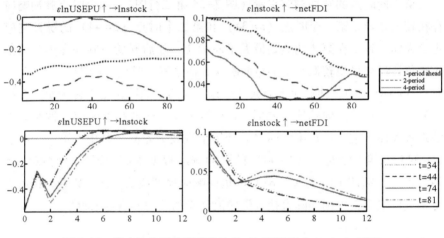

图 7-25　资产价格渠道的脉冲响应（lnUSEPU-lnstock-netFDI）

从不同时点的脉冲响应来看（图 7-25 第二行图），四个不同时点的脉冲响应走势基本一致，均在第 1~2 期呈现一定波动，随后呈现明显增加趋势，且在第 4 期之前，第四个时点（$t=81$）的负向响应程度最高，第三个时点（$t=74$）次之，第一个时点（$t=34$）与第二个时点（$t=44$）的脉冲响应程度最小。之后第一个时点（$t=34$）与第二个时点（$t=44$）开始呈现正向响应，而第三个时点（$t=74$）和第四个时点（$t=81$）在第 6 期才开始呈现正向响应。同时，netFDI 对 lnstock 的时点脉冲响应在第 3 期之前，第一个时点（$t=34$）与第二个时点（$t=44$）的脉冲响应明显高于第三个时点（$t=74$）和第四个时点（$t=81$），之后则呈现相反趋势。具体来看，在第一个时点（$t=34$）与第二个时点（$t=44$）的走势基本一致，均呈现逐步递减的正向响应，并随着时间推移逐渐趋于 0；而第三个时点（$t=74$）和第四个时点（$t=81$）走势大体一致，均在第 2 期出现第一个低谷，随后在微弱上升后进入递减趋势，并逐步趋于0。

7.6.2.2 影响国际直接投资流出的渠道脉冲效应

从VIX对美国EPU指数的间隔脉冲响应来看（图7-26第一行图），受到美国EPU指数一个标准差冲击时，VIX的脉冲响应均呈现正向响应，且具有明显的短期效应，而FDIout对VIX的不同间隔脉冲响应存在较大差异，中短期的脉冲响应基本呈现负向响应，而长期则呈现正向响应。这意味着当美国EPU指数上升时，全球投资者情绪会大幅增加，受投资本土化影响，中短期内中国国际直接投资流出大幅下降；而长期内中国国际直接投资流出则会增加。

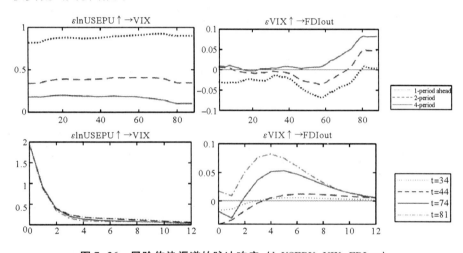

图7-26 风险传染渠道的脉冲响应（lnUSEPU-VIX-FDIout）

从时点冲击响应图来看（图7-26第二行图），受到美国EPU指数一个标准差冲击时，在四个不同时点的脉冲响应走势大体相同，在第2期后呈现微小差异；FDIout对VIX的时点脉冲响应存在较大差异，第三个时点（$t=74$）和第四个时点（$t=81$）走势大体一致，呈现先上升后下降的趋势，但第四个时点（$t=81$）和第三个时点（$t=74$）的脉冲响应明显高于其它两个时点。可见，经历了2008年金融危机和2012年欧债危机之后，全球投资者情绪对美国EPU指数影响国际直接投资流出的传导作用更加明显。

从lnex对美国EPU指数的间隔脉冲响应来看（图7-27第一行图），与国际直接投资净流动类似，受到美国EPU指数一个标准差冲击时，lnex呈现负向响应，且短期效应明显，而FDIout对lnex呈现显著正向响应，也具有明显的短期效应。当美国 EPU 指数上升时，人民币实际有效汇率降低，导致中国国际直接投资流出下降，这可能是因为人民币贬值会导致此时国际直接投资成本相对增加，并不是进行海外投资的好时机。

同时，从不同时点的脉冲响应来看（图 7-27 第二行图），四个时点的脉冲响应走势基本一致，且不存在较大差异。lnex 对美国 EPU 指数的时点脉冲响应均在第 1 期出现最小负向响应，随后逐渐增加并趋于 0；相应地，FDIout 对 lnex 的四个时点脉冲响应走势也基本一致，且都在第 1 期出现最大正向响应，在第 2 期四个时点脉冲响应开始出现一定差异，其中在第一个时点（$t=34$）与第二个时点（$t=44$）的脉冲响应明显高于第三个时点（$t=74$）和第四个时点（$t=81$），这意味着在 2012 年之前汇率对跨境资本流动的影响更大。

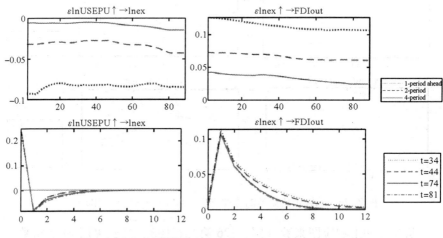

图 7-27　汇率渠道的脉冲响应（lnUSEPU-lnex-FDIout）

从 lnRca 对美国 EPU 指数的间隔脉冲响应来看（图 7-28 第一行图），受到美国 EPU 指数一个标准差冲击时，lnRca 在不同间隔期的脉冲呈现较大差异，其中长期的脉冲响应基本为正向响应，中期脉冲响应在 t=74 由正转负，短期脉冲响应在 t=18 由负转正，又在 t=52 由正转负。FDIout 对 lnRca 的脉冲响应均呈现负向响应，且中长期的响应较高，具有明显的时滞性。这意味着当美国 EPU 指数上升时，从中长期来看利差会有所增加，进而导致中国国际直接投资流出下降，但从短期来看美国 EPU 指数对利差的冲击正负影响不太稳定，因而对跨境资本流动影响的方向也不太确定。这说明利差渠道在中长期会有一定的作用，但短期的传导作用不明显。当美国 EPU 指数上升时，只有当利差长期维持在较高水平时，会导致国际直接投资流出下降，利差渠道才能发挥对国际直接投资流出的传导作用。

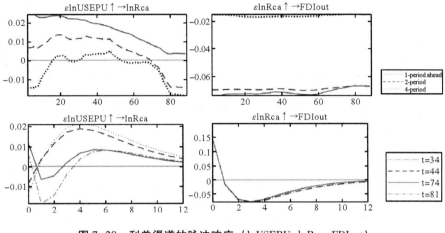

图 7-28　利差渠道的脉冲响应（lnUSEPU-lnRca-FDIout）

从时点脉冲响应来看（图 7-28 第二行图），lnRca 对美国 EPU 指数时点脉冲响应存在较大差异，其中第一个时点（t=34）和第二个时点（t=44）的脉冲响应走势大体一致，呈现先上升后下降的趋势，除第 1 期外基本都维持在正向响应；而第三个时点（t=74）和第四个时点（t=81）的脉冲响应走势大体一致，均在第 1 期出现最小负向响应，随后迅速由负向转为正向响应，该响应随着时间推移逐渐趋于 0。同时，FDIout 对 lnRca 的脉冲响应在四个时点的走势大体一致，并未呈现较大差异，且在第 1 期之后均呈现负向响应。这意味着从时点脉冲响应来看，利率的渠道作用在不同时点均较为明显，随着美国 EPU 指数增加，利差不断扩大，导致中国直接投资流出下降。

从 lnstock 对美国 EPU 指数的间隔脉冲响应来看（图 7-29 第一行图），受到美国 EPU 指数一个标准差冲击时，lnstock 在不同间隔期的脉冲响应都呈现负向响应，且短期效应明显。与此同时，FDIout 对 lnstock 的脉冲响应在不同间隔期呈现明显差异，其中，中短期呈现明显的负向响应，而长期脉冲响应在 t=60 由正转负。这意味着，当美国 EPU 指数上升时，中国的资产价格水平会有所下降，在中短期导致中国国际直接投资流出增加，而长期来看国际直接投资流出并不明显。这可能是由于美国 EPU 指数增加时，国际投资者对全球投资环境持悲观情绪，导致中国股票价格下跌，悲观情绪进一步蔓延，导致投资者均持观望态度，进而影响了国际直接投资流出。

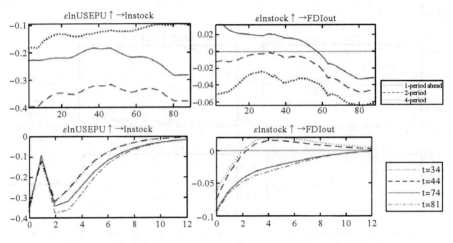

图 7-29　资产价格渠道的脉冲响应（lnUSEPU-lnstock-FDIout）

从不同时点的脉冲响应来看（图 7-29 第二行图），四个不同时点的脉冲响应走势基本一致，均在第 1 期出现第一个负向响应小高峰，在第 2 期出现最小负向响应，随后逐步回升趋于 0，总体来看，第三个时点（t=74）和第四个时点（t=81）的负向脉冲响应明显高于第一个时点（t=34）和第二个时点（t=44）。同时，FDIout 对 lnstock 的时点脉冲响应在第 2 期之前都呈现负向响应，且第一个时点（t=34）与第二个时点（t=44）的负向响应明显低于第三个时点（t=74）和第四个时点（t=81）；第 2 期之后，第一个时点（t=34）和第二个时点（t=44）呈现正向响应，第一个时点（t=34）与第二个时点（t=44）持续维持负向响应并逐渐趋于 0。

7.6.2.3　影响国际直接投资流入的渠道脉冲效应分析

从 VIX 对美国 EPU 指数的间隔脉冲响应来看（图 7-30 第一行图），与国际直接投资流出类似，受到美国 EPU 指数一个标准差冲击时，VIX 的脉冲响应均呈现正向响应，且具有明显的短期效应，而 FDIin 对 VIX 间隔脉冲响应存在较大差异，中短期的脉冲响应基本呈现正向响应，而长期则呈现正负响应交替的现象。这意味着当美国 EPU 指数上升时，全球投资者情绪会大幅增加，导致中短期中国国际直接投资流入大幅增加；而长期中国国际直接投资流入情况出现一定波动。

从不同时点冲击响应图来看（图 7-30 第二行），受到美国 EPU 指数一个标准差冲击时，VIX 在四个不同时点的脉冲响应大体相同，均在第 5 期由正转负；相应地，在不同时点 FDIin 对 VIX 的脉冲响应存在较大差异，第三个时点（t=74）和第四个时点（t=81）走势大体一致，第一个时点（t=34）与第二个时点（t=44）的走势大体一致，四个时点均呈现先上升后下降的趋势。同时，第 2 期之前第四个时点（t=81）和第三个时点（t=74）的脉冲响应明显高于其他两个时点，之后则出现相反情况。

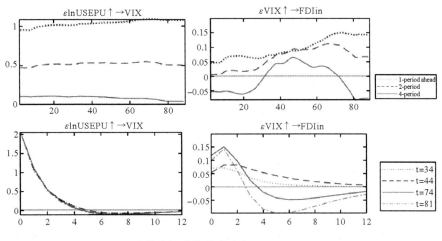

图 7-30　风险传染渠道的脉冲响应（lnUSEPU-VIX-FDIin）

从 lnex 对美国 EPU 指数的间隔脉冲响应来看（图 7-31 第一行），与国际直接投资流出类似，受到美国 EPU 指数一个标准差冲击时，lnex 呈现负向响应，且短期效应明显，而 FDIin 对 lnex 则呈现显著的正向响应，也具有明显的短期效应。因此，当美国 EPU 指数上升时，人民币实际有效汇率降低，中国国际直接投资流入下降，这可能是因为人民币贬值会导致此时国际直接投资的收益相对下降，并不是对中国进行投资的好时机。

同时，从不同时点的脉冲响应来看（图 7-31 第二行），受到美国 EPU 指数一个标准差冲击时，lnex 在四个时点的脉冲响应基本一致，不存在较大差异，均在第 1 期出现最小负向响应，随后逐渐增加并趋于 0；相应地，FDIin 对 lnex 的时点脉冲响应也基本一致，都在第 1 期出现最大正向脉冲响应，随着时间推移脉冲响应逐渐趋于 0。这意味着在四个不同的时点，当美国 EPU 指数上升时，都会对人民币汇率产生负向冲击，导致短期内中国国际直接投资流入下降，随后慢慢回升到原有水平。这说明汇率的渠道作用比较畅通。

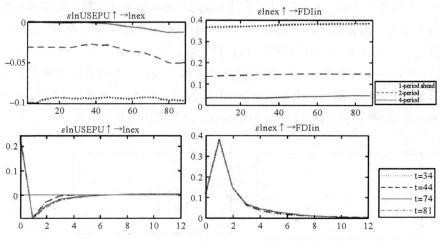

图 7-31　汇率渠道的脉冲响应（lnUSEPU-lnex-FDIin）

从 lnRca 对美国 EPU 指数的间隔脉冲响应来看（图 7-32 第二行图），受到美国 EPU 指数一个标准差冲击时，lnRca 在不同间隔期的脉冲响呈现较大差异，中期和短期的脉冲响应走势基本一致，均在 t = 70 附近由正转为负，而长期脉冲响应则呈现递减的趋势，在 t = 60 期由正转负；FDIin 对 lnex 呈现正向响应，并具有明显短期效应。这意味着美国 EPU 指数对利差的影响不甚稳定，导致美国 EPU 指数通过利差影响中国国际直接投资流入的传导作用不甚清晰。

从不同时点脉冲响应来看（图 7-32 第一行图），受到美国 EPU 指数一个标准差冲击时，lnRca 在四个时点的脉冲响应存在较大差异，第一个时点（t = 34）与第二个时点（t = 44）的走势大体一致，两者的正向响应先上升后下降随后逐渐趋于零，但第一个时点的响应程度高于第二个时点；第三个时点（t = 74）和第四个时点（t = 81）走势大体一致，在第 2 期出现最小负向响应，随后逐渐增加稳定为正向响应，但第四个时点的响应程度明显大于第三个时点。同时 FDIin 对 lnRca 的时点脉冲响应走势基本一致，但在第 4 期以后出现差异，前两个时点的脉冲响应明显强于后两个时点。

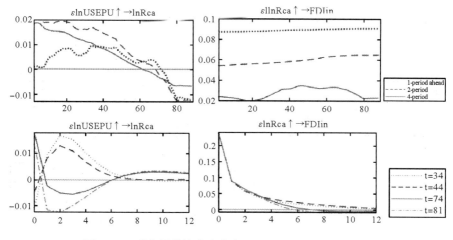

图 7-32　利差渠道的脉冲响应（lnUSEPU-lnRca-FDIin）

从 lnstock 对美国 EPU 指数的间隔脉冲响应来看（图 7-33 第一行图），受到美国 EPU 指数一个标准差冲击时，lnstock 在中短期都呈现负向脉冲响应，但长期脉冲响应在 t=60 由正转负；与此同时，FDIin 对 lnstock 的间隔期呈现明显差异，其中，中期和短期的脉冲响应走势基本一致，均在 t=33 呈现由正转负，随后一直维持负向响应，长期则大都维持在正向响应，仅在 t=60 出现了短暂的负向响应。这意味着，当美国 EPU 指数上升时，中短期内中国的资产价格水平有所下降，导致这一时期中国的国际直接投资流入下降，但在一定时期后，国际直接投资流入又会有所回升，而在长期资产价格的渠道作用则并不明显。

从不同时点的脉冲响应来看（图 7-33 第二行图），受到来自美国 EPU 指数一个标准差冲击时，lnstock 的四个不同时点脉冲响应走势基本一致，均在第 1 期出现第一个负向响应小高峰，在第 2 期开始出现较大差异。第一个时点（t=34）与第二个时点（t=44）的走势大体一致，第三个时点（t=74）和第四个时点（t=81）走势大体一致。从总体上看，在第 1~4 期，第一个时点（t=34）与第二个时点（t=44）的负向脉冲响应程度明显低于第三个时点（t=74）和第四个时点（t=81），随后两者的情况出现了一定的反转。同时，FDIin 对 lnstock 的时点脉冲响应在第 2~3 期之前大都呈现一定的负向响应，且前两个时点的负向响应明显低于后两个时点，在第 4 期之后，四个时点均呈现正向脉冲响应，且后两个时点的正向脉冲响应明显高于前两个时点。

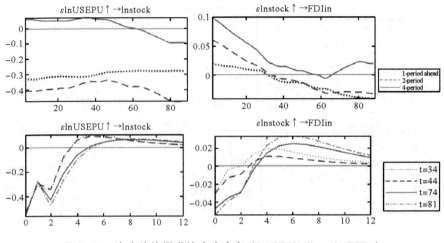

图 7-33　资产价格渠道的脉冲响应（lnUSEPU-lnstock-FDIin）

7.7　本章小结

中国与美国的关系是全球最重要的双边关系之一，随着中国金融市场双向开放的进一步扩大，美国经济政策不确定性必然会对我国开放程度较高的跨境资本流动领域造成更大的影响。随着当前中美经济政策的错位态势进一步扩大，中国更应警惕因美国经济政策不确定性所引发的跨境资本剧烈波动。基于此，本章从国际直接投资和短期跨境资本流动两个方面探讨了美国 EPU 指数对中国跨境资本流动的时变影响，主要结论如下：

第一，从中国跨境资本流动现状来看，中国国际直接投资在 2008 年金融危机之前规模相对较小，但在金融危机之后国际直接投资呈现较大波动，且在 2016 年出现国际直接投资净额触底；中国短期跨境资本流动在金融危机之前的规模和波动性都相对较小，金融危机之后其规模有所增加，且波动性骤升；跨境证券投资与跨境银行信贷在金融危机时波动性明显增强，且中国短期跨境资本流动依然以跨境银行信贷为主。

第二，从美国 EPU 指数与中国短期跨境资本流动的实证结果来看，不同间隔的脉冲响应显示，受到来自美国 EPU 指数的冲击，短期跨境资本流动的短期脉冲响应持续为正，但中长期脉冲响应却持续为负；不同时点的脉冲响应显示，短期跨境资本流动时点脉冲响应大体一致，都呈现正负向响应交替波动，随后稳定为负向响应；中国跨境证券投资的冲击都呈现明显的短期效应，且中国跨境证券投资净流动和流出的脉冲响应持续为正，跨境证券投资流入的脉冲响应持续为负；中国跨境信贷投资净流动的长短期脉冲响应具有明显差异，短期的脉冲响应冲击呈现明显负向响应，中长期则呈现明显正向响应；跨境信贷流出和流入的脉冲响应呈持续负向响应，且均具有明显短期效应。

第三，从美国 EPU 指数与中国国际直接投资的实证结果来看：①不同间隔的脉冲响应图显示，受到来自美国 EPU 指数的冲击，国际直接投资净流动和流出的脉冲响应变化幅度较小；不同时期的国际直接投资流入和流出则分别呈持续正向响应和持续负向响应，且都有明显短期效应；②从不同时点的脉冲响应来看，在不同时点美国 EPU 指数对中国国际直接投资净流动、流出和流入的冲击并未表现出较大差异，其中，国际直接投资净流动和流入呈持续正向响应，国际直接投资流出呈持续负向响应。

第四，从传染渠道来看，美国 EPU 指数对短期跨境资本流动影响主要通过风险传染、利差和资产价格三个渠道起作用，汇率渠道的传导作用不甚显著；在对国际直接投资的传染渠道中，汇率渠道的传导作用最明显，风险传染渠道对国际直接投资流入、流出作用明显，同时在短期对国际直接投资净流动作用明显；资产价格渠道在短期和中期对国际直接投资作用明显，利差在长期对国际直接投资流出作用明显。

8 结论、政策建议与研究展望

8.1 结论

世界各国在贸易和金融方面深度联动，跨境资本流动成为当前连接各国经济金融发展的重要纽带。金融危机后，跨境资本流动受推力因素影响较大，美国作为全球经济政策不确定性的主要输出者，其经济政策不确定性不仅影响美国国内的消费、投资与经济发展，也极大地影响着全球跨境资本流动的规模和流向。基于这一背景，本书围绕美国经济政策不确定性与跨境资本流动的关系，分析了美国经济政策不确定性与全球跨境资本流动的典型事实，在分析经验事实的基础上初步探索了美国经济政策不确定性与跨境资本流动之间关联性，并从理论机制和实证检验两个角度探究了美国经济政策不确定性对规模性、结构性和波动性跨境资本流动的影响。其中，理论部分搭建了"美国经济政策不确定性—传导机制变量—跨境资本流动"的理论框架；实证部分则通过 PVAR 模型、固定面板模型、面板 Logit 模型和 TVP-VAR 实证检验了美国经济政策不确定性对不同类型跨境资本流动的影响。主要的研究结论如下：

第一，从美国经济政策不确定性与跨境资本流动的典型事实来看，美国 EPU 指数经历了小幅波动期（1985—2000 年）、大幅震荡期（2001—2007 年）、快速增长期（2008—2014 年）、震荡增长期（2015—2020 年）；规模性跨境资本流动经历了波动增长期（1990—2000 年）、高度增长期（2001—2007 年）、震荡调整期（2008—2017 年）和小幅波动期（2018—2020 年）；内容结构性跨境资本 FDI、跨境证券投资和跨境银行信贷经历了平衡发展期（1990—2002 年）、加速分化期（2003—2007 年）、震荡分化期（2008—2020 年）；时间结构性跨境资本流动显示短期跨境资本在危机前爆发式增长，但危机后剧烈下滑，受金融危机影响强烈，而 FDI 的稳定性相对较高；波动性跨境资本中跨境资本激增和外逃的总体趋势类似，跨境资本突停和撤回的总体趋势类似，但不同类型跨境资本异常流动与总资本异常流动之间仍存在较大差异。从事实性分析角度，利用趋势特征、相关性分析和格兰杰因果检验初次验证了美国 EPU 指数与跨境资本流动之间的关联性。

第二，美国经济政策不确定性影响跨境资本流动的机制分析及初步检验结论如下：①将美国经济政策不确定性引入泰勒模型、三重动机模型论证了美国经济政策不确定性对国内外利差、汇率、资产价格以及风险传染四个传导机制变量的影响，并利用均值-方差模型论证了四个传导机制变量对跨境资本流动的影响，搭建起"美国经济政策不确定性—传导机制变量—跨境资本流动"的理论框架。②利用 PVAR 模型初步验证美国 EPU 指数是利差、汇率、资产价格和全球投资者避险情绪的格兰杰原因，传导机制变量也是跨境资本流动的格兰杰原因。但除此之外，国内外利差与跨境资本总流入、总流出互为格兰杰原因；全球投资者情绪、资产价格与全球跨境资本净流动互为格兰杰原因，资产价格与短期跨境资本流动互为格兰杰原因；国内外利差、资产价格与 FDI 互为格兰杰原因。三者之间可能存在的内生性关系，还需要进一步检验。

第三，美国经济政策不确定性影响规模性跨境资本流动的实证研究结论：①美国 EPU 指数对跨境资本总流出、总流入以及净流动都呈现显著负向影响，且美国 EPU 指数对跨境资本总流动的负向影响远远大于跨境资本净流动；除跨境证券流出外，美国 EPU 指数对 FDI、跨境证券投资以及跨境信贷投资的影响都显著为负，其中跨境信贷投资受美国 EPU 指数影响最大，跨境证券投资受影响次之，FDI 受影响最小。②汇率渠道和风险传染渠道是美国 EPU 指数影响跨境资本总流出和总流入的主要渠道，利率渠道的传导作用稍弱，资产价格渠道作用最弱；美国 EPU 指数通过利差影响 FDI，通过汇率渠道和风险传染渠道影响跨境银行信贷的流入和流出；美国 EPU 指数对跨境证券流入和流出的传导机制存在较大差异，美国 EPU 指数通过汇率和风险传染渠道影响跨境证券流入，但四个渠道对跨境证券流出的传导作用都不明显。③异质性分析结果显示，美国 EPU 指数较低时，对跨境资本流动呈负向影响，但超过一定水平可能呈现正向影响；相较于发达国家，美国 EPU 指数对新兴市场国家跨境资本流动影响更加显著；美国EPU指数对高金融发展程度国家的跨境资本总流动影响更大，对低金融发展程度国家的跨境资本净流动影响更大；美国EPU指数对高金融发展程度国家的证券投资呈现显著负向影响，对低金融发展程度国家的跨境信贷投资呈现显著负向影响。

第四，美国经济政策不确定性影响结构性跨境资本流动的实证结论如下：①美国EPU指数对短期跨境资本流动的影响都显著为正，说明美国经济政策不确定性主要通过"投资组合再平衡效应"影响短期资本流动。②从传导机制来看，美国EPU指数影响短期跨境资本流动的渠道按重要性依次为资产价格渠道、汇率渠道、风险传染渠道和利差渠道。③从异质性分析来看，美国EPU指数对短期资本流动的显著正向影响主要体现在新兴市场国家；美国EPU指数上升时，金融发展程度高低并不会直接左右美国EPU指数对短期跨境资本流动的影响。④宏观审慎政策可以在一定程度上削弱美国EPU指数引起的短期跨境资本流动增加，尤其是紧缩的资本类宏观审慎工具和信贷类宏观审慎工具的作用明显。对比发达国家组与新兴市场国家组，宏观审慎监管政策的调节作用存在显著差异，宏观审慎政策执行效果差异的原因主要体现在国家在金融市场发展程度和制度质量。

第五，美国经济政策不确定性影响波动性跨境资本流动的主要结论如下：①样本期内总资本发生突停和撤回的次数较高，激增的次数次之，发生外逃的次数最低；不同类别的跨境资本异常流动中，跨境证券投资和跨境银行信贷发生撤回的次数最多，FDI发生撤回和外逃的次数最低。②受实物期权理论、风险规避理论和资本本土化倾向等原因影响，美国EPU指数会降低跨境资本激增和外逃的概率，增加资本突停和资本撤回的概率；且不同类型的政策不确定性影响也存在一定差异。③从传导渠道来看，对资本激增和资本外逃来说，汇率渠道的传导作用最强，资产价格的传导作用较弱，利差渠道对资本激增有一定传导作用，但对资本外逃不明显，而风险传染渠道作用不明显；对于资本突停和资本撤回来说，风险传染渠道的传导作用最明显，汇率对资本突停仍具一定传导作用，但对资本撤回作用不明显，同时利差渠道对资本撤回具有一定传导作用，但对资本突停的传导作用则不明显。④从异质性分析来看，美国EPU指数对FDI、跨境证券投资、跨境银行信贷投资的突停与撤回成显著正向影响，但对FDI激增与外逃成显著负向影响，仅跨境证券投资外逃和跨境银行信贷激增产生负向影响；在发达国家组和新兴市场国家组之间，美国EPU指数对跨境资本激增和撤回的影响并无显著差异，但对发达国家跨境资本突停和外逃的影响远人于对新兴市场国家；金融市场发展程度和资本市场开放程度都会对美国 EPU 指数影响跨境资本异常流动产生调节作用。

第六，美国经济政策不确定性对中国跨境资本流动的时变影响，主要结论如下：①不同间隔的脉冲响应显示，受到来自美国 EPU 指数的冲击，短期跨境资本流动的短期脉冲响应持续为正，但中长期脉冲响应却持续为负；不同时点的脉冲响应显示，短期跨境资本流动时点脉冲响应大体一致，都呈现正负向响应交替波动，随后稳定为负向响应；中国跨境证券投资的冲击都呈现明显的短期效应，且中国跨境证券投资净流动和流出的脉冲响应持续为正，跨境证券投资流入的脉冲响应持续为负；中国跨境银行信贷投资净流动的长短期脉冲响应具有明显差异，短期的脉冲响应冲击呈现明显负向响应，中长期则呈现明显正向响应；跨境银行信贷流出和流入的脉冲响应呈持续负向响应，且均具有明显短期效应；国际直接投资净流动和流出对美国 EPU 指数冲击的脉冲响应变化幅度不大，但对国际直接投资流入呈现一定的波动性，具有时变效应。②从传染渠道来看，美国 EPU 指数通过风险传染、利差和资产价格影响中国短期跨境资本流动，汇率渠道的传导作用不甚明显；汇率渠道对国际直接投资都有明显的传导作用，风险传染渠道对国际直接投资流入、流出作用明显，在短期对国际直接投资净流动作用明显；资产价格渠道在中短期对国际直接投资作用明显，利差渠道在长期对国际直接投资流出作用明显。

8.2 政策建议

随着中国金融市场双向开放范围的进一步扩大，美国经济政策不确定性必然会对我国开放程度较高的跨境资本流动领域造成更大的影响。为了进一步提高开放条件下风险抵御及防控能力，我国必须高度重视核心国家经济政策不确定性所带来的跨境资本流动风险。因此，从短期手段和长期措施两个方面提出相应的政策建议，其中，短期手段应从监管手段和政策制定出发，注重两位一体的监管框架搭建，平抑经济政策不确定性增强国际经济政策协调；长期措施则应从经济建设和金融市场发展出发，着眼增强宏观经济增长潜力、优化金融市场发展，增强自身抵御外部不确定性的韧性。

8.2.1 搭建两位一体监管框架，完善跨境资本流动管理体系

2020年以来，新冠病毒感染疫情肆虐，全球经济复苏不平衡，外部风险增加。随着中国金融市场双向开放加深，跨境资本双向流动更为频繁和活跃。加速推进金融市场开放的同时，如何精准有效地防范跨境资本流动风险也极为重要，因此，有必要加快"宏观审慎"与"微观监管"两位一体的框架搭建，不断完善跨境资本流动管理体系。

第一，搭建完善的跨境资本流动微观监管体系。首先，各国应进一步明确中央银行在跨境资本监管中的重要性，建立由中央银行牵头设立专门的跨境资本流动监管部门，实时掌控金融机构、外汇市场以及其他金融子市场的跨境资本流动情况。其次，运用大数据、人工智能与机器学习等技术，及时对数据进行收集、检测与分析，强化对跨境资本流动规模、动机、投资者结构和流向的跟踪监测。重点监测短期资本容易涌入的行业，防止因大规模跨境资本流入引发资产泡沫和杠杆率飙升。在全球经济政策不确定性高企的阶段，应特别关注对外部环境变化高度敏感的投资者行为，实现跨境资本来源与流向的动态管理，尤其是要有效识别短期跨境资本，做好事前的风险管控。最后，还应制定跨境资本异常流动的识别标准，并实施规范化的应急处理方案，确保对不同类别、不同性质的跨境资本激增、突停、外逃和撤回实现差异化管理，有效控制跨境资本激增和撤回，防范跨境资本突停和外逃。同时，还可以增加应急工具或备用计划，防范突发情况下跨境资本的剧烈波动。

第二，制定多种工具相结合的宏观审慎监管体系。目前按照IMF宏观审慎数据库显示的17类宏观审慎工具，主要包括资本类工具、信贷类工具、流动性工具和其他审慎工具。实证研究表明，宏观审慎工具可以有效地调控美国经济政策不确定性对跨境资本流动的影响，尤其是资本类工具和信贷类工具，其中资本类工具主要包括逆周期缓冲资本、资本留存缓冲、最低资本要求、贷款损失准备与杠杆率要求；信贷类工具主要包括贷款增速限制、贷款规模限制、外汇贷款限制、贷款价值比和贷款服务收入比。与跨境资本监管相关的宏观审慎指标还包括外汇存款的流动性要求。监管机构应合理利用这些宏观审慎工具包，丰富并优化跨境资本流动宏观审慎工具，重点监测和管理微观主体的跨境投资与交易行为，实现对不同类型跨境资本流动的有效监管。

第三，提升全球跨境资本监管政策的国际协调性。近年来出现了一定的逆全球化浪潮，但是世界经济金融一体化的总趋势并未发生改变，全球跨境资本流动的规模会越来越大，波动性也会越来越大。因此，跨境资本监管还需要世界各国加大跨境资本监管政策的协调与合作。首先，需要共同制定跨国监管工具包，尽可能避免各国监管政策分化导致的矛盾，影响跨境资本正常流动，同时还应确保各类货币与汇率政策的协调稳定，避免国际投资者利用政策差异化实现跨国套利；其次，以美国为首的核心发达国家也应履行大国责任，高度重视自身经济政策不确定性对跨国资本所带来的影响，重视并配合实施相应的跨国资本监管，防范大规模资本频繁在发达国家与新兴市场国家间流动，造成新兴市场国家金融风险；最后，IMF 与世界银行应统筹全球跨境资本的监管与协调，帮助搭建全球跨境资本流动监管框架，并督促各国依照统一框架制定自己的监管细则，尽可能地实现全球跨境资本流动监管的协调与统一。

第四，增强国际的政府协作与监督。当前美国经济政策不确定性已然成为跨境资本流动的重要影响因素，中国应加强与各国政府在跨境资本管理上的沟通与合作，积极推进多边合作与监督框架的落实，增强彼此在跨境资本流动方面的信息交流，防止发达国家实施"以邻为壑"的监管政策。同时，可构建应对经济政策不确定性的外汇储备紧急资金备用池，有效应对核心国家经济政策不确定性带来的金融风险。

8.2.2　平抑经济政策不确定性，增强经济政策协调性

从实证研究结论可知，美国经济政策不确定性已经成为跨境资本流动的重要驱动因素，极易引发规模性跨境资本流动下降、短期跨境资本流动增加，致使跨境资本异常流动，增加国内金融系统性风险。美国作为全球经济政策不确定性的主要溢出者，中国应警惕因其政策不确定性带来的跨境资本剧烈波动，在制定两位一体的监管框架的同时，应尽力平抑自身经济政策不确定性，增强本国经济政策的透明性与稳定性，具体可从以下三个方面进行。

第一，增强政策透明度以合理引导公众预期。中国作为新兴市场国家，无法直接调控和抑制美国经济政策不确定性，只能极力确保自身经济政策的透明度。政府可以通过公开引导的方式稳定微观主体的预期，为国际国内投资者传递信心，防止因本国经济政策频繁变动而造成的跨境资本

剧烈波动。尤其是在当前错综复杂的国际形势下，中美两国的货币政策开始出现分化，政府可考虑采用公开媒体渠道向市场传递政府经济政策，发表对未来经济发展趋势的预测。在确保政府政策信息透明的同时，适时解读当前的经济政策可以在一定程度上防止公众信息解读偏差而引发的跨境资本波动。良好的预期管理可以帮助政府引导公众情绪和投资选择，减轻美国经济政策不确定性这类外部风险引发的负向溢出作用。

第二，维持国内经济政策的连续性与稳定性。政府在调控经济时最常用的是货币政策与财政政策。其中，货币政策中影响跨境资本流动的重要工具是利率机制，合理设置利率波动的上下区间，可以在一定程度上缓解经济政策不确定性，降低其对跨境资本流动的影响。同时，还应将相机抉择与规则相结合，一方面通过相机抉择的方式增强货币政策的灵活性，另一方面采用规则确保货币政策取向的稳定性。财政政策方面，需要着重关注经济的长期发展，在合理降低税收的大趋势下，激活微观主体活力，避免对财政政策强干预，保证财政政策趋势的稳定性。另外，还应结合自身经济运行周期的具体情况，合理搭配财政政策与货币政策。

第三，呼吁并团结一切力量，增强全球经济政策的协调性。呼吁美国等经济政策不确定的主要输出者，在制定新的经济政策时全面对比本次新经济政策与以往经济政策的差异性，谨慎推敲和验证政策调整与变动对全球经济所带来的新不确定性，防止世界经济陷入"不确定性陷阱"。同时，中国还应以"一带一路"倡议为载体团结新兴市场国家，加深区域经济政策的合作与协调。尝试制定一套行之有效的常规协调政策与非常规不协调经济政策管理方案，确保本国经济政策制定的灵活性及全球经济政策的协调性，防范全球经济政策分化所带来的跨境资本剧烈波动。随着经济政策不确定性对跨境资本流动的影响增强，呼吁并团结一切力量，增强全球经济政策的协调性，共同防范因经济政策不确定性带来的跨境资本剧烈波动，防范其对宏观经济和金融市场的冲击。

8.2.3　稳住经济基本面，培育经济增长内生动力

面对美国经济政策不确定性对跨境资本流动的影响，简单地制定跨境资本流动监管措施和平抑本国经济政策不确定性仅为短期被动防御。只有增强自身经济实力，积极培育经济增长的内生动力，才能真正提高自身对外部风险的抵御能力。因此，从长期来看，培育经济增长内生动力与加快

自身金融市场发展，才能全面提升中国应对外部不确定性的能力和韧性。

第一，促进宏观经济持续稳定恢复与增长。跨境资本流动提升了世界各国的经济与金融联系，促进了彼此信息交流和技术进步，尤其是对资金较为短缺的新兴市场国家来说，大量跨境资本流入可弥补资金缺口，促进经济的增长。但是跨境资本中裹挟着大量短期跨境资本，具有极强的投机性和波动性，大规模短期跨境资本流入流出可能诱发金融风险，影响宏观经济的健康发展。实证结果表明，美国经济政策不确定性对新兴市场国家的跨境资本流动冲击较大，且经济增长水平可以削弱美国经济政策不确定性对跨境资本流动的冲击。因此，中国当前应尽力保持稳定的宏观经济增长基本面，不断夯实国内经济发展的基础，提升国内经济的抗冲击性，才能更好地抵御和缓解跨境资本流动带来的风险。长远来看，只有具有增长潜力的国家才能进一步吸引稳定的跨境资本流入，尤其是具有较强溢出作用的 FDI 流入，各个国家需要积极利用 FDI，发挥其技术溢出作用，加快自身技术升级，调整优化产业结构，促进自身经济的良性循环发展。同时，构建高水平的国内大循环，不仅需要有效利用流入中国的跨境资本，还必须积极推动跨境资本流出参与国际循环，稳健的宏观经济基本面是促进跨境资本健康持续流入和流出的基础，也是提升双循环发展质量的重要支撑。在重构全球价值链的关键时期，中国不仅需要维持健康稳定的宏观经济增长促进跨境资本流入，还需要充分发挥跨境资本双向流动在双循环中的纽带作用，推动我国经济实现良性健康增长。

第二，培育"双循环"格局下的内生增长动力。从目前全球主要经济体的表现来看，美国正处于通货膨胀高企与疫情带来的增长压力叠加期，国内经济增长逐步放缓；欧洲地区受俄乌冲突影响，面临着能源和食品危机，出现高通胀和需求大幅缩水的紧迫局面，欧洲地区的系统性风险不断累积；新兴市场国家则受美国经济政策转向的影响，普遍出现币值不稳定、跨境资本外流等风险，各新兴经济体经济复苏承载较大压力。受新冠疫情和俄乌冲突等重大突发事件影响，世界普遍面临供给冲击和通胀高企等问题，为稳定国内经济，大多数国家都采用了削减需求的方式治理通胀，这样一来海外需求明显缩小。过去十年中国一直处在经济增长新旧动能转换的加速期，从以往的依赖海外需求逐步转向内需拉动，并积极依靠创新驱动增强国内经济增长动能。当前，中国提出了构建以国内大循环为主、国内国际双循环相互促进的新发展格局，但面对外部不确定性增加、产业链和供应链风险上升的现实，中国的海外市场需求进一步收缩，国际大循环的动能开始走弱。"双循环"格局强调安全循环和主动循环，在外循环动能不足时，需要加快培育"双循环"格局的内生增长动力，这不仅是大势所趋，也是中国经济可持续发展的内在要求。

未来中国经济增长的内生动力存在于以下四个方面：第一，中高端制造领域，尤其是涉及制造业强链补链的细分行业。未来在经济发展方面，国家政策倾斜和金融支持应在制造业方面持续加码，特别是在强链补链方面，在国际循环不景气的情况下，其具有较强的确定性的中期红利，对中高端制造业的加码，最终将形成"双循环"的产业支撑，实现经济高质量发展。第二，要进一步加大对新能源、人工智能等先进制造业和战略性新兴产业的资金支持，还应加大对"专精特新"等中小制造业企业，特别是民营企业在财税领域的支持力度。第三，内部消费需求方面，服务性消费增幅回落与商品零售额消费增幅回升也在延续，消费结构性增长的特征显现，消费低迷状态在缓慢改善。第四，科技创新及新技术应用领域，为了促进新产品新服务发展，中国也应更加重视科研投入，增加对科技创新的支持力度，促进新技术在各行各业的应用与结合，尤其是数字技术手段的推广运用，从而加大新产品与新服务融合度，以创新融合增加经济增长内生动力。

8.2.4 加快金融市场发展，提升应对外部不确定性的韧性

实证结果表明美国经济政策不确定性对跨境资本流动的传导机制中汇率渠道与风险传染渠道的传导作用最明显，利率机制传导作用次之，资产价格渠道传导作用最弱，作为新兴市场国家，中国在长期有必要继续加快金融市场发展，提升金融市场应对外部不确定性的韧性。

第一，推动金融市场发展，循序渐进扩大资本市场开放。面对高企的美国经济政策不确定性，短期内各国可以采用宏观审慎政策加强跨境资本流动监管，但从长期来看要防范跨境资本波动带来的风险，依然需要完善金融市场来增强自身的抗风险冲击能力。实证结果表明，发达的金融市场可以削弱美国经济政策不确定性对跨境资本外逃，尤其是 FDI 外逃的影响，但发达的金融市场也会在一定程度上增强跨境证券资本流动，增强短期跨境资本波动性。同时，资本账户开放程度也会削弱美国经济政策不确定性对跨境资本激增、外逃的影响，但有可能增大对跨境资本突停的负向

影响。必须清醒地认识到，发达的金融市场与高度开放的资本账户对跨境资本流动来说是一把"双刃剑"。跨境资本流动规模应与金融市场发展相适应、循序渐进地推进资本市场开放才是应对美国经济政策不确定性冲击的重要途径。①金融市场的发展水平应与自身跨境资本流动规模相适应。随着我国金融市场开放程度越来越高，美国经济政策不确定性对我国跨境资本流动的规模和波动性影响会进一步加强。因此，政府需结合自身金融市场发展的程度合理管控跨境资本流动，确保跨境资本流动规模与本国金融市场发展相适应。②加强国际国内金融市场的链接，强化各国政府在金融市场监管方面的合作与协调。跨境资本成为世界加强经济金融联系的重要载体，其规模会进一步加大，跨境流动的方向也日趋复杂，必须加强世界各国金融市场的交流与合作，共同防范系统性金融风险。③增强金融市场的韧性。切实关注跨境资本异常流动对国内金融市场的冲击，做好极端跨境资本流动的预案，推动金融市场发展的同时必须有效增强其抗风险能力。④循序渐进地推进资本账户开放。资本账户开放的进度应该与本国金融市场改革的成效以及跨境资本监管能力相适应。通过实时监控不同类型跨境资本流动的流向与规模，因时因势放开对不同类别的跨境资本的管制，比如针对稳定向强的 FDI 资本，一旦审核资本用途真实有效，则可以继续保持开放状态；而针对投机性较强的短期跨境资本可依然适度使用宏观审慎监管政策，面临极端情况下的跨境资本流动，还应该制定一套临时的资本管制措施，稳定国内金融市场，防范短期跨境资本流动剧烈波动带来的冲击。

第二，持续推进汇率制度改革，增强汇率制度的弹性。完善且灵活的人民币汇率机制有利于我国增强对跨境资本流动冲击的应对能力。只有当一国的汇率可以真实地反映其在外汇市场的价值时，汇率对跨境资本流动的传导作用才更加有效，进而冲销短期跨境资本流动对币值稳定性的影响。在推进汇率市场化改革时，维持连续、稳定的汇率制度也极为必要。稳定的汇率制度可以在一定程度上削弱美国经济政策不确定性对汇率的影响，进而抑制跨境资本因套汇而产生的不必要流动。在保证币值稳定的前提下，汇率制度应根据市场供求变化灵活调整，因为固定汇率制度有助于减小出口部门的金融不确定性，但是在危机情形下固定汇率制度更容易受到冲击。应动态调整汇率制度及汇率形成机制，保有适度规模的外汇储备并灵活运用，增强危机管理的缓冲垫。适当推动外汇市场发展，改进外汇管理制度，进一步发挥外汇市场的风险承担机制，增强金融机构的自主定价和风险控制能力。同时，健全外汇政策，保障中央银行对汇率和资本流动的间接调控能力，还应增强中央银行对外汇市场的干预能力，针对极端情况下外汇的剧烈波动需制定积极有效的干预措施，以确保自身货币政策的独立性。

第三，持续推进利率市场化。国内外利差也是美国经济政策不确定性影响跨境资本流动的一大渠道，因此，对利率的调节与管理也就成为干预跨境资本流动的有效手段之一。未来中国应进一步推进利率市场化改革，有效地为资本进行定价，避免国内外利差过大，一些投机资本为套取利差在国际流动，引发跨境资本流动的波动性；还应加快市场化基准利率体系建设，促使利率能更加全面地反映市场资金需求关系，推动市场化利率形成机制；同时探索利率走廊机制，增强对利率的调控能力，完成货币政策由数量型转变为价格型为主。

8.3 研究展望

本书从理论和实证两个方面探讨了美国经济政策不确定性对全球跨境资本流动的影响以及传导机制，并在传导机制方面做了进一步探索，将传统的三重动机模型拓展到四个渠道，并进行了相关实证检验。未来有关美国经济政策不确定对全球跨境资本流动的影响，可以从一般均衡角度深入探究其影响跨境资本流动的理论基础；尝试探索新背景下美国经济政策不确定性影响跨境资本流动的新渠道和新机制；进一步完善对美国经济政策不确定性的刻画，基于新闻指数的指标与现实发生的事后指标相印证之后，提炼出新的经济政策不确定性指标，提高准确程度；可在影响金融市场稳定性上做进一步探讨，进而形成"美国经济政策不确定性—跨境资本流动—金融风险"的闭环研究。

参考文献

[1] Abel, A. Optimal Investment UnderUncertainty [J]. The American Economic Review, 1983, 73 (1): 228-233.

[2] Abid, A. Economic Policy Uncertainty And Exchange Rates In Emerging Markets: Short And Long Runs Evidence [J]. Finance Research Letters, 2019, 37: 101378.

[3] Adolfson, M. Incomplete Exchange Rate Pass-Through And Simple Monetary Policy Rules [J]. Journal of International Money & Finance, 2007, 26 (3): 468-494.

[4] Aghion, P., Bacchetta, P., Banerjee, A. Financial development and the instability of open economies [J]. Journal of Monetary Economics, 2004, 51 (6): 1077-1106.

[5] Aisen A , Veiga, Francisco José. How does political instability affect economic growth? [J]. European Journal of Political Economy, 2013, 29 (568): 151-167.

[6] Aizenman, J. , Marion, N. P. Policy Uncertainty, Persistence And Growth [J]. Review of International Economics, 1993, 1 (2): 145-163.

[7] Akdogan, I. U. The Effects of Macroprudential Policies on Managing Capital Flows [J]. Empirical Economics, 2020, 58 (2): 583-603.

[8] Alam, Z., Alter, M. A. Eiseman, J. Digging Deeper-Evidence on the Effects of Macroprudential Policies from a New Database [R]. IMF Working Paper, 2019.

[9] Alberto, A. Roberto, P. Income Distribution, Political Instability, and Investment [J]. European Economic Review, 1996, 40: 1203-1228.

[10] Alberto, O., Roberta P. Nadia R. Trade Policy Uncertainty as Barrier to Trade [J]. World Trade Organization Working Paper, 2015, 5.

[11] Alexopoulos, M., Cohen, J. The Power of Print: Uncertainty Shocks, Markets, And The Economy [J]. International Review of Economics & Finance, 2015, 40: 8-28.

[12] Andersson, M., Dillen, H., Sellin, P. Monetary Policy Signaling And Movements In The Term Structure of Interest Rates [J]. Journal of Monetary Economics, 2006, 53 (8): 1815-1855.

[13] Arellano, C., Bai, Y. Kehoe, P. Financial Frictions and Fluctuations in Volatility [J]. Journal of Political Economy, 2019, 127: 2049-2103.

[14] Aye, G. Fiscal Policy Uncertainty and Economic Activity in South Africa: An Asymmetric Analysis [J]. Working Paper, University of Pretoria, 2019, No. 201922.

[15] Bahmani, O. M., Saha, S. On the Effects of Policy Uncertainty on Stock Prices [J]. Journal of Economics and Finance, 2019, 43: 764-778.

[16] Baker, S. R., Bloom, N., Davis S. J. Measuring Economic Policy Uncertainty [J]. Quarterly Journal of Economics, 2016, 131 (4): 1593-1636.

[17] Baker, S., Bloom, R., Davis, S., et al. Policy News and Stock Market Volatility [J]. NBER Working Paper, 2019, No. 25720.

[18] Baker, S., Bloom, R., Davis, S., et al. COVID-induced Economic Uncertainty [J]. NBERWorking Paper, 2020a, No. 26983.

[19] Bagehot, W. Hutton, R. H. Economic Studies [M]. London: Longmans, Green and Co., 1880.

[20] Bams, D., Gildas, B., Iman, H., et al. Does Oil and Gold Price Uncertainty Matter for the Stock Market [J]. Journal of Empirical Finance, 2017, 44: 270-285.

[21] Bansal, R. Khatchatrian, V., Yaron, A. Interpretable Asset Markets? [J]. European Economic Review, 2005, 49 (3): 531-560.

[22] Bansal, R., Yaron, A. Risks For The Long Run: A Potential Resolution of Asset Pricing Puzzles [J]. Journal of Finance, 2010, 59 (4): 1481-1509.

[23] Bar-Ilan, A., Strange, W. Investment Lags [J]. American Economic Review, 1996, 86: 610-622.

[24] Bartsch, Z. Economic Policy Uncertainty And Dollar-Pound Exchange Rate Return Volatility [J]. Journal of International Money and Finance, 2019, No. 102067.

[25] Baum, C., Mustafa, C., Neslihan, O . The Second Moments Matter: The Impact of Macroeconomic Uncertainty on the Allocation of Loanable Funds [J]. Economics Letters, 2009, 102: 87-89.

[26] Bacchetta, P., Wincoop, V. E. Capital Flows to Emerging Markets: Liberalization, Overshooting, and Volatility [J]. NEBR working Paper, 1998, No. w6520.

[27] Beckmann, J., Czudaj, R. Exchange Rate Expectations And Economic Policyuncertainty [J]. European Journal of Political Economy, 2017, 47 (3): 148-162.

[28] Bekaert, G., Harvey, C. R. Emerging Equity Market Volatility [J]. Journal oFf Financial Economics, 1997, 43 (1): 29-77.

[29] Bekiros, S., Gupta, R., andKyer, C. On Economic Uncertainty, Stock Market Predictability and Nonlinear Spillovers Effects [J]. North American Journal of Economics and Finance, 2016, 36: 184-191.

[30] Bernalo, O., Gnabo, J. Y., Guilmin, G. Economic Policy Uncertainty and Risk Spillovers in the Eurozone [J]. Journal of International Money and Finance, 2016, 65: 24-45.

[31] Bernanke, B. S. Irreversibility, Uncertainty, and Cyclical Investment [J]. NBER Working Papers, 1983, 98 (1): 85-106.

[32] Berument, H., Froyen, R. T. Monetary Policy And Long-Term Us Interest Rates [J]. Journal of Macroeconomics, 2006, 28 (4): 737-751.

[33] Bloom, N. The Impact of Uncertainty Shocks [J], Econometrica, 2009, 77: 623-685.

[34] Bloom, N. Fluctuations In Uncertainty [J]. The Journal of Economic Perspectives, 2014, 28: 153-176.

[35] Born, B. Feifer, P. J . Policy Risk And The Business Cycle [J]. Journal of Monetary Economics, 2014, 68: 68-85.

[36] Branson, W. H., Hufbauer, G. C. Adler, F. M. Overseas manufacturing investment and the balance of payments [J]. Resources Policy, 1968, 28

(3): 27-37.

[37] Brogaard, J., Detzel, A. The Asset-Pricing Implications of Government Economic Policy Uncertainty [J]. Management Science, 2015, 61: 3-18.

[38] Broto, C., Diaz C. J., Erce A. Measuring and Explaining the Volatility of Capital Flows to Emerging Countries [J]. Journal of Banking and Finance, 2011 (35): 1941-1953.

[39] Bruno, V., Shin, H. S. Cross-Border Banking And Global Liquidity [J]. Review of Economic Studies, 2015, 82 (2): 535-564.

[40] Buttiglione, L., Giovane, P. D., Tristani O. Monetary Policy Actions And The Term Structure of Interest Rates : A Cross-Country Analysis [M]. Banca D'Italia Working Paper, 1997.

[41] Caballero, R. J. On the Sign of the Investment-uncertainty Relationship [J]. American Economic Review, 1991, 81: 279-288.

[42] Calmès, C., Théoret, R. Bank systemic risk and the business cycle: Canadian and U. S. evidence [J]. Repad Working Paper, 2012, No. 022012.

[43] Calvo, G. A. Capital Flows and Capital-Market Crises: The Simple Economics of Sudden Stops [J]. Journal of Applied Economics , 1998, 1 (1): 35-54.

[44] Calvo, G. A., Izquierdo, A., Mejía, L. F. On the Empirics of Sudden Stops: The Relevance of Balance-Sheet Effects [J]. Research Department Publications , 2004, 69 (1): 231-254.

[45] Calvo, G., Leiderman, L., Reinhart, C. Capital inflows and real exchange rate appreciation in Latin America [J]. IMF Staff Paper, 1993, 40 (1) : 108-151.

[46] Cerutti, E., Claessens, S., and Laeven, L., The use and effectiveness of macro-prudential policies: new evidence [J]. Journal of Financial Stability, 2017, 28 (2): 203-224.

[47] Chan, L. J., Andclark, P . Fixed Investments and Capital Flows: A Real Options Approach [J]. Journal of Economic Integration, 2006, 21 (4): 816-836.

[48] Chen, L., Du, Z., Hu, Z. Impact of Economic Policy Uncertainty

On Exchange Rate Volatility In China. Finance Research Letters, 2019, 98: No. 102067.

[49] Chib S. Estimation And Comparison of Multiple Change-Point Models [J]. Journal of Econometrics, 1998, 86 (2): 221-241.

[50] Chinn, M. D., Ito, H. A New Measure of Financial Openness [J]. Journal of Comparative Policy Analysis Research & Practice, 2008, 10 (3) : 309-322.

[51] Choudhry, T. , Liu, C., Coulson, N. E. Economic Policy Uncertainty And House Prices: Evidence From Geographical Regions of England And Wales [J]. Real Estate Economics, 2020, 48 (2): 504-529.

[52] Chuhan, P., Claessens, S. Mamingi, N. Equity and Bond Flows to Latin America and Asia: the Role of Global and Country Factors [J]. Journal of Development Economics, 1998 (55) : 439-463.

[53] Colombo, V. Economic policy uncertainty in the US: Does it matter for the Euro area? [J]. Economics Letters, 2013, 121 (1): 39-42.

[54] Copeland, L, S. Exchange Rates and International Finance [M]. Addision-Wesley Publishing Company, 1989.

[55] Creal, D. D., Wu, J. C. Monetary policy uncertainty and economic fluctuations [J]. International Economic Review. 2017, 58 (4): 1317-1354.

[56] Cuddington, J. T . Capital Flight: Estimates, Issues, And Explanations [R]. Princeton Studies In International Finance, 1986, No. 58.

[57] Da, Z., Engelberg, J., Gao P. The Sum of all FEARS Investor Sentiment and Asset Prices [J]. Review of Financial Studies, 2014, 28: 1-32.

[58] Davidson P. Is Probability Theory Relevant for Uncertainty? A Post Keynesian Perspective [J]. The Journal of economic Perspectives, 1991, 5: 129-143.

[59] Dixit, A. Pindyck, R. Investment UnderUncertainty [M]. Princeton: Princeton University Press, 1994.

[60] Dornbusch, R. W. External Debt, Budget Deficits and Disequilibrium Exchange Rates [J]. NBER Working Paper, 1984.

[61] El-Montasser, G., Ajmi, A. N., Chang, T., et al. Cross-Country Evidence on the Causal Relationship Between Policy Uncertainty and Housing

Prices [J]. Journal of Housing Research, 2016, 25 (2): 195-211.

[62] Fang, L., Qian, Y., Chen, Y., et al. How does Stock Market Volatility React to NVIX? Evidence from Developed Countries [J]. Physica A: Statistical Mechanics and its Applications, 2018, 505: 490-499.

[63] Fang, L., Yu, H., Li, L. The Effect of Economic Policy Uncertainty on the Long-term Correlation between U. S. Stock and Bond Markets [J]. Economic Modelling, 2017, 66: 139-145.

[64] Favero, C. A., Mosca, F. Uncertainty On Monetary Policy And The Expectations Model of The Term Structure of Interest Rates [J]. Cepr Discussion Papers, 2001, 71 (3): 369-375.

[65] Feldstein, M. Domestic Saving And International Capital Movements In The Long Run And The Short Run [J]. European Economic Review, 1983: 21 (1-2): 129-151.

[66] Feng, Y. Political Freedom, Political Instability, and Policy Uncertainty: A Study of Political Institutions and Pri-vate Investment in Developing Countries [J]. International Studies Quarterly, 2001, 45: 271-294.

[67] Fernández, V. J., Guerrón, Q. P. Kuester, K. Fiscal Volatility Shocks And Economic Activity [J]. The American Economic Review, 2015, 105: 3352-3384.

[68] Fisher, I. The Rate of Interest [M]. NewYork: The Macmillan company, 1907.

[69] Fisher, I. The Rate of Interest [J]. History of Economic Thought Books, 1907, 68 (4): 244-251.

[70] Fleming, M. J. Domestic Financial Policies under Fixed and Floating Exchange Rates [J]. IMF Staff Papers, 1962, 9: 369-379.

[71] Forbes, K. J., Warnock, F. E. Capital Flow Waves: Surges, Stops, Flight, and Retrenchment [J]. Journal of International Economics, 2012, 88 (2): 235-251.

[72] Forbes, K. J., Fratzscher, M., Straub, R. Capital-Flow Management Measures: What are They Good For? [J]. Journal of International Economics, 2015, 96: 76-97.

[73] Forbes, K. J. And Warnock, F. E. Capital flow waves—or ripples?

Extreme capital flow movements since the crisis [J]. Journal of International Money and Finance, 2021, 116.

[74] Frankel, J. A. Quantifying International Capital Mobility in the 1980s [J]. Department of Economics Working Paper, 1989: 227-270.

[75] Frankel, J., Cavallo, E. Does openness to trade make countries more vulnerable to sudden stops, or less? Using gravity to establish causality [J]. Journal of International Money & Finance, 2008, 27 (8): 1430-1452.

[76] Fratzscher, M. Capital flows, push versus pull factors and the global financial crisis [J]. CEPR Discussion Papers, 2012, 88 (2): 341-356.

[77] Fratzscher, M., LoDuca, M., and Straub, R. On the International Spillovers of US Quantitative Easing [R]. European Central Bank Working Paper, 2013, No. 1557.

[78] Gabriela, L. N., And Georgia, B . Uncertainty And Exchange Rate Volatility: The Case of Mexico [J]. Working Papers, 2019.

[79] Gauvin, L., Mcloughlin, C. , Reinhardt, D. Policy Uncertainty Spillovers to Emerging Markets-Evidence from Capital Flows [J]. Working Papers, Bank of England, 2014.

[80] Giavazzi, F., Mcmahon, M. Policy Uncertainty And Household Savings [J]. Review of Economics and Statistics, 2012, 94 (2): 517-531.

[81] Gilchrist, S., López-salido, J. D., Zakrajsek, E . Monetary Policy and Real Borrowing Costs at the Zero Lower Bound [J]. American Economic Journal: Marcbeconomis, 2015, 7 (1): 77-109.

[82] Ghosh, A. R., Qureshi, M. S., Kim, J. I. , et al. Surges [J]. Journal of International Economics, 2014, 92 (2): 266-285.

[83] Gulen, H., Ion, M. Policy Uncertainty and Corporate Investment [J]. Review of Financial Studies, 2016, 29 (3): 523-564.

[84] Gupta, R., Olasehinde W. G. , Wohar, M. E . The Impact of Us Uncertainty Shocks on A Panel of Advanced and Emerging Market Economies: The Role of Exchange Rate, Trade and Financial Channels [J]. Working Papers, 2018.

[85] Handley, K. N. Limao. Policy Uncertainty, Trade, and Welfare: Theory and Evidence for China and the United States [J]. American Economic

Review, 2017, 107: 2731-2783.

[86] Hanson, S. G., Stein, J. C. Monetary Policy And Long-Term Real Rates [J]. Journal of Financial Economics, 2015, 115 (3): 429-448.

[87] Harberger, A. C. Observations on the Chilean Economy, 1973-1983 [J]. Economic Development and Cultural Change, 1985, 33 (3): 451-462.

[88] Hartman, R. The Effects of Price and Cost Uncertainty on Investment [J]. Journal of Economic Theory, 1972, 5 (2): 258-266.

[89] Hassan, S., Shabi, S., Choudhry, T. Asymmetry, Uncertainty and International Trade [J]. Working Paper, Swansea University, School of Management, 2018, No. 24.

[90] Hermes, N., Lensink, R. Capital Flight And The Uncertainty of Government Policies [J]. Economics Letters, 2001, 71 (3): 377-381.

[91] Huang, S. W. Essays on Measuring Monetary Policy Uncertainty and Forecasting Business Cycle [D], Kansas University, 2016.

[92] Huang, Y., And Luk, P. Measuring Economic Policy Uncertanty In China [J]. China Economic Review, 2020, (59): 101367.

[93] Hwang, I., Deokjong, J., Hyungsoon, P., et al. Which Net Capital Flows Matter? [J]. Emerging Markets Finance and Trade, 2016, 23 (4): 413 -426.

[94] IMF. Recent Experiencesin Managing Capital Inflows: Cross-Cutting Themesand Possible Policy Framework [R]. IMF Survey Magazine, 2011a.

[95] IMF. International Capital Flows: Reliable or Fickle [R]. World Economic Outlook, 2011b.

[96] Johannsen, B. When Are the Effects of Fiscal Policy Uncertainty Large [J]. Finance and Economics Discussion Series, Board of Governors of the Federal Reserve System, 2014, No. 40.

[97] Johnson, H. G. Commercial Policy and the Monetary Crisis of 1971 [M]. Palgrave Macmillan UK, 1972.

[98] Jones, B. F., Olken, B. A. Do Leaders Matter? National Leadership and Growth Since World War II [J]. Quarterly Journal of Economics, 2005, 120 (3): 835-864.

[99] Jotikasthira, C., Lundblad, C., Ramadorai, T. Asset Fire Sales and

Purchases and the International Transmission of Funding Shocks [J]. Journal of Finance, 2012, 67 (6): 2015-2050.

[100] Juhro, S. M., Phan, D. Can Economic Policy Uncertainty Predict Exchange Rate And Its Volatility? Evidence From Asean Countries [J]. Bulletin of Monetary Economics and Banking, 2018, 21 (2): 265-282.

[101] Julio B, Yook Y. Political Uncertainty and Corporate Investment Cycles [J]. The Journal of Finance, 2012, 67 (1): 45-84.

[102] Kang, W., Lee K., Ratti, R. A. Economic Policy Uncertainty and Firm-Level Investment [J]. Journal of Macroeconomics, 2014, 3 (39): 42-53.

[103] Kant, C. Foreign Direct Investment And Capital Flight [J]. Princeton Studies In International Economics, 1996, Volume 2003 (1): 202-205.

[104] Karnizova, L., Li, J. C. Economic Policy Uncertainty, Financial Markets and Probability of Us Recessions [J]. Economics Letters, 2014, 125 (2): 261-265.

[105] Kato, R., Hisata, Y. Monetary Policy Uncertainty and Market Interest Rates [J]. Bank of Japan Working Paper Series, 2005, No. 05-E-7.

[106] Keynes, J. M. A Tract on Monetary Reform [M]. The Macmillan Company, 1923.

[107] Kido, Y. On The Link Between The Us Economic Policy Uncertainty And Exchange Rates [J]. Economics Letters, 2016, 144: 49-52.

[108] Kim, H. M. Globalization of International Financial Markets: Causes and Consquences [M]. Ashgate Publishing Ltd, 1999.

[109] Kim, H., Kung, H. The asset redeployability channel: How uncertainty affects corporate investment [J]. The Review of Financial Studies, 2017, 30 (1): 245-280.

[110] Ko, J., Lee, C. International Economic Policy Uncertainty and Stock Prices: Wavelet Approach [J]. Economics Letters, 2015, 134: 118-122.

[111] Le, Q. Zak, P. Political Risk and Capital Flight [J]. Journal of International Money and Finance, 2006, 25: 308-329.

[112] Li, J., Born, J. Presidential Election Uncertainty and Common

Stock Returns in the United States [J]. Journal of Financial Research, 2006, 29: 609-622.

[113] Li, X., Peng, L. US Economic Policy Uncertainty and Co-movements between Chinese and US Stock Markets [J]. Economic Modelling, 2017, 61: 27-39.

[114] Lim, C. H., Costa, A., Columba, F., et al., 2011. Macroprudential policy: what instruments and how to use them? Lessons from country experiences. IMF Working Papers No. 238.

[115] Lim, J. J., Mohapatra, S. Quantitative Easing and The Post-Crisis Surge In Financial Flows To Developing Countries [J]. Journal of International Money & Finance, 2016, 11 (68) : 331-357.

[116] Malmendier, U. Tate, G. CEO Overconfidence and Corporate Investment [J], Journal of Finance, 2005, 60 (6): 2661-2700.

[117] MacDougall, G. D. A. The Benefits and Costs of Private Investment from Abroad: A Theoretical Approach [J]. Economic Record, 1960, 36 (73): 13-35.

[118] Malik, A. K. The effects of fiscal spending shocks on the performance of simple monetary policy rules [J]. Economic Modelling, 2013, 30 (30): 643-662.

[119] Manela, A., Moreira, A. News Implied Volatility and Disaster Concerns [J] . Journal of Financial Economics, 2017, 123: 137-162.

[120] Markowitz, H. M. Portfolio selection. Journal of Finance [J], 1952, 7, 77-91.

[121] Meade, J. E. The Theory of International Economic Policy: The Balance of Pay ments [M]. London: Oxford University Press, 1951: 185-214.

[122] Milesi-Ferretti, G., Tille, C. The Great Retrenchment: International Capital Flows During the Global Financial Crisis [J]. Economic Policy, 2011, 26 (4): 285-342.

[123] Mumtaz, H. , Surico, P. Policy uncertainty and aggregate fluctuations [J]. Journal of Applied Econometrics, 2018, 33 (4): 319-331.

[124] Mundell, R. A . The Pure Theory of International Trade [J]. The

American Economic Review, 1960, 50 (1): 67-110.

[125] Nakajima J. Time-Varying Parameter VAR Model with Stochastic Volatility: An Overview of Methodology and Empirical Ap-plications [J]. Monetary and Economic Studies, 2011, 29 (1) : 107-142.

[126] Neumann, R., Penl, R., Tanku, A. Volatility of Capital Flows and Financial Liberalization: Do Specific Flows Respond Differently? [J]. International Review of Economic and Finance, 2010 (18): 488-501.

[127] Nguyen, Q., Kim, T., Papanastassiou, M. Policy Uncertainty, Derivatives Use, and Firm-Level FDI [J]. Journal of International Business Studies, Vol. 2018, 49 (1): 96-126.

[128] Nier, E., Sedik, T. S., Mondino, T. Gross Private Capital Flows To Emerging Markets: Can The Global Financial Cycle Be Tamed? [J]. Imf Working Papers, 2014, 14 (196).

[129] Nilavongse, R., Michał, R., Uddin, G. S. Economic Policy Uncertainty Shocks, Economic Activity, and Exchange Rate Adjustments. Economics Letters, 2020, 186: 108765.

[130] Obstfeld, M. Does the Current Account Still Matter? [J]. American Economic Review, 2012, 102 (3): 1-23.

[131] Ohlin B. Transfer Difficulties, Real and Imagined [J]. Economic Journal. 1929, 39.

[132] Oi, W. The Desirability of Price Instability Under Perfect Competition [J], Econometrica, 1961, 29 (1): 58-64.

[133] Pagliari, S. M., Hannan, S. A. The Volatility of Capital Flows in Emerging Markets: Measures and Determinants [J]. IMF Working Papers, 2017.

[134] Panousi, V., Papanikolaou, D. Investment, idiosyncratic risk, and ownership [J]. Journal of Finance, 2012, 67 (3): 1113-1148.

[135] Pastor, L., Veronesi, P. Uncertainty about Government Policy and Stock Prices [J]. The Journal of Finance, 2012, 67 (4): 1219-1264.

[136] Pedro, G., Givi, M. Aggregate Volatility and International Dynamics [J]. Journal of International Economics, 2018, 111: 143-158.

[137] Pindyck, R. S. Irreversibility, Uncertainty and Investment [J].

Journal of Economic Literature, 1991, 29 (3) : 1110-1148.

[138] Pinshi, C. COVID - 19 Uncertainty and Monetary Policy [J]. MPRA Paper, University Library of Munich, Germany, 2020, No. 100184.

[139] Primiceri, G. E. Time Varying Structural Vector Autoregressions and Monetary Policy [J]. The Review of Economic Studies, 2005, 72 (3): 821-852.

[140] Reinhant, C. M., Montiel, P. The Dynamics of Capital Movements to Emerging Economics During the 1990s [J]. MPRA Paper, 2001, No. 7577.

[141] Reinhart, C. M., Reinhart, V. R. Capital Flow Bonanzas: An Encompassing View of the Past and Present [J]. NBER Working Papers , 2008.

[142] Rothenberg, A. D., Warnock, F. E. Sudden Flight And True Sudden Stops [J]. Review of International Economics, 2011, 19 (3): 509-524.

[143] Samuel, M., Hartzmark. Economic Uncertainty And Interest Rates [J]. The Review of Asset Pricing Studies, 2016, 6 (2): 179-220.

[144] Segal, G., Shaliastovich, I., Yaron. A . Good and Bad Uncertainty: Macroeconomic andFinancial Market Implications [J]. Journal of Financial Economics, 2015, 117 (2): 369-397.

[145] Shackle G, Probability and Uncertainty [J]. Metroeconomica, 1949, 1: 161-173.

[146] Stock, J. H., Watson, M. W. Generalized shrinkage methods for forecasting using many predictors [J]. Journal of Business and Economic Statistics, 2012, 30 (4): 481-493.

[147] Stulz, R. Interest Rates Monetary Policy Uncertainty [J]. Journal of Monetary Economics, 1986, 17 (3): 331-347.

[148] Su, Z., Fang, T., Yin, L. Understanding Stock Market Volatility: What is the Role of U. S. Uncertainty? [J]. North American Journal of Economics and Finance, 2019, 48: 582-590.

[149] Sula, O. Surges and Sudden Stops of Capital Flows to Emerging Markets [J]. Open Economies Review , 2010, 21 (4): 589-605.

[150] Svirydzenka, K . Introducing A New Broad-Based Index of Financial Development [J]. Imf Working Papers, 2016, 16 (5): 1.

[151] Sylvain, L., Zheng, L. Uncertainty Shocks are Aggregate Demand Shocks [J]. Journal of Monetary Economics, 2016, 82: 20-35.

[152] Taylor, M. P., Sarno, L. Capital Flows to Developing Countries: Long-and Short-Term Determinants [J]. World Bank Economic Review, 1997, 11 (3): 451-470.

[153] Thomas, K., Bjorn, R. Assessing the Decoupling of Economic Policy Uncertainty and Financial Conditions [J]. Financial Stability Review, 2017, 1: 78-85.

[154] Tillman, P. Uncertainty about Federal Reserve Policy and its Transmission to Emerging Economies: Evidence from Twitter [J]. Working Paper, Asian Development Bank Institute, 2016, No. 592.

[155] Tobin, J. Estimation of Relationships for Limited Dependent Variables [J]. Econometrica, 1958, 26 (1): 24-36.

[156] Tran, Q. T., Mathur, I. , Booth, G. G . Economic Policy Uncertainty and Corporate Risk-Taking: International Evidence [J]. Journal of Multinational Financial Management, 2019, 52: 57-71.

[157] Trung, N. B. The Spillover Effects of US Economic Policy Uncertainty on the Global Economy: a Global VAR Approach [J]. North American Journal of Economics and Finance, 2019, 48: 90-110.

[158] Ulrich, M. Economic Policy Uncertainty and Asset Price Volatility [J]. Working Paper, Columbia University, 2013.

[159] Umutlu, M., Akdeniz, L., Altay-Salih, A. The degree of financial liberalization and aggregated stock – return volatility in emerging markets [J]. Journal of Banking & Finance, 2010, 34 (3): 509-521.

[160] Veirman, E., Levin, A. Cyclical Changes in Firm Volatility [J]. Journal of Money Credit and Banking, 2018, 50: 317-349.

[161] Valencia, F. Aggregate Uncertainty and the Supply of Credit [J], Journal of Banking & Finance. 2017, 81: 150-165.

[162] Valentim, M., Moura, M. A Volatility Smile-Based Uncertainty Index [J]. Central Bank of Brazil, Research Department, Working Paper Series, 2019, No. 502.

[163] Yan, C. S. , Luis, C. F. The Impact of Uncertainty Shocks In E-

merging Economies [J]. Journal of International Economics, 2013, 90 (2): 316-325.

[164] 曹媚. 国际投机资本流入中国的贸易根源 [J]. 世界经济研究, 2009 (7): 22-26, 87.

[165] 陈丹, 李优树. 财政政策不确定性与对外直接投资 [J]. 财经论丛, 2021, 273 (6): 24-32.

[166] 陈乐一, 张喜艳. 经济不确定性与经济波动研究进展 [J]. 经济学动态, 2018 (8): 134-146.

[167] 陈学彬, 余辰俊, 孙婧芳. 中国国际资本流入的影响因素实证分析 [J]. 国际金融研究, 2007 (12): 53-60.

[168] 陈胤默, 孙乾坤, 文雯, 等. 母国经济政策不确定性、融资约束与企业对外直接投资 [J]. 国际贸易问题, 2019 (6): 133-144.

[169] 陈中飞, 刘思琦, 李珂欣. 宏观审慎政策减少了资本异常流动吗?: 基于跨国经验分析 [J]. 国际金融研究, 2022 (1): 39-49.

[170] 程立燕, 李金凯. 国际资本异常流动对中国经济增长的差异化影响研究: 基于分位数模型的实证分析 [J]. 农村金融研究, 2020 (8): 70-80.

[171] 戴淑庚, 余博. 中国短期资本流动波动性及其驱动因素研究: 基于资本账户开放的视角 [J]. 广东社会科学, 2018 (4): 25-36, 253-254.

[172] 冯彩. 我国短期国际资本流动的影响因素: 基于1994—2007年的实证研究 [J]. 财经科学, 2008 (6): 32-39.

[173] 弗兰克. 奈特译. 风险、不确定性和利润 [M]. 北京: 华夏出版社, 2013.

[174] 郭庆旺, 贾俊雪, 刘晓路. 财政政策与宏观经济稳定 [J]. 管理世界, 2007 (5): 7-15.

[175] 顾海峰, 于家珺. 中国经济政策不确定性与银行风险承担 [J]. 2021 (11): 148-171.

[176] 顾夏铭, 陈勇民, 潘士远. 经济政策不确定性与创新: 基于我国上市公司的实证分析 [J]. 经济研究, 2018 (2): 109-123.

[177] 过彦博, 吴信如. 全球流动性变化对中国短期跨境资本流动的影响: 基于TVP-SV-VAR模型的实证分析 [J]. 工业技术经济, 2021

（2）：89-98.

[178] 郝威亚，魏玮，温军. 经济政策不确定性如何影响企业创新？：实物期权理论作用机制的视角 [J]. 经济管理，2016（10）：40-54.

[179] 胡永刚，郭长林. 财政政策规则、预期与居民消费：基于经济波动的视角 [J]. 经济研究，2013，48（3）：96-107.

[180] 黄济生，罗海波. 我国隐性资本流入的影响因素实证研究 [J]. 世界经济研究，2008（6）：32-37，87.

[181] 黄赛男，刘雁蔚，曾松林. 贸易开放度会影响极端国际资本流动吗？：基于54个经济体跨国面板数据的分析 [J]. 国际金融研究，2020（3）：45-54.

[182] 黄志刚. 我国跨境短期资本流动的成因结构分析：2005~2008：一个基于 VAR 模型的实证研究 [J]. 新疆财经大学学报，2009（1）：21-25+44.

[183] 贾玉成，张诚. 经济周期、经济政策不确定性与跨国并购：基于中国企业跨国并购的研究 [J]. 世界经济研究，2018（5）：65-79，136.

[184] 蒋涛. 美国经济政策不确定性溢出效应研究：来自新兴经济体银团贷款的证据 [J]. 财贸研究，2020，31（2）：18-29.

[185] 金雪军，钟意，王义中. 政策不确定性的宏观经济后果 [J]. 经济理论与经济管理，2014（2）：17-26.

[186] 李博瑞. 中国资本账户开放与跨境资本流动的经济影响 [D]. 长春：吉林大学，2020.

[187] 李凤羽，杨墨竹. 经济政策不确定性会抑制企业投资吗？：基于中国经济政策不确定指数的实证研究 [J]. 金融研究，2015，（4）：115-129.

[188] 李姣姣. 全球经济政策不确定性对跨境资金流动的影响：来自67个经济体的经验证据 [J]. 财会月刊，2020（2）：137-145.

[189] 李沂，王铮. 中国国际资本流入：周期变动、冲击因素及负面影响 [J]. 经济经纬，2010（2）：29-33.

[190] 李扬. 中国经济对外开放过程中的资金流动 [J]. 经济研究，1998（2）：14-24.

[191] 林松立. 我国历年热钱规模的测算及10年预测 [R]. 国信证

券宏观经济深度报告, 2010.

［192］刘立达. 中国国际资本流入的影响因素分析 ［J］. 金融研究, 2007 (3)：62-70.

［193］刘莉亚. 境外"热钱"是否推动了股市、房市的上涨?：来自中国市场的证据 ［J］. 金融研究, 2008 (10)：48-70.

［194］刘莉亚, 程天笑, 关益众, 等. 资本管制能够影响国际资本流动吗? ［J］. 经济研究, 2013 (5)：33-46.

［195］刘仁伍, 刘华, 黄礼健. 新兴市场国家的国际资本流动与双危机模型扩展 ［J］. 金融研究, 2008 (4)：37-54.

［196］刘场, 徐晓萌, 王学龙. 政策不确定性、隐性市场干预与资本异常流动：基于 15 个新兴经济体面板数据的研究 ［J］. 世界经济研究, 2020 (5)：123-134, 137.

［197］刘志洋, 马亚娜. 宏观审慎监管工具调控信贷的有效性检验：基于全球 40 个国家的实证分析 ［J］. 金融论坛, 2022, 27 (4)：42-51.

［198］马宇, 郑慧. 新兴市场国家跨境资本流动异常的影响因素分析：基于 93 个新兴市场国家的样本 ［J］. 经济与管理评论, 2017 (6)：84-94.

［199］彭红枫, 祝小全. 短期资本流动的多重动机和冲击：基于 TVP-VAR 模型的动态分析 ［J］. 经济研究, 2019, 54 (8)：36-52.

［200］綦建红主编. 国际投资者教程 (第五版) ［M］. 北京：清华大学出版社, 2021.

［201］曲凤杰. 中国短期资本流动状况及统计实证分析 ［J］. 经济研究参考, 2006 (40)：14-21.

［202］阙澄宇, 程立燕. 国际资本异常流动驱动因素的异质性研究 ［J］. 世界经济研究, 2020 (10)：105-120, 137.

［203］屈文洲, 崔峻培. 宏观不确定性研究新进展 ［J］. 经济学动态, 2018 (3)：126-138.

［204］饶品贵, 岳衡, 姜国华. 经济政策不确定性与企业投资行为研究 ［J］. 世界经济, 2017, 40 (2)：27-51.

［205］任惠. 中国资本外逃的规模测算和对策分析 ［J］. 经济研究, 2001 (11)：69-75.

［206］石振宇. 政策不确定性、跨境资本流动与金融周期波动 ［D］.

天津：天津财经大学，2020.

［207］宋全云，李晓，钱龙. 经济政策不确定性与企业贷款成本［J］. 金融研究，2019，（7）：57-75.

［208］宋涛，张晓晶. 跨境资金流动的实证分析：以"香港路径"为例［J］. 金融研究，2006（8）：111-121.

［209］孙莹. 经济政策不确定性对企业研发投资的影响［J］. 中国科技论坛，2019（9）：127-135.

［210］宋文兵. 中国的资本外逃问题研究：1987-1997［J］. 经济研究，1999（5）：41-50.

［211］谭小芬，曹倩倩，赵茜. 全球风险偏好、美国经济政策不确定性与跨境资本流动：基于新兴经济体基金数据的证据［J］. 南开经济研究，2021，221（5）：80-99.

［212］谭小芬，张文婧. 经济政策不确定性影响企业投资的渠道分析［J］. 世界经济，2017，40（12）：3-26.

［213］谭小芬，张凯，耿亚莹. 全球经济政策不确定性对新兴经济体资本流动的影响［J］. 财贸经济，2018，39（3）：35-49.

［214］谭小芬，左振颖. 全球经济政策不确定性对新兴市场国家银行跨境资本流动的影响［J］. 国际金融研究，2022，425（9）：35-45.

［215］田国强，李双建. 经济政策不确定性与银行流动性创造：来自中国的经验证据［J］. 经济研究，2020，55（11）：19-35.

［216］汪浩瀚. 微观基础、不确定性与中国居民跨期消费研究［M］. 北京：经济科研出版社，2006.

［217］王东明，鲁春义. 经济政策不确定性、金融发展与国际资本流动［J］. 经济学动态，2019（12）：75-93.

［218］王琦. 关于我国国际资本流动影响因素计量模型的构建和分析［J］. 国际金融研究，2006（6）：64-69.

［219］王世华，何帆. 中国的短期国际资本流动：现状、流动途径和影响因素［J］. 世界经济，2007（7）：12-19.

［220］王信，林艳红. 90年代以来我国短期资本流动的变化［J］. 国际金融研究，2005（12）：62-67.

［221］汪洋. 中国的资本流动：1982～2002［J］. 管理世界，2004（7）：43-52，155.

[222] 王永莲. 我国股票市场波动与经济政策不确定性的关联性研究 [D]. 吉林大学, 2017.

[223] 王伟强. 经济政策不确定性的跨国溢出效应研究 [J]. 郑州大学学报 (哲学社会科学版), 2021, 54 (5): 56-63, 127.

[224] 魏克塞尔. 刘契译. 国民经济学讲义 [M] 上海: 上海译文出版社, 1983.

[225] 魏礼军. 亚洲新兴经济体国际资本流动驱动因素研究: 基于 GMM 模型的实证分析 [J]. 金融监管研究, 2020 (2): 1-19.

[226] 向古月, 周先平, 谭本艳. 经济政策不确定性在国际间的动态溢出效应: 基于方向性溢出模型的实证研究 [J]. 商业研究, 2019 (3): 95-104.

[227] 修晶, 张明. 中国资本外逃的规模测算和因素分析 [J]. 世界经济文汇, 2002 (1): 37-44.

[228] 徐业坤, 钱先航, 李维安. 政治不确定性、政治关联与民营企业投资: 来自市委书记更替的证据 [J]. 管理世界, 2013 (5): 116-130.

[229] 徐高. 中国的资本外逃: 对 1999 年到 2006 年月度数据的分析 [R]. 北京大学中国经济研究中心讨论稿系列, NO. C2007005, 2007.

[230] 许志伟, 王文甫. 经济政策不确定性对宏观经济的影响: 基于实证与理论的动态分析 [J]. 经济学 (季刊), 2019, 18 (1): 23-50.

[231] 杨海珍, 陈金贤. 中国资本外逃: 估计与国际比较 [J]. 世界经济, 2000 (1): 21-29.

[232] 杨海珍, 杨洋. 政策、经济、金融不确定性对跨境资本流动急停和外逃的影响研究: 20 世纪 90 年代以来的全球数据分析与计量 [J]. 世界经济研究, 2021 (5): 38-52, 135.

[233] 杨胜刚, 刘宗华. 资本外逃与中国的现实选择 [J]. 金融研究, 2000 (2): 73-79.

[234] 杨永聪, 李正辉. 经济政策不确定性驱动了中国 OFDI 的增长吗: 基于动态面板数据的系统 GMM 估计 [J]. 国际贸易问题, 2018 (3): 138-148.

[235] 尹宇明, 陶海波. 热钱规模及其影响 [J]. 财经科学, 2005 (6): 139-145.

[236] 余超, 王意德, 张秀明等. 全球经济政策不确定性的动态溢出

结构演变与外部事件冲击［J］．工业技术经济，2022，41（4）：50-59．

［237］余珊萍，张文熙．中国非FDI资本流入的易变性测度［J］．东南大学学报（哲学社会科学版），2008（5）：14-18，126．

［238］约翰．梅纳德，凯恩斯．论概率［M］．杨美玲译．湖北科学技术出版社，2017．

［239］约翰．梅纳德，凯恩斯．就业利息和货币通论［M］．徐毓枬译．北京：商务印书馆，1996．

［240］约翰．伊特维尔，皮特．纽曼，默里．米尔盖特，等．新帕尔格雷夫经济学辞典［M］．经济科学出版社，1996．

［241］张斌．人民币升值预期　短期资本流动及其影响［J］．国际金融，2010（4）：55-60．

［242］张广婷．新兴市场国家跨境资本流动的驱动因素研究：基于因子分析法的实证分析［J］．世界经济研究，2016（10）：42-61，135-136．

［243］张浩，李仲飞，邓柏峻．政策不确定、宏观冲击与房价波动：基于LSTVAR模型的实证分析［J］．金融研究，2015（10）：32-47．

［244］赵茜．外部经济政策不确定性、投资者预期与股市跨境资金流动［J］．世界经济，2020，43（5）：145-169．

［245］张礼卿，蔡思颖．经济政策不确定性的影响及其跨国传导机制：文献综述［J］．金融评论，2020，12（3）：105-123，126．

［246］张明．当前热钱流入中国的规模与渠道［J］．国际金融，2008（7）：59-64．

［247］张明，肖立晟．国际资本流动的驱动因素：新兴市场与发达经济体的比较［J］．世界经济，2014，37（8）：151-172．

［248］张明，徐以升．全口径测算中国当前的热钱规模［J］．当代亚太，2008（4）：126-142．

［249］张明，谭小芬．中国短期资本流动的主要驱动因素：2000～2012［J］．世界经济，2013，36（11）：93-116．

［250］张倩肖，冯雷．宏观经济政策不确定性与企业技术创新：基于我国上市公司的经验证据［J］．当代经济科学，2018，40（4）：48-57，126．

［251］张润泽，姚莲莲．不确定性的波动性特征及经济效应的国外研究综述［J］．上海金融，2015（1）：38-44．

［252］张晓颖，陈海宇. 从供需角度看经济政策不确定性对房价的影响：基于我国 40 个大中城市面板数据的实证研究［J］. 中国物价，2020 (3)：78-81.

［253］张谊浩，裴平，方先明. 中国的短期国际资本流入及其动机：基于利率、汇率和价格三重套利模型的实证研究［J］. 国际金融研究，2007 (9)：41-52.

［254］张谊浩，沈晓华. 人民币升值、股价上涨和热钱流入关系的实证研究［J］. 金融研究，2008 (11)：87-98.

［255］张玉鹏，王茜. 政策不确定性的非线性宏观经济效应及其影响机制研究［J］. 财贸经济，2016 (04)：116-133.

［256］张馨，康锋莉. 中国相机抉择型财政政策［J］. 管理世界，2007 (9)：17-26.

［257］张喜艳，陈乐一. 经济政策不确定性的溢出效应及形成机理研究［J］. 统计研究，2019 (1)：115-128.

［258］赵茜. 外部经济政策不确定性、投资者预期与股市跨境资金流动［J］. 世界经济，2020，43 (5)：145-169.

［259］赵先立. 国际资本流动：动因及影响研究：基于资本账户开放和金融稳定的视角［J］. 上海金融，2021 (4)：33-47.

［260］赵文胜，张屹山，赵杨. 短期国际资本流动对中国市场变化的反应分析［J］. 数量经济技术经济研究，2011，28 (3)：104-117.

［261］周晶晶，赵增耀. 东道国经济政策不确定性对中国企业跨国并购的影响：基于二元边际的视角［J］. 国际贸易问题，2019 (9)：147-160.

［262］郑国忠，崔正阳，蒋婷婷. 全球流动性变化与跨境资本流动对我国金融市场的溢出影响［J］. 金融市场研究，2021 (10)：91-101.

［263］朱军. 中国财政政策不确定性的指数构建、特征与诱因［J］. 财贸经济，2017，38 (10)：22-36.

［264］朱孟楠，刘林. 短期国际资本流动、汇率与资产价格：基于汇改后数据的实证研究［J］. 财贸经济，2010 (5)：5-13，135.

后　记

本书作为近年来研究课题的成果，其出版得到了很多单位和个人的支持与帮助。尤其感谢 2023 年成都工业学院人才项目（项目编号：2023RC032）对本书的出版提供经费支持。

衷心感谢西南财经大学出版社对本书出版给予的宝贵指导意见，感谢责任编辑为本书出版付出的辛勤劳动。

感谢我的爱人刘岩龙在本书成稿过程中做的校对工作。

最后，诚挚感谢国内外相关研究的专家学者，本书的写作参考了大量的学术资料，丰硕的研究成果为本书提供了坚实的研究基础，开拓了我的思路，感谢你们的支持与帮助！

陈丹

2024 年 1 月